O PRAZER NO PENSAR

Blucher

O PRAZER NO PENSAR

Prazer criativo

Walkiria Nunez Paulo dos Santos

O prazer no pensar: prazer criativo

Editora Edgard Blücher Ltda.

Imagem da capa: Cesare Viazzi, *La cavalcata delle Valchirie. Grande tela del Castello Raggio di Genova Cornigliano*, Wikimedia Commons

Blucher

Rua Pedroso Alvarenga, 1245, 4º andar
04531-934 – São Paulo – SP – Brasil
Tel.: 55 11 3078-5366
contato@blucher.com.br
www.blucher.com.br

Segundo o Novo Acordo Ortográfico, conforme 5. ed. do *Vocabulário Ortográfico da Língua Portuguesa*, Academia Brasileira de Letras, março de 2009.

Dados Internacionais de Catalogação na Publicação (CIP)
Angélica Ilacqua CRB-8/7057

Santos, Walkiria Nunez Paulo dos
O prazer no pensar : prazer criativo / Walkiria Nunez Paulo dos Santos. -- São Paulo : Blucher, 2019.
368 p.

Bibliografia
ISBN 978-85-212-1881-4 (impresso)
ISBN 978-85-212-1880-7 (e-book)

1. Psicanálise 2. Pensar analítico 3. Criatividade - Prazer - Psicanálise I. Título.

19-2062 CDD 150.195

Índice para catálogo sistemático:
1. Psicanálise

Conteúdo

Agradecimentos

Agradeço profundamente a todos os meus pacientes, que me acompanharam em meu percurso psicanalítico e que tive a oportunidade de acompanhar. Aos que retornaram para suas análises, dando-nos mais chances de um aprofundamento, e aos que enviaram seus filhos depois de um processo comigo. Construções teóricas fundamentais se originaram de *insights* verdadeiros por meio de nossas experiências surgidas no campo de análise. Grata pela confiança.

A meus queridos pais, que contribuíram imensamente para a minha estrutura, como modelos de amor, contenção e esperança. A minha irmã afetiva, muito "desejada", e a minha filha amada e generosa. Aos familiares com os quais sempre posso contar.

A Osvaldo Marba Ribeiro, meu analista, que sempre me incentivou com liberdade e respeito a pensar meus próprios pensamentos e me amparou para que eu pudesse suportar tanto as catástrofes quanto as alegrias de meu caminhar.

A meus supervisores, Teresa Rocha Leite Haudenschild e Plinio Montagna, que sempre me encorajaram a prosseguir. Ao Plinio, especial gratidão por me acompanhar com paciência e sabedoria. Não poderia me esquecer das valiosas contribuições e da estima de Roosevelt M. S. Cassorla. E a João Carlos Braga, que "escutou" e se interessou sobre o prazer no pensar, prazer criativo, meu profundo reconhecimento.

Agradecimento não poderia faltar à psicanálise e à Sociedade Brasileira de Psicanálise de São Paulo (SBPSP).

Quanto à produção/execução do livro, também faço um agradecimento especial à editora Blucher, que me recebeu com eficiência e consideração em uma parceria que se apresentou fértil desde o início.

Prefácio

João Carlos Braga

O convite de Walkiria Nunez Paulo dos Santos para escrever o prefácio para este livro proporcionou-me muitas satisfações. Interessado pelo tema, deu-me a oportunidade para rever seu exame na perspectiva da teoria do conhecimento de Bion, com fácil enlace com seus desenvolvimentos posteriores sobre as transformações em tornar-se a realidade, sobre a mente primordial e também sobre os estudos de outros autores que examinaram os fenômenos de partes não integradas da mente (como Esther Bick, Celia F. Korbivcher e Anne Lise Scappatticci, para indicar as que me são mais próximas). Trouxe-me também a oportunidade para perceber como gerações mais novas de psicanalistas estão se aproximando desses pensamentos que surgiram há meio século, mas que continuam a ser um desafio ao tentarmos pensá-los. Refiro-me principalmente às expansões que esse tema teve após a teoria das transformações, uma vez que é examinado na teoria do conhecimento de Bion (1962-

1965) já se mostra aceito pela corrente maior do pensamento psicanalítico, estando hoje praticamente integrado no campo comum dessa linha. Penso chamar a atenção, com estas observações, para a dimensão epistemológica implícita nos trabalhos da autora – e suas mudanças – que partem e examinam principalmente a experiência clínica.

As contribuições ao tema que vamos encontrar neste livro permitem aproximações maiores a duas faces do campo psicanalítico, ambas destacadas desde o título do livro: a experiência prazerosa que pode ser vivida pelo pensador e sua associação com a criatividade. Essa abordagem aproxima suas investigações da parte menos aceita e investigada da teoria e da prática psicanalítica advinda com Bion. Uma síntese do que encontro poderia ser "Explicitando e ampliando a teoria e ilustrando a clínica". Outra síntese poderia ser a indicação de que, em sua essência, o livro trata de dois aspectos: (1) o desenvolvimento de potencialidades ainda não nascidas para o indivíduo, e cujo florescimento pode ser vivido prazerosamente como pensar criativo ou crescimento da personalidade; e (2) a integração na personalidade de aspectos já desenvolvidos, mas ainda nela não integrados. Ambas as vicissitudes podem ser experiências tanto do analista quanto do analisando.

Meu primeiro contato com o modo em que Walkiria está desenvolvendo essas ideias foi recente, por meio de seu artigo "Desamparo-amparo no pensar", de 2017. Este livro me proporcionou a oportunidade de acompanhar como a autora alcançou e foi dando forma a esses pensamentos psicanalíticos presentes no artigo. Constitui uma bela ordenação da evolução de seu processo criativo, cujo coroamento no presente é a investigação dos efeitos emocionais do alcançar a condição de pensar as próprias experiências contida nas expressões "amparo" "prazer" e "criatividade". O contato pessoal com a autora, também tornou possível perceber que o livro está em sintonia com seu próprio prazer em pensar estas suas experiências clínicas.

Há um bom número de elementos no livro que me tocaram e gostaria de destacar alguns deles. Começo com a percepção do desenvolvimento do pensamento psicanalítico de Walkiria, nestes últimos onze anos, como podemos acompanhar em seus diversos trabalhos nesse período. Isso vai aparecer também em como o próprio livro está organizado. A autora nos alerta para esse fato em um subtítulo da primeira parte do livro: "O surgimento do conceito de prazer no pensar". Em termos sintéticos, o livro reúne, na primeira parte, trabalhos psicanalíticos iniciais (2008-2017), em que é possível já entrever uma analista intuitiva e interessada em organizar sua forma de integrar clínica e teorias psicanalíticas, já se ocupando com a ideia de "Prazer no pensar" desde 2013. Nos dois artigos da segunda parte, as ideias-chave "desamparo" e "prazer no pensar", adquirem protagonismo e alcançam um maior desenvolvimento (2017-2019).

A sequência de artigos vai nos mostrando tanto o aprofundamento como o amadurecimento do modo que Walkiria conjuga as teorias psicanalíticas, que escolheu como paradigmáticas, com as experiências clínicas que vive. Assim, podemos acompanhar a mudança da prevalência das teorias freudianas das pulsões e do trauma, no contexto da teoria estrutural da personalidade, com seu enfoque explicativo-causal, sendo progressivamente mescladas com o interesse pelo período epistemológico da obra de Bion e seu enfoque descritivo-analógico, chegando, em seus dois últimos trabalhos a incluir as ideias de Bion sobre a mente primordial e as partes não integradas da mente (as relações entre partes do *self*).

Em minha apreensão, o movimento no pensamento de Walkiria tem a ver com sua integração de três vertentes: (1) o movimento de Bion expandindo o campo analítico na direção do mais primordial na mente; (2) a inclusão da mente do analista como parte do *setting* analítico; e (3) a mudança do foco do analista em manifestações próprias ao Conhecer/não Conhecer, para o da busca de contato com os movimentos com a qualidade emocional ainda anteriores ao Conhecer, ou seja, às emanações fundantes advindas da Origem (realidade psíquica) em direção ao que virá a se constituir como a mente. Com isso, deixamos o campo do já organizado como mental para outro em que podemos acompanhar sua gênese.

O tema *desamparo* é examinado de várias formas nos trabalhos de Walkiria. Em "Desamparo – Amparo no pensar", de 2017, a ênfase é no desamparo psíquico primário, condição reconhecida por todos os autores psicanalíticos seminais, desde Freud. Mas, mais do que isso, os enfoques dados por ela nos colocam em contato com as formas com que o não integrado na mente vai se apresentando no funcionamento da personalidade e como as possibilidades do método psicanalítico podem vir a favorecer uma maior harmonia interna no indivíduo.

Percebo essa forma de olhar a experiência psicanalítica nos guiando na direção das contribuições de Bion, em seu período final de vida (1976-1979). No entanto, vale a pena lembrarmos que, desde o início de seus trabalhos com grupos, vemos Bion tentando descrever sua constatação da existência de partes não integradas da personalidade pela discriminação entre a dimensão de trabalho mental ajustado à realidade e as dimensões de funcionamento mental primário (luta e fuga, dependência e acasalamento). Essa cisão na mente é diferente daquela que, ao final de sua vida, Bion foi examinar como os fenômenos não passíveis de integração na mente, através das ideias de mente primordial.

A ideia de desamparo sempre esteve ligada à abordagem de aspectos de sofrimento e empobrecimento mental. No pensamento psicanalítico, desde seus inícios, o cerne do *desamparo* frente aos movimentos psíquicos está presente, por exemplo, nos conceitos de repressão do que é intolerável ao ego (Freud), do terror frente a angústias de aniquilamento descritas por Melanie Klein, ou, ainda, na compreensão de Bion, desamparo surge como parte da conjunção constante desamparo<–>onipotência.

Uma conjectura que me pareceu caber nas aproximações de Walkiria foi a de que desamparo pode nos ajudar a investigar a condição oposta, o prazer na integração da personalidade a partir do pensar e das experiências criativas. Ou seja, ao chamar nossa atenção para o desamparo, a autora nos conduz para a presença de sua polarização, ambas reunidas na síntese desamparo<–>amparo no pensar/prazer criativo. Assim, o amparo no pensar nos traz a saída da condição fragilizada primária através dos processos secundários (Freud), enquanto negação, cisão, identificação projetiva nos apontam a saída através dos processos primários. Penso ser o que a autora identificou como a passagem de uma condição secundária para ocupar uma posição de maior protagonismo no funcionamento mental, com o bônus de prazer.

Como acompanho o vértice privilegiado por Walkiria do prazer no pensar com a concepção de prazer autêntico, proposta por Cecil J. Rezze? Este foi um ponto que se impôs para mim desde a primeira vez que escutei Walkiria expor suas ideias em um seminário conduzido por Cecil sobre as ideias que ele mesmo estava desenvolvendo. Ambas as propostas têm pontos semelhantes e surgiram de forma praticamente contemporânea, em 2013 e em 2011, respectivamente. Creio que na base dessas duas aproximações estão as diferenças conceituais, na obra de Bion, entre a teoria do pensar (1962) e a teoria das transformações (1965) em sua proposta de transformações tendendo à comunhão com a realidade. Ou, em outras palavras, o pano de fundo entre as experiências de um pensador formando um pensamento pelo aprender com a experiência e as experiências próprias à disponibilidade em acolher as emanações de pensamentos sem pensador.

Uma boa síntese das compreensões que a autora alcançou, está no trabalho "Desamparo – Amparo no pensar", de 2017, que penso encerrar o ponto culminante atingido por suas elaborações até o presente. O subtítulo da parte do livro em que está esse trabalho pareceu-me bastante feliz e ilustrativo: "O prazer criativo". Ou seja, não mais estamos no campo do princípio do prazer, mas na satisfação que acompanha uma experiência de criação de uma representação interior antes não existente. Note-se que o domínio dessa ideia é a teoria do pensar, e não a teoria das *transformações em tornar-se a realidade*. Identifico três raízes teóricas embasando a formulação da autora: (1) Freud e suas teorizações sobre o pensar e sobre a importância fundamental dos traumas; (2) a teoria do pensar de Bion; e (3) uma conjectura da autora sobre uma origem mental do prazer, para além do instintivo e do sensorial, como presente na sexta hipótese, que será apresentada a seguir.

É possível acompanhar uma cadeia de causalidade em seu pensamento no trabalho citado formado por seis hipóteses:

1. Há um trauma primário, gerado pela condição inicial de dependência total do bebê pela mãe, para sua sobrevivência;
2. Esse trauma vai gerar uma necessidade de ser amado, que nunca mais o abandonará;
3. Outras experiências traumáticas irão se somar e potencializar essa condição primária, como falhas na *rêverie* e na continência materna;

4. Frente a essas condições aterrorizantes, o indivíduo se evade do contato com a realidade ou pode tolerar suas ansiedades e desenvolver um processo de pensar;
5. Caso o caminho seja o pensar, o indivíduo estará irremediavelmente fadado a conviver com desamparo e com o estabelecimento de relações de objeto;
6. No processo de pensar, está inserido "um componente de vida essencial": o prazer.

Penso que a engenhosa mescla de hipóteses por Walkiria vai soar estranha a quem adota um pensamento mais organizado conceitualmente, de um só autor, como o da teoria do pensar de Bion em que satisfação fica vinculada ao encontro real com o objeto (uma concepção, portanto), ou a teoria das transformações, em que prazer pode ser vinculado às transformações tendendo à comunhão com a realidade. Compare-se as hipóteses de Walkiria delineadas e a hipótese de Bion do pensar ser advindo da frustração tolerada da ausência do encontro com o objeto (onde o processo de pensar não é fruto do desamparo primário), sem incluir as dimensões instintiva e do trauma como suas causas. Pessoalmente, não vejo problemas em que esse desencontro de teorizações aconteça, pois a própria teoria do pensar de Bion é fruto do amálgama de teorias originais de Freud e de Klein, somadas às experiências do próprio autor. Nesse sentido, o valor destas formulações de Walkiria será testado pelo uso, por ela mesma e por colegas, algo que deverá ser feito clinicamente.

Finalizo meus comentários com a observação de ter visto neste livro um momento de corte (como em um filme) de um período do desenvolvimento psicanalítico de Walkiria, um processo que tem tudo para continuar fértil pela amostragem de momentos da evolução de seu pensamento nestes últimos onze anos.

Frente ao que pude perceber, fico curioso e esperançoso sobre o que a autora poderá nos trazer no futuro.

Apresentação

Ao escrever este livro, tenho o desejo de que seja uma obra inspiradora e incentivadora a todas as pessoas que pretendem viver sua vida a partir de escolhas próprias, autênticas e da melhor forma possível; a pessoas que têm esperança e a condição interna de "aprender com as experiências", sejam experiências de dor ou de amor. Pretendo também poder colaborar com os colegas psicanalistas, ampliando a teoria sobre o *prazer*, assim como colaborar com outros profissionais de saúde e educação que se interessem pela essência dentro de cada um de nós.

Pretendo que meu desejo se estenda a ser um livro estético, criativo e que contribua com a ciência da psicanálise –, que as pessoas, ao lerem, possam sentir-se vivas, e que possam guardar na memória suas emoções mais verdadeiras e *transformar* as pungentes no decorrer da leitura.

Prazer no pensar é a capacidade interna de doação e acolhimento/contenção intrapsíquica, em que transformações podem ocorrer instauradas por meio de processos vinculados ao conhe-*Ser*. Nesses processos, a generosidade e a autenticidade têm a chance de nascer levando o indivíduo a realizações. É somente esse processo do contato íntimo consigo que possibilitará o prazer no pensar – prazer criativo. Quando ocorrem *transformações*, o prazer se realiza, aproximando o indivíduo do "O"[1] possível.

O livro trata de experiências que se complementam, clínicas e teóricas. É dada importância ímpar à mente do analista, tanto em relação à pessoa singular quanto em relação a seu processo de ir *sendo* psicanalista; e, assim, foi por meio dessas experiências que a descoberta sobre a teoria do prazer no pensar se concebeu.

O embrião da teoria "O prazer no pensar" foi concebido em 2007, quando percebo minha necessidade de uma segunda análise. Nessa época eu me mantenho ativa profissionalmente, como descreverei mais adiante, mas, paradoxalmente, percebo em mim um "estado deprimido" e, o que mais me chama a atenção, percebo alguns pacientes meus interromperem seu processo de análise, com queixas similares entre eles de que faltava um algo a mais, e que o que tínhamos conseguido até aquele ponto do processo analítico, como dupla, havia se esgotado. Levanto a hipótese, naquela época, de que algo acontece internamente comigo também, e do qual eu não estou dando conta sozinha; intuo que eu preciso caminhar mais e me desenvolver pessoalmente. Foi essa percepção e consciência que me faz iniciar o segundo processo de análise.

Experiencio principalmente com esse segundo processo que, quanto mais eu me aproximo de "quem eu sou", mais eu me sinto

---

[1] "O" de Bion, que equivale tanto a origem quanto à verdade última. "O" como realidade psíquica.

acolhida por mim mesma, mais eu me re-conheço em minhas crenças e em quais escolhas a partir desse reconhecimento eu me sinto capaz e liberta em fazer.

Assim a clínica vai novamente se estabilizando, e os pacientes que haviam interrompido começam a voltar para suas análises. Provavelmente, no período de interrupção, o efeito da análise continuava em um processo de autoanálise, levando-os a perceber a necessidade de um aprofundamento maior para enfrentar seus problemas. No retorno, observo cuidadosamente todos esses movimentos dentro de mim e observo os pacientes em seus processos de análise.

Em dezembro de 2007 sou aceita na seleção do Instituto Durval Marcondes da Sociedade Brasileira de Psicanálise de São Paulo.

A partir do ingresso no Instituto, o processo de análise didática faz-se necessário e tem seu início em janeiro de 2008, com Osvaldo Marba Ribeiro, e após alguns meses inicio minha primeira supervisão didática, com Teresa Rocha Leite Haudenschild.

Na primeira supervisão com Teresa, como primeiro relatório, me dedico a escrever sobre uma paciente que interrompe seu processo e que, depois de alguns anos, retorna para sua análise, e escrevo concomitantemente outro trabalho referente à pacientes com problemas intestinais crônicos: "Doença de Crohn e Retocolite Ulcerativa Inespecífica".

Colegas da Sociedade se interessam por minhas experiências com esses pacientes e me convidam a publicar o artigo "Dores intestinais substituindo dores psíquicas" na *Revista Construções* da Associação Brasileira de Candidatos (Porto Alegre, 2009).

Nos primeiros seminários teórico/clínicos sobre Freud, com Yeda Saigh, me alivia saber de Yeda que ela também atende pacientes que permanecem em análise há muitos anos. Eu também compartilhava desses longos anos com alguns pacientes, e esse fato me intrigava. Questões me instigavam a investigar. O que mantinha esses pacientes durante tantos anos em processo de análise? O que os mantinha motivados? O que mantinha viva a dupla analítica? O que mantém vivo o amor e a dedicação à psicanálise?

Minha segunda supervisão é com Plinio Montagna, e é nessa época, além do trabalho para o segundo relatório, que termino de escrever o trabalho *O prazer no pensar: análises duradouras*. Terminada a supervisão, em janeiro de 2013 passo a membro associado da Sociedade Brasileira de Psicanálise (SBPSP).

A teoria sobre "O prazer no pensar" gradativamente começa a ser compartilhada e ter boa aceitação entre colegas psicanalistas: foi apresentada em Reunião Científica da SBPSP em abril de 2013; apresentada no XXIV Congresso Brasileiro de Psicanálise, "Ser contemporâneo: medo e paixão" (Febrapsi/Campo Grande), em setembro de 2013; foi aceita no IPA 49th Congress (Boston, Massachusetts, Estados Unidos) em julho de 2015; apresentada no XXVI Congresso Brasileiro de Psicanálise (Febrapsi/Fortaleza) em 2017; apresentada no XXXII Congresso Latino-americano de Psicanálise (Fepal/Lima) em setembro de 2018; publicada como capítulo no livro *Des-amparo e a mente do analista* com o título "Desamparo: amparo no pensar" (Blucher) em 2018; e apresentada no XXVII Congresso Febrapsi (Belo Horizonte) em junho 2019, com o tema da mesa "Desamparo – O estranho – Prazer no pensar".

Testada na prática clínica de forma sempre contínua, em reuniões científicas, e em congressos de psicanálise, a escrita em um livro sobre o prazer no pensar – prazer criativo acontece como um processo espontâneo e contínuo.

A obra é composta de artigos escritos desde 2008 e com temas diversos, mas que evidenciam que o *prazer no pensar* já estava implícito na autora e nos pacientes, ou seja, a obra enfatiza uma evolução no pensamento psicanalítico até os dias atuais.

PARTE I

ORIGEM DO CONCEITO DE PRAZER NO PENSAR

Testando o conceito de prazer: "o prazer no pensar"

Em 2008, participo da reunião na Sociedade Brasileira de Psicanálise de São Paulo em que o Prof. Charles Hanly[1] expõe o "Programa de Novas Iniciativas". Disse-nos ele:

> *No Congresso em Chicago, o Board aprovou por unanimidade o Programa de Novas Iniciativas, constituído de três programas, dirigido a três tendências problemáticas interconectadas: menor número de pacientes em análise, a redução do número de candidatos e o consequente envelhecimento da profissão. Os programas componentes são:*
>
> *(a) Questões dirigidas ao fortalecimento da psicanálise clínica (Observação clínica).*

[1] Presidente da International Psychoanalytical Association (IPA).

(b) *Questões relacionadas com pesquisa conceitual (Integração conceitual).*

(c) *Extensão da Psicanálise para a comunidade (Outreach).*

Sobre os comitês do projeto e os grupos de trabalho da IPA, ele nos participa:

> *Os avanços da prática clínica se constroem sobre nossas tentativas quotidianas de acessar a eficácia e, portanto, a propriedade afetiva e a verdade das interpretações que oferecemos aos nossos pacientes em resposta a suas livres associações, transferências e enactments. Da mesma forma, o avanço do conhecimento da natureza humana individual se apoia nos sucessos e fracassos de nosso trabalho clínico diário. Estão presentes, implicitamente em nossos esforços clínicos quotidianos, critérios pragmáticos/de correspondência/de coerência da verdade. Sem estarmos particularmente conscientes disso, fazemos regularmente miniestudos de resultados, como quando avaliamos interpretações que fizemos em relação a mudanças (transformações) no paciente (isto é, como o paciente está funcionando dentro e fora da análise). Eventualmente avaliamos a análise quando ela se completa, em relação ao que foi alcançado pelo paciente com a nossa ajuda. Foram estudos de resultados deste tipo que levaram Freud a rever sua teoria de sedução e o modelo topográfico.*

A partir dessa reunião, testar a teoria sobre o "prazer no pensar" por meio da observação cuidadosa sobre os fatos clínicos faz todo o sentido. Os fatos clínicos incluem a pessoa real do analista e o analista como observador. As questões antigas reverberam mais uma vez. O que acontecia quando os pacientes saíam de suas análises? Como aproveitavam todo o conhecimento de si mesmos para atualizar sua vida? Houve transformações reais? Por algum motivo, tive a oportunidade de experienciar junto com eles essas questões, pois vários pacientes voltam para outra experiência de análise comigo.

Tenho como bússola no meu percurso de ir *sendo* psicanalista que, para testar uma teoria, o próprio analista deve testá-la em sua singularidade e, concomitantemente, na sua prática clínica, por meio da observação de seus pacientes e de si próprio, assim como se deixando tocar pelas experiências emocionais surgidas no campo analítico e as mudanças ocorridas.

A psicanálise, como ciência, nos oferece um rico arcabouço teórico/clínico, em constantes transformações – lembrando-nos de Freud, que nos deixou como legado a importância de a psicanálise sempre ser ampliada e verificada na realidade. É a psicanálise que nos proporciona aproximações de áreas de nossa mente totalmente desconhecidas ou não nascidas. Cabe a nós sermos capazes de usufruir desse conhecimento e compartilhar com quem nos permite a troca de experiências.

Se prestarmos atenção, na biografia de todos os grandes autores da psicanálise, a partir de Freud, Ferenczi, Melanie Klein, Bion, Winnicott e outros, vemos que eles conseguiram se deixar tocar pelo conhe-*Ser* – eles transformaram de forma criativa seus sofrimentos. Assim sendo, as teorias nascem por meio de *insights*, em tentativas de conter dores muitas vezes insuportáveis até o momento em que o indivíduo pode sofrer essas mesmas dores. Bion, em seu trabalho, nos conduz: "Como tornar proveitoso um mau negócio" (1979), similar a transformar limões azedos em uma boa limonada – e de forma criativa.

Freud, com sua personalidade de coragem marcante, sempre inovava, descobria e tentava deixar para trás tradições a cada nova descoberta, a cada experiência significativa nova, mesmo sofrendo as severas pressões da cultura inserida em sua época. Ele se coloca "na experiência", se deixava tocar por ela e não se intimidava em compartilhar e declarar no meio médico.

Outros autores seguem o mesmo processo de desbravamento interno/externo, cada um à sua maneira, conforme a realidade em que estavam inscritos.

Na autobiografia de Bion, como exemplo, podemos notar sua mente saturada pelo terror das experiências de guerra, seus assombros, mas era justamente seu psiquismo, suas memórias e sensações, que o amparavam para dar conta da dor mental, pelo horror pelo qual passava. Sua primeira transcrição do diário de guerra foi "The neuroses in war" (1940), em que ele descreve: "Todas as trincheiras inimigas estavam delineadas com baixas rebentações estilhaçadas. Era muito bonito – e muito mortífero" (Bion, 1997, p. 47). Portanto, mesmo traumatizado, ele buscou uma saída dessa situação terrorífica, o caminho era sentir, perceber o que sentia e pensar. Suas experiências são sempre em busca de narrativas e de sentido para se manter vivo...

Podemos notar, portanto, nos principais autores, que suas teorias nasceram das experiências com seus pacientes e de experiências próprias, como humanos enfrentando suas catástrofes pessoais e como analistas em parceria com seus pacientes.

Referências

Bion, W. R. (1979). Como tornar proveitoso um mau negócio. *Revista Brasileira de Psicanálise*, *13*, 467-478.

Hanly, C. (2008). Programa de Novas Iniciativas-palestra proferida na SBPSP em 2008. São Paulo.

Bion, W. R. (ed.) (1997). *War memoirs 1917-1919*. London: Karnack Books.

A teoria sobre o prazer no pensar já estava implícita nas experiências da autora?

Sobre a mente do analista: uma experiência preciosa

Permaneço com a crença de que minha função como analista se "manifestou" quando eu ainda era bem jovem, por volta dos meus 15 anos, em uma experiência que considero preciosa. Nessa época, comecei a pensar sobre qual profissão iria seguir, o que eu iria *Ser*. Um cirurgião de São Paulo, amigo dos meus pais, levou-me a assistir várias cirurgias, pois sabia de meu interesse pela medicina e por me tornar cirurgiã.

Em um determinado dia, no Hospital Heliópolis, em São Paulo, em plena cirurgia de varizes (quando o cateter foi retirado do paciente, envolto em gordura), percebi que um pensamento tomou conta de mim: *por que as veias entopem? Quero entender o que se passa dentro, mas bem dentro das pessoas. Que significados teriam aquelas gorduras que obstruíam o caminho das veias?* Mais cirurgias eu assisti, até perceber que não era a medicina que queria como profissão. Optei por fazer psicologia.

Valorizo essa experiência, fazendo uma associação com o que Bion (1977) coloca sobre "pensamentos em busca de um pensador", ou seja, acredito que, aos 15 anos, pude perceber um pensamento meu, algo irrompeu internamente e pude entrar em contato com o que senti e acolhi. Minha área de especialização se tornou a psicossomática e afecções somáticas por longos anos.

Refletindo atualmente, penso que a ignorância de nós mesmos, o enrijecimento psíquico é o que "entope" o espaço para ir *sendo* sempre, para a contínua autenticidade.

Ao ingressar na Faculdade de Psicologia (Unisantos), houve muita alegria por parte dos meus pais, e de minha avó paterna, que, ao dar-me os parabéns, me disse: "*Que lindo, filha, você vai conseguir ver as pessoas 'nuas', você irá me ver também?*". Na época, não entendi suas palavras, mas sabia que tinham um significado "diferente" – incentivo e muito carinho.

No terceiro ano estudei na Faculdade de Filosofia Ciência e Letras São Marcos, em São Paulo, tendo a oportunidade de estagiar no Hospital Psiquiátrico de Vila Mariana. No primeiro dia somente visitei o hospital e os pacientes. Como consequência, naquele dia fiquei sem comer; parecia que "meu estômago tinha travado", cometido por uma dor (excesso), ao assistir àquele sofrimento todo. Passei por todas as alas e vi também aqueles pacientes que ficavam enclausurados. Com o passar do tempo no estágio, com a ajuda dos professores, e pelo contato com os próprios pacientes, obtive maior esclarecimento e fui compreendendo melhor aquelas pessoas tão sofridas – desamparadas.

Voltando para Santos, em 1979, já no início do quarto ano, conheci o Dr. Victor Vallejo e consegui, por meio de sua indicação, estágio na área da obstetrícia. Passei muitas horas nas salas de parto da Beneficência Portuguesa e da Santa Casa de Misericórdia de Santos. Adorava estar com as mães nesse momento, adorava estar com os bebês, vê-los nascer.

Nesse mesmo ano da faculdade (quarto ano), conheci Regina Altman, minha professora, primeira supervisora, dedicada e afetiva, que me incentivava a aprofundar meus conhecimentos a cada supervisão que tínhamos. Já nessa época ingressei em um grupo de estudos sobre a Teoria Psicanalítica e Supervisão de Casos Clínicos.

Formada no final de 1980, meu primeiro trabalho como psicóloga foi em uma academia de ginástica. Nele, observava mães e seus bebês nas aulas de natação para bebês. Observava e anotava tudo que acontecia nas aulas entre as mães e seus bebês e tudo o que eu ia sentindo também. Todo esse material era levado para a supervisão com Regina Altman. Passado não muito tempo, as próprias mães começaram a se interessar pelo trabalho e se mostraram "curiosas" em saber sobre o que eu escrevia. Veio então o convite para as primeiras palestras (na própria academia). Nasce o primeiro grupo de mães da academia. Era um espaço para as mães se colocarem, tirarem suas dúvidas, aliviarem angústias, enfim, um espaço para troca de experiências. Dessa academia surgiram meus primeiros pacientes, e a necessidade de montar um consultório (início de 1981). A assessoria à academia não foi mais possível, pois a dedicação maior ao consultório se fez necessária.

Regina Altman, nas supervisões, começou a falar sobre *psicanálise* e nos indicar leituras e autores. Em 1983, ela me fez o convite para falar sobre Melanie Klein na IX Semana de Psicologia da Unisantos. Depois desse convite passamos a trabalhar em conjunto: montamos um grupo em que Regina supervisionava e eu coordenava a parte teórica.

Do primeiro consultório, passei à montagem de uma clínica com mais três colegas psicólogas, à qual demos o nome de "Clínica Imago".

Em setembro de 1986, participei em São Paulo da jornada "A Obra de Melanie Klein", em que trabalhos científicos foram explanados por Virgínia Leone Bicudo e Pérsio Osório Nogueira.

Nesse mesmo ano, minhas colegas da clínica e eu soubemos de um congresso de psicanálise em Campinas e, no congresso, conversamos com Pessanha (membro associado da SBPSP) e pedimos algumas supervisões, que se realizavam em São Paulo. Um tempo depois, pensamos em transmitir esses conhecimentos para um número maior de pessoas. Em nossa clínica, Pessanha e, a seguir, outros psicanalistas da SBPSP começaram a proferir palestras, conferências e supervisão de casos clínicos.

Após essa etapa, iniciei com Therezinha Gomes de Souza Dias (membro efetivo da SBPSP) minha terceira supervisão, durante nove meses.

A clínica Imago se "desfez" no sentido concreto e, a partir do término dela, comecei a trabalhar sozinha em meu consultório. Iniciei o grupo de estudos sobre "As Obras Completas de Sigmund Freud" com Osvaldo Marba Ribeiro e iniciei minha análise pessoal com Therezinha (terminei minha supervisão com ela e iniciei o processo analítico).

Minha primeira análise se realizou em São Paulo, três vezes por semana. Enquanto isso, minha clínica do dia a dia se desenvolvia e, quanto mais eu me aprofundava, mais meus pacientes traziam conteúdos cada vez mais primitivos: relatos de sonhos, associações, sensações provocadas neles e em mim (transferência e contratransferência) que pareciam pertencer a épocas muito arcaicas. Comecei, portanto, a me interessar cada vez mais pelos "estados primitivos da mente".

A partir desse interesse, pelos estados primitivos da mente, participei da Abrep, em São Paulo, e em Santos, em 1986, nascia o Instituto Brasileiro do Psiquismo Primitivo (IBPP), contando com a participação de vários psicanalistas (membros associado, efetivo e com função didata da SBPSP) na apresentação de trabalhos clínicos e pesquisas realizadas.

O próximo passo foi ampliar e pesquisar mais. Ingressei no corpo clínico da Santa Casa de Misericórdia de Santos, no serviço de tocoginecologia, por cinco anos, de 1993 a 1998. O título de especialista em psicologia clínica surgiu desse trabalho.

Com a colaboração do Dr. Victor, iniciei um trabalho psicoprofilático, que compreendia:

- acompanhamento pré-natal psicológico;
- acompanhamento em sala de parto e/ou centro cirúrgico;
- encontros com os pais, quando possível, após o nascimento do bebê.

No acompanhamento pré-natal, trabalhávamos a importância do vínculo materno, da figura do pai, da formação da tríade (mãe/pai/bebê); ansiedades do pré-parto, parto e pós-parto e angústias em relação à amamentação. Período esse de grande enriquecimento tanto para as gestantes, os pais (ou companheiros) e os bebês já nascidos quanto para as minhas constantes indagações e questionamentos.

Simultaneamente, com o trabalho na Santa Casa, seguia com o meu consultório e análise pessoal com Therezinha (em São Paulo) contando também com os nove anos em que estudei Freud e com supervisões de Osvaldo Marba Ribeiro.

Pacientes mais comprometidos, com histórico de internações, chegaram ao consultório e, com isso, minha necessidade de me aprofundar também. Iniciei minha quinta supervisão com Gecel L. S. (membro efetivo e analista didata da SBPSP) e comecei a rascunhar um artigo.

Em 1999, pessoas com sintomas orgânicos, buscando compreensão para suas "doenças", começaram um processo de análise comigo. Sintomas físicos, aparentemente sempre ligados à alimentação: anorexia, bulimia, obesidade e distúrbios intestinais crônicos (retocolite ulcerativa inespecífica e doença de Crohn).

O Núcleo de Psicanálise de Santos e Região começa a trazer vários analistas da SBPSP para apresentarem seus trabalhos, e eu começo a participar das atividades como ouvinte. Chamam minha atenção as contribuições de Roosevelt M. Smeke Cassorla, principalmente sobre "a pessoa real do analista" (Cassorla, 2015, p. 75); de Cláudio Castelo Filho, sobre as "doenças e seu ganho secundário", enfim, muitas outras contribuições foram fazendo cada vez mais sentido com o que eu observava e experienciava em minha clínica.

Em 2005, o Núcleo trouxe Marina Ramalho para falar sobre os distúrbios alimentares e, nesse mesmo ano, comecei um estudo com Marina (em São Paulo) e com Kelly (minha filha, que cursava o antigo colegial).

Por meio do Conservatório Musical Heitor Villa Lobos (conservatório de nossa família) e contando com a colaboração, na parte de divulgação, do Núcleo de Psicanálise de Santos, Marina, em

2007, apresentou seu trabalho sobre "Transtornos Alimentares – Anorexia e Bulimia".

Concomitantemente a esse período bastante produtivo, como mencionei anteriormente, senti também que passava por um momento deprimido e necessitava aprender mais sobre mim. Concluo, então, que todo o percurso inicial de minha clínica, incluindo a primeira análise, e todas as contribuições recebidas foram o que me levou a perceber e pensar que seria o momento de uma segunda análise. Como meu interesse pela SBPSP sempre foi notável, eu compreendi que a próxima análise teria que ser uma análise didática e, assim sendo, iniciei minha análise didática com Osvaldo Marba Ribeiro. Fiz a entrevista para análise em maio de 2007 e marcamos para iniciar em agosto de 2007. Em dezembro de 2007, entrei para o Instituto de Psicanálise Durval Marcondes da SBPSP.

No Instituto, além das matérias e autores obrigatórios, como Freud, Klein, Winnicott e Bion, fui gradativamente acrescentando mais eletivos desses mesmos autores e outros como Meltzer, Ogden etc. Sempre me interessei em montar os grupos de estudos, convidando minhas colegas a expandir os conhecimentos, por exemplo, o grupo para estudar os "estados primitivos da mente", alguns semestres de "microscopia da sessão analítica" etc.

Também sempre levei em consideração, como enriquecimento teórico/clínico, a participação como ouvinte nos trabalhos de colegas da nossa Sociedade em reuniões científicas, assim como a participação nos congressos: Febrapsi, Fepal e IPA, e jornadas dentro de nossa Sociedade.

A escrita de trabalhos no Instituto para as apresentações nos congressos, além dos dois trabalhos de primeira e segunda supervisão, foi de extrema importância e crescimento pessoal.

Trabalhos que sempre contaram com leituras e colaborações prévias de colegas analistas antes de sua publicação/apresentação.

Considero que me sinto muito próxima das ideias/conceitos de Freud, agradecida por ter descoberto a psicanálise, por seu amor, dedicação e coragem para observar e investigar não só seus pacientes, mas a si próprio (sua autoanálise). Freud deixou-nos um legado de vida. A partir de sua descoberta, a estrutura da psicanálise e seus conceitos principais permanecem ainda hoje: transferência, repressão, associação livre, trauma etc. Outros autores trouxeram contribuições preciosas, aprofundaram, aperfeiçoaram os chamados pontos cegos de cada autor/teoria.

Em minha clínica atual, continuo próxima dos conceitos de Freud, mas me identifico principalmente quando leio Bion trabalhando a clínica, a dupla analítica e suas *transformações*. Transformações essas que, quando ocorrem, enriquecem emocionalmente tanto o paciente quanto o analista. Portanto minhas experiências clínicas e pessoais foram se transformando nesses 38 anos de trabalho. Os conceitos e experiências de outros autores da psicanálise, neurociência etc. continuam contribuindo igualmente, facilitando uma noção pessoal da teoria psicanalítica global.

Como membro associado, eu penso ser de interesse, além dos congressos e reuniões científicas de que participei e nos quais apresentei trabalhos, descrever a coordenação do grupo de estudos da SBPSP Clínica do Desamparo: Correlações Teórico/Clínicas",[1] iniciado em novembro de 2015.

Ao participar do Congresso da International Psychoanalytical Association (IPA), em Boston, em julho de 2015, assisti a uma mesa

[1] A partir de fevereiro de 2018 o nome do grupo passa a ser Grupo Clínica do Desamparo e a Mente do Analista da SBPSP.

redonda chamada "Clínica do excesso contemporâneo", composta por três analistas: Javier García Castiñeiras (Uruguai), Jaime Isaac Szpilka (Espanha) e Jorge E. Canteros (Argentina). Eles abordaram "excesso e déficit" e descargas somáticas, temas que permitiram aos participantes debates centrais e atuais em que o corpo, a sexualidade e a cultura voltam a se encontrar em novas formas de tensão em relação aos paradigmas contemporâneos. Falaram também sobre aspectos de suas respectivas clínicas que fizeram muito sentido quanto às experiências em relação aos pacientes atendidos por mim, desde 1999, que apresentavam afecções somáticas e psicossomatizações, com diagnóstico de retocolite ulcerativa inespecífica e doença de Crohn.

Freud (1926[1925]), em *Inibição, sintoma e angústia*, coloca que:

> *O determinante fundamental da ansiedade automática é a ocorrência de uma situação traumática; e a essência disto é uma experiência de desamparo por parte do ego em face de um acúmulo de excitação, quer de origem externa quer interna, com que não se pode lidar.* (p. 99)

Essas afecções somáticas e psicossomatizações – cabendo uma diferenciação de grau de comprometimento entre elas – estariam sempre relacionadas às angústias, a um excesso de S (estímulos), de excitação, em que o aparelho psíquico não dá conta e, quando ameaçado, pode evacuar o afluxo de quantidade/qualidade como descargas no sentido de satisfação alucinatória de desejos. Na experiência clínica, pude notar que o "excesso", sem um continente, leva o indivíduo a sentir-se desamparado.

Ainda referindo-me a Freud (1920), em *Além do princípio do prazer*, ele já havia proposto uma teoria do traumatismo resultante da efração das para-excitações por um excesso de excitação, afetando a organização dos processos e da simbolização primária. É a mãe o objeto que tem essa função primária de para-excitações para o bebê.

Compreendo que futuramente esse bebê, por esse esgarçamento, carecerá de uma "mente disponível" para lidar com o excesso de excitação, e uma das soluções será usar, sacrificar o corpo para proteger a mente de um transbordamento, ou seja, os sintomas corporais tentam "unir, ligar" aspectos de si mesmo, que a mente não consegue. Aspectos de si mesmo não integrados na personalidade e como tentativa de solução possível (Roussillon, 2012), há descargas excessivas nos órgãos somáticos, sugerindo um fracasso nos recursos internos psíquicos para lidar com a realidade.

Este foi outro aspecto relevante, em que notei semelhança, na mesa redonda em Boston sobre a questão da identidade do indivíduo, que nesses casos se apresenta prejudicada, ou seja, um organismo com dificuldades de adaptação de sua própria realidade (interna/externa), em que a subjetividade está impedida de ser experienciada, pensada. Geralmente são indivíduos que não sabem o que sentem, onde estão e como se encontrar devido às vivências traumáticas primárias.

Nessas vivências traumáticas, remetendo-nos aos estados primitivos da mente, o bebê espera o "objeto" e não o encontra; Bion fala sobre pré-concepção, como algo interno que o indivíduo espera, mas que ele sabe reconhecer quando encontra o que precisa. É a *rêverie*, e a continência materna que faz o trabalho necessário de algo que está se manifestando no seu interior. O bebê espera que o *outro* o compreenda e, quando não há uma resposta adequada a essa necessidade, há uma vivência de decepção- desamparo.

Foi, então, no congresso IPA em Boston que a ideia de montar um grupo de estudos surgiu. Conversei com colegas para convidá-los a participar e, assim, o grupo nasceu com o nome de Clínica do Desamparo: Correlações Teórico/Clínicas, da SBPSP.

A coordenação do grupo na SBPSP foi se organizando espontaneamente. O tema do desamparo – excesso sem continente reverberava há muito tempo em minhas conjecturas. Penso que, no congresso da IPA, a ideia de montar um grupo de estudos surgiu num *insight*. A coordenação do grupo e os estudos realizados geraram a produção de um trabalho produzido pelo grupo: "*Self* desamparado: acolhimento no *setting* psicanalítico", apresentado no congresso Fepal/Cartagena 2016 e em reunião científica da SBPSP, em que destacamos como uma das formas de desamparo a "*falha* de *rêverie* e continência materna".

Realizando gradualmente um trabalho de equipe cada vez mais consistente e continente de muitos desamparos, um livro para lembrar sobre nossas experiências foi lançado pela editora Blucher: *Des-amparo e a mente do analista*, composto de dezoito artigos de colegas de nossa Sociedade.[2]

Penso que essa longa explanação sobre meu percurso, desde a adolescência, foi no sentido de mostrar ao leitor que eu "sem saber" fui experienciando como pessoa singular o prazer no pensar – prazer criativo, pois, com criatividade, fui dando amparo a minha realidade. Como psicanalista, fui avaliando a veracidade da teoria

---

[2] Alicia Beatriz Dorado de Lisondo, Ana Maria Stucchi Vannucchi, Anne Lise Sandoval Silveira Scappaticci, Antonio Muniz de Rezende, Carmen Mion, Célia Fix Korbivcher, Cristiane Reberte de Marque, Denise Aizemberg Steinwurz, Giovanna Albuquerque Maranhão de Lima, Gisèle de Mattos Brito, Ivan Morão, Leda Beolchi Spessoto, Maria Cecília Ramos Borges Casas, Maria Cristina Aoki Sammarco, Maria Cristina Hohl, Maria Olympia Ferreira França, Maria Teresa Pires Menicucci, Marlene Rozemberg, Nancy de Carlos Sertório, Neuci Maria Gallazzi, Plinio Montagna, Raquel Andreucci Pereira Gomes, Rita Andréa Alcântara de Mello, Silvana Bressan de Oliveira, Teresa Rocha Leite Haudenschild e Walkiria Nunez Paulo dos Santos.

sobre "o prazer no pensar", gradativamente observando o prazer que meus pacientes conseguiam sentir ao se desenvolver. Prazer em "*sendo*" eles mesmos e prazer em se libertarem de prisões desnecessárias.

Enfim, todas as experiências relatadas desde os meus 15 anos, parecem-me que foram tecendo espontaneamente e de forma criativa uma rede intrapsíquica que proporcionou um *prazer* mais elaborado, culminando em realizações como pessoa singular e como psicanalista. Essa é a ampliação da teoria sobre o prazer que proponho aos leitores e colegas psicanalistas. Fui testando, nestes muitos anos de trabalho clínico/teórico, que a mente necessita de alimento vincular, criativo e que gere *prazer* para poder conter os sentimentos humanos e as exigências da vida.

Dessa forma, cuidadosa e vincular, é que os artigos teórico/clínicos serão apresentados neste livro, e o conceito de *prazer* evoluindo de prazer secundário para "prazer no pensar-prazer criativo", conforme as experiências vividas no campo analítico foram também se transformando.

Referências

Cassorla, R. M. S. (2015). O Psicanalista, O Teatro dos Sonhos e a Clínica do Enactment. São Paulo: Blucher.

Freud, S. (1920/1969). Além do Princípio do Prazer. *In: Edição Standard brasileira das obras completas de Sigmund Freud.* v. XVIII Rio de Janeiro: Imago.

Freud S. (1926/1925/1976). Inibições, Sintomas e Ansiedade. *In: Edição Standard brasileira das obras completas de Sigmund Freud.* v. XX Rio de Janeiro: Imago.

Roussillon, R. (2012). O desamparo e as tentativas de solução para o traumatismo primário. *Revista de Psicanálise da SPPA, 19*(2).

Parte II

O prazer no pensar:[1] a evolução de um pensar analítico

[1] O desenvolvimento da escrita sobre o *prazer no pensar* aparece nos artigos, implicitamente, e seguem uma ordem cronológica em sua apresentação a partir de 2008.

Introdução

Para que ocorram *transformações*, ou desenvolvimento no processo analítico, o analista não só "empresta" sua mente a seus analisandos, como também sua corporeidade em um organismo vivo como um todo. Ao analista cabe estar disponível a sentir e sofrer suas próprias dores ou sofrê-las o suficiente, e estar disponível às mudanças, disponível a aceitar as catástrofes internas possíveis, por meio de um *processo de pensar* mobilizando atitudes. Será dessa forma que terá condições de proporcionar desenvolvimento – o "sendo" psicanalista, tarefa de função de amor à vida, amor a si próprio e ao outro.

Completando sobre o campo em cada processo analítico, Bion (1965) nos diz que "as dimensões do campo no qual o pesquisador tem que observar a relação de um fenômeno com outro são ilimitadas, não se pode, entretanto, ignorar nenhum fenômeno "nesse" campo, pois todos interagem entre si" (p. 61). Por exemplo, os sentimentos surgidos no analista, que contarão como uma possível senha de acesso ao que está emergindo na sessão.

No meu entender, ao analista cabe o ser capaz de renunciar às defesas contra as ansiedades que esses sentimentos provocarão nele, contra o medo de aniquilação da perda de sua própria identidade "conhecida" até o momento, pois a identidade se renova e se nutre a cada dia por meio das experiências. Ao mesmo tempo, sua própria identidade deve permanecer distinta da de seu paciente, e seu sentido de realidade e lealdade, sempre sob um "olhar e escuta", mantendo a consciência nos vários níveis existentes tanto de sua personalidade quanto de seus pacientes. Essa disponibilidade do analista poderá proporcionar conhecimento ao trabalho da dupla por meio de um vínculo profundo e, assim, fertilizar possíveis integrações entre a realidade interna e realidade objetiva, aproximando-se do "O" possível. Segundo Bion "O âmbito do psicanalista está situado entre o ponto em que um homem recebe impressões sensoriais e o ponto em que ele dá expressão à transformação que ocorreu" ([1965] 2004, p. 62).

Referências

Bion, W. R. (1965). *Transformações: do aprendizado ao crescimento* (Paulo Cesar Sandler, trad). 2. ed. Rio de Janeiro: Imago (2004).

Dores intestinais substituindo dores psíquicas

Trabalhando em processo de análise pacientes com diagnóstico de retocolite ulcerativa inespecífica e doença de Crohn, levantei hipóteses de que se repetiam ali, na relação transferencial, dores profundas não nomeadas não reconhecidas por eles, que se apresentavam como descargas de elementos beta, como acúmulo de tensão sendo descarregados no órgão somático. Minha experiência tem me mostrado, por meio desses pacientes, um sofrer crônico por falta de uma mãe continente, nutriz. A partir do vínculo formado com a analista, eles puderam gradativamente ir pensando suas dores e acalmando os sintomas orgânicos, no caminho de uma elaboração. Durante esses anos todos, as colonoscopias foram se modificando, inclusive as aftas foram desaparecendo, a luz intestinal voltou a existir e os pacientes desenvolveram uma condição muito maior de suportar frustração e realidade tanto interna quanto externa.[1]

---

[1] Apresentado na II Jornada de Pesquisa em Psicanálise da SBPSP, em 16 de agosto de 2008. Publicado na *Revista Construções* da Associação Brasileira dos Candidatos,

Problema a ser pesquisado: hipóteses psicanalíticas levantadas a partir de pacientes com diagnóstico de retocolite ulcerativa inespecífica e doença de Crohn

Esta pesquisa a que me refiro nasceu em 1999, com a chegada de pacientes com problemas intestinais e com diagnóstico grave e crônico, mas trazendo dúvidas e suas próprias teorias a respeito do motivo de terem sido acometidos pela doença. Desde o início suspeitavam de algo em relação à doença, além do diagnóstico recebido. Os pacientes tinham teorias explicativas, sempre relacionadas a culpas, castigos.

Minhas hipóteses nestes anos todos, assim como as deles, se romperam tantas vezes quanto necessário. Fui, com cada paciente, construindo um trabalho singular, pertencente a cada dupla, baseando-me em nossas vivências em cada sessão de análise.

O número desses pacientes foi aumentando à medida que os primeiros começaram a se sentir melhor e eles próprios passaram a encaminhar outros pacientes, ou então os recebia por intermédio de médicos, geralmente gastro e proctologistas.

Por meio de uma investigação profunda da transferência e contratransferência, estamos até hoje tecendo essas construções.

Tanto os pacientes com retocolite ulcerativa inespecífica quanto os de Crohn apresentaram alguns aspectos semelhantes, como dificuldades para lidar com a separação sujeito-objeto e com as diferenças. Assim como uma necessidade de se sentirem

---

v. 1, p. 217-225, dez. 2008; apresentado no XXIV Congresso Brasileiro de Psicanálise da Febrapsi, "Ser contemporâneo: medo e paixão", Campo Grande (set. 2013); apresentado no 30° Congreso Latinoamericano de Psicoanalisis de Fepal, "Realidades y Ficciones", Buenos Aires, Argentina (set. 2014).

misturados, justamente para não se responsabilizarem por si próprios. Todos mostraram, principalmente, uma falha na integração id-superego.

O sofrimento psíquico assustador, que menciono, foi-me sendo esclarecido pelas sensações, percepções, sentimentos provocados em mim e que muitas vezes eu não conseguia transpor em palavras. Sentia que era "uma coisa que me dava", outras vezes "um frio no estômago", que era "uma sessão pesada, densa". Em uma delas, lembro-me que, quase por terminar a sessão, olhei por debaixo da porta, e a luz da sala de espera, que permanecia acesa, pareceu-me estar apagada. Um medo começou a tomar conta de mim, e não conseguia nomear esse medo, só o que me veio à mente é que tinha a ver com algo morto; mas a sessão estava terminando. Pensando depois, investigando dentro de mim e relembrando o material trazido pela paciente, percebi que estava trazendo um medo, um pavor, que eu não pude compreender, e que tinha ficado do lado de fora. Não pôde ser elaborado, apenas sentido.

Penso que, com esses pacientes, há sempre um acúmulo de sentimentos, experiências que não foram elaborados pela psique.

Todos apresentaram desde o início relações com a mãe muito comprometidas, experiências muito ruins com elas. Queixas de frieza, distância, olhar vazio, falta de diálogo e, principalmente, proibições. Mães vistas por eles como pudicas, com as quais falar sobre sexualidade jamais era permitido. Contam-me que viveram tempos sobre a égide de um "não pode" indiscriminado, ou de um "pode tudo", que os fazia se sentirem largados, abandonados.

Assim se apresentaram em suas análises comigo. Na transferência, eu era a analista/mãe-fria, que não os compreendia, que não estava presente. Quantas vezes me senti totalmente impotente perante tantas necessidades; o que podia fazer por eles? Eu não era importante, não existia!

Freud, em seu ensaio de 1910, "A concepção psicanalítica da perturbação psicogênica da visão", levantou a possibilidade de um órgão estar forçado a servir a dois senhores; é esse conflito que dá significado a um sintoma orgânico (forças contraditórias podem entrar em conflito em um único local somático). Freud fala da importância do sexual e, consequentemente, do corpo na constituição do psíquico.

Os intestinos, como órgão somático – na retocolite, com suas aftas, pus intestinal, sangramento retal; e, no Crohn, com sua inflamação crônica, estreitamento, fístulas –, podemos hipotetizar que sejam expressões e manifestações de proibições do superego, proibindo o corpo de funcionar com o prazer que o id desejava.

No meu entender, nessa luta interminável entre superego e id, não dominada pelo ego, a doença se agrava tanto física como mentalmente. As ordens, ao serem obedecidas, travam os movimentos peristálticos e, ao serem desobedecidas, levam ao conflito e possível paralisação. Sem vencedor, a doença se agrava; com um vencedor, o frágil ego fica sob o domínio do id ou do superego, que desrespeitam a realidade "objetiva" e levam à doença mental.

Estabelece-se a gangorra: doença mental ↔ doença orgânica.

Muitas vezes, esses pacientes foram tomados por falta de ânimo, falta de vontade de viver e contínuos problemas no trabalho. Alguns passaram por vários desempregos, com um grande sentimento de inutilidade. Outros tiveram problemas com o sono, trocando o dia pela noite ou insônia. O apetite também era afetado, causando grande emagrecimento. Nessas épocas, o desalento tomava conta das sessões e tinham que recorrer sempre a algum familiar, até para continuarem com o compromisso financeiro da análise. Nesses momentos, mais frágeis, aceitavam mais minha colaboração e colo analítico.

Em relação à alimentação, geralmente eram muito perseguidos: tudo tinha de ser vigiado, tudo fazia mal. Eram os alimentos que provocavam dores. O leite era visto como proibido. Por exemplo, "leite não: fermenta, provoca diarreias/evacuações". Se algo acontecia no dia, provocando algum afeto, o motivo alegado era o feijão, o macarrão. Sentiam e somatizavam. Elementos beta eram evacuados no corpo, pois não podiam pensar. Não existiram elementos alfa por falha[2] de mãe, que os possibilitassem pensar, nomeando suas dores psíquicas, significativas, compreendendo-as.

O corpo se apresentava como um campo de guerra. Os afetos migravam para o corpo e para descarga de elementos beta.

Na análise, alguns traziam, além do suspeitar do alimento que eu oferecia, conteúdos de terem sido envenenados. Até que um dia, numa sessão, uma paciente chegou com pãezinhos de minuto quentinhos para mim. Entendi e senti que era como se fosse um teste: se eu acreditava que ela me trazia um "bom alimento", e também se eu aceitava que ela me alimentasse.

As sessões, com o passar dos anos, começaram a ser exatamente assim: sessões mescladas de amor, ódio e conhecimento. Os afetos cada vez mais podiam ser nomeados.

Apareciam aspectos mórbidos, sádicos, perversos (sonhos em que sempre estavam correndo perigo, casas sendo destruídas, assaltos, roubos, invasões, flechas, lanças varavam a cabeça, situações das quais, no final, sempre conseguiam se safar, ou

---

[2] A palavra "falta" escrita no artigo original de 2008 é substituída neste artigo por "falha".

situações em que permaneciam no lugar do perigo, sem se dar conta dele).

Ora a desvalorização de si era imensa, ora supervalorizavam-se em momentos de onipotência sem nenhum sentimento de humildade. O outro era sempre o torturador, o que abandonava e, em contradição, o que mais tinha valor.

Relatos de falas de mãe sempre apareceram no sentido de valorizarem todas as outras pessoas, menos o filho ou filha. Quando conseguiam fazer algo de bom, a mãe nunca os valorizava ou via como um ato de crescimento. Se elogios apareciam, eram louvores para a mãe. Por exemplo: "minha mãe exigia que eu tirasse dez, só para ela mostrar para as amigas como era uma boa mãe". Quando faziam algo julgado como errado, a mãe dizia: "O que os outros vão pensar, o que vão dizer!". Mais tarde percebíamos que esse padrão foi assumido por eles na vida adulta (refiro-me às introjeções e relações objetais do mundo interno).

Alguns pacientes passaram por morte real da mãe, outros não. De qualquer forma, o sentimento que me transmitiam é de que houve falha de mãe que contém, nutre e proporciona crescimento.

O relacionamento do casal de pais foi relatado como baseado em aparências: o pai como figura fraca e a mãe como fria, desvitalizada, não desejante.

Penso neste momento em pulsões, que só se concebem em relação a um objeto. Sem objeto, frio e distante, não há pulsão de vida ou de morte: todo objeto é bipulsionalmente investido por um psiquismo. E é na relação com o objeto que a fusão das pulsões pode se dar, ou então se dará a desfusão, levando à morte.

Por essa falha de objeto que acolhesse os investimentos do sujeito, no início da análise só havia um falar sem sentido, sem emoção. Exemplo disso é a fala de um paciente: "Se minha mãe entrar em contato consigo mesma ela morre, não se pode tocar em assuntos sérios com ela". Assim, na maioria das vezes, os fatos eram somente narrados, mas não vividos e experienciados junto comigo. Provavelmente somente quando fui perdendo o medo de estar junto a eles e tomar contato com meu próprio "trato digestivo" é que pudemos compartilhar dessas experiências juntos, digerindo-as.

Para eles, entrar em contato com essas experiências era quase que impossível, pois não tinham como elaborá-las, pensá-las. A ingestão parecia ser extremamente dolorosa e, no meu entender, podendo corresponder à doença autoimune (retocolite e Crohn) e suas dores, resultando em autodestrutividade. Sem aparelho para pensar, para digerir as experiências, articulando-as por meio de significados emocionais, estas iam se acumulando, como um excesso de excitação que, em vez de proporcionar prazer, só podia se repetir continuamente, ao mesmo tempo que podia servir para preencher esse vazio de significação, vazio de vida mental.

Uma paciente, a senhora Paula, trouxe um traumatismo de sua infância. Presenciou a morte de uma criança, causada por uma explosão seguida de fogo intenso. Conta-me ela que a criança, para ficar perto da mãe, é submetida a um grave acidente. Houve a explosão e a criança morreu, após muito sofrimento com as queimaduras.

A sra. Paula tinha sentimentos profundos de culpa, e de ódio por uma mãe que não cuidou, por uma mãe assassina, os quais perduraram por muito tempo durante a análise. Apareceram associações de que "fogo" mata, destrói, provoca dor, o melhor é ficar longe dele, o que em nossas construções significaram como o medo às pulsões, sentidas como perigosas, medo de que eu não pudesse ajudá-la a contê-las, fosse como uma mãe imprudente que as incrementasse, em vez de acolhê-las e lhes dar significado, levando-a à morte, como aquela criança.

Penso que essa paciente estava proibida de ser uma pessoa desejante: não pode amar, porque tem a ver com entregar-se a alguém, o que é extremamente perigoso. A criancinha não quis estar junto à mãe e morreu? Talvez, com a análise, devagarzinho o "fogo" que pode matar pode também ir se transformando em "fogo" que dá vida...

Anos depois ela trouxe um sonho: "Era aqui no seu consultório, cheio de gente na sala de espera. Eu estava com um bebê no colo dando mamadeira. O bebê era aquele menino de três anos, com problemas no intestino, sobrinho do meu ex-marido. Ele começou a passar mal, de medo, com dor nos olhos. Fomos para o Hospital Ana Costa, não nos atenderam, fui para a Santa Casa, e só aí é que ele conseguiu ser medicado. No sonho iriam descobrir que alguém matou alguém, mas viram que essa pessoa estava viva".

Sua parte adulta já pôde dar um colo à sua parte infantil, doente do "intestino" e com "dor nos olhos", que afinal encontrou "medicação" na Santa Casa da análise.

Penso que, a partir de nosso trabalho de análise, ela pôde ir construindo uma Casa mental[3] suficiente para acolher sua criança com doenças intestinais (mundo interno) e dores nos olhos (visão do mundo). Há também a referência à pessoa viva, dada como

[3] A Sr.ª Paula se manteve em análise por alguns anos. Ela retornou anos depois para outra experiência analítica comigo e um artigo sobre seu desenvolvimento foi escrito: "The Development of a Mental Continent: Clinical Experience – A case of Unspecific Ulcerative Rectocolitis", artigo original apresentado no IPA 49th/23rd IPSO Congress (22-25 jul. 2015), World Trade Center, Massachusetts, relativo ao painel "The Body in Psychoanalysis – the current psychoanalytic work with patients with somatic manifestations".

morta. Penso que ela aqui falava dessa "criança doente", mas não morta, que requer cuidados para atingir uma vida mental saudável.

Cada paciente, com seu modo próprio de funcionamento mental, mesmo desconfiando, como esta paciente, foi se entregando a mim e à análise. Dificilmente faltavam, e lentamente me deixavam participar de sua intimidade, o que sempre senti como um apelo de ajuda e busca de conhecimento, apesar de todas as dificuldades.

Um deles conseguiu se firmar no trabalho, outro conseguiu sua aposentadoria, outra atualmente foi convidada para um novo projeto de trabalho, outro mudou completamente de área profissional, outro conseguiu namorar. Enfim, cada um a seu modo tem mostrado progressos em seu mundo interno e externo, começando como que a florescer.

A vida mental, como o intestino, tem grandes chances de recuperação.

Durante as análises, em cada par que eu formava com cada paciente, gradativamente foi possível experimentarmos afetos de toda natureza. Esses afetos nos permitiram aprender a apreender, a refletir, a amadurecer. Muitas vezes tivemos medo de não conseguir nos compreender, achar as raízes mais profundas, medo de que a distância afetiva ocorrida outrora continuasse a gerar repetições e não nos permitisse vislumbrar o novo. Sempre que esse medo se tornava maior, a crise somática aparecia somada à desconfiança e sentimentos de abandono. Em contrapartida, o desejo de prosseguir, de se encontrar, sempre se fazia presente.

Penso na possibilidade de mudanças na estrutura psíquica desses pacientes a partir da penetração na intimidade de nossas relações. Aos poucos, os sentimentos transformados em palavras ou, principalmente, o poder sentir com significados relacionais, o sentir junto com o objeto/analista, foram propiciando que os sintomas orgânicos se acalmassem.

O ego, valorizando o objeto e trabalhando por meio do vínculo, introjetando, foi sendo fortalecido, e o superego foi se tornando menos rígido, menos destrutivo.

Na relação transferencial, as imagens das interações vividas pela dupla vão podendo construir uma vida mental em que essas representações servem de fundo para outras que virão numa estrutura benigna de relações vivas...

"Só um objeto de amor inspira outro ser humano"

A seguir trago uma vinheta clínica que, no meu entender, ilustra bem essa passagem da desconfiança do objeto para a confiança num objeto cuidador.

A sra. Paula assim que se deita no divã, fala: "Estou com calor. As blusas velhas eram finas e não esquentavam. Esta aqui é nova, esquenta e é confortável. Preciso de sua ajuda para resolver uma coisa. É sobre meu dente. Tive que ir a um dentista homem, do convênio, e quando ele me examinou viu que tem duas raízes; uma ele conseguiu tratar, mas a outra está escondida. Só com radiografia. Ele não é especialista. Então voltei para a minha dentista que estava de férias e ela me avisou que esta raiz está calcificada. Precisa ir colocando remedinho para ir fazendo um caminho. Avisou-me que iria doer, vai ser sem anestesia, mas que é preciso cuidar".

Ela fala de uma nova blusa (pele psíquica), que esquenta (dá amor) e é confortável (dá o conforto da continência mental, que é como um abrigo psíquico já introjetado). E percebe que há coisas profundas ainda a serem tratadas, o que vai ocasionar dor psíquica. Mas ela confia na sua dentista (analista), a qual percebe como um objeto separado (pode sair de férias), o qual valoriza.

Penso que, em todos esses anos, fui chamada a participar vivamente (com meus afetos reais) para uma nova oportunidade de esses pacientes refazerem a "unidade perdida".

Ajudá-los a tecer uma pele psíquica, acolher um olhar significativo, tem sido uma experiência extremamente fértil. Na verdade, são pacientes que nos incitam a usar o mais profundo de nossa alma (psique), em níveis não verbais, pois há neles ainda alguma esperança de encontrar alguém que os ajude. Assim, na relação transferencial, a repetição estéril pode ir dando lugar a novas relações, a partir de nossas construções no aqui e agora da sessão.

Atualmente alguns desses pacientes começam a enfrentar seus medos mais profundos. Entre eles, o dar-se conta de si, o poder ficar só, mas não abandonados desta vez, medo de amar, de se responsabilizar e enfrentar a vida com menos medo de usufruir, de "aproveitar" a vida...

Alguns já conseguem sentir e não somatizam. Começam a acolher seus desejos, a considerá-los. Já conseguem perceber que o preço pago até então, com a somatização e/ou psicossomatização, foi grande demais: é melhor ousar se enfrentar. Começam a aprender com a experiência, a existência de um "fogo de vida", que, se não permitido, reconhecido, vivido e adaptado ao que é possível na realidade, é o que os levará à morte precoce.

Enfim, depois de enfrentarmos muitas "tempestades de afetos", é tempo de produzir, dos pacientes, da analista. A mente cada vez mais toma o lugar do somático.

Comentários finais

Ao redigir este trajeto de anos com meus pacientes, senti-me fazendo um movimento em espiral, que ora desce, ora sobe, repete, caminha. Senti-me esforçando-me para poder mostrar um trabalho árduo, mas com coerência de sentimentos, ao escrever. Mas, no dia a dia, a viva turbulência emocional se fez presente todo o tempo, junto a eles. Talvez por isso até estejamos caminhando...

> *A multidão dos que não viveram o suficiente... Não é de uma carpideira que precisam, é de um adivinho. Precisam de um Édipo que lhes explique seu próprio enigma, cujo sentido não detém... É preciso ouvir palavras que jamais foram ditas, que ficaram no fundo dos corações (perscrute o seu coração: elas estão lá); é preciso fazer com que os silêncios da história falem.*
> *Jules Michelet (Journal, 30 jan. 1842)*

Referências

Aisenstein, M. (2004). O doloroso enigma: O enigma da dor. *Revista de Psicanálise da SPPA*, *11*(1), 35-49.

Aisenstein, M. (2006). O antipensamento e a psicossomática. *IDE*, *29*(43), 142-145.

Aisenstein, M. (2003). Face a face, corpo a corpo. *Trieb*, *2*(1), 145-155.

Bion, W. R. (1962/1991). *Aprendiendo de la experiência.* México: Paidós.

Damião, A.; Habr-Gama, A. (1993). Retocolite ulcerativa idiopática. In R. Dani & L. P. Castro, *Gastroenterologia clínica* (3a ed.; pp. 1037-1076). Rio de Janeiro: Guanabara Koogan.

Freud, S. (1895[1950]/1974). Projeto para uma psicologia científica. In *Edição Standard Brasileira das Obras Psicológicas Completas de Sigmund Freud.* Rio de Janeiro: Imago.

Freud, S. (1904[1903]/1974). O método psicanalítico de Freud. In *Edição Standard Brasileira das Obras Psicológicas Completas de Sigmund Freud.* Rio de Janeiro: Imago.

Freud, S. (1915/1974). Os instintos e suas vicissitudes. In *Edição Standard Brasileira das Obras Psicológicas Completas de Sigmund Freud.* Rio de Janeiro: Imago.

Freud, S. (1917[1915]/1974). Luto e melancolia. In *Edição Standard Brasileira das Obras Psicológicas Completas de Sigmund Freud* (Vol. 14; p. 283). Rio de Janeiro: Imago, 1974.

Habr-Gama, A. (1988). Doença de Crohn do intestino delgado e do intestino grosso. In *Clínica Cirúrgica Alípio Corrêa Neto* (4a ed. rev. e ampl.). São Paulo: Savier.

McDougall, J. (2000). *Teatros do corpo: o psicossoma em psicanálise.* São Paulo: Martins Fontes.

Mezan, R. (1993). Que significa "pesquisa" em psicanálise? In: *Investigação e Psicanálise* (pp. 49-89). Campinas, São Paulo: Papirus.

Miranda, M. R. (2007). Em busca das palavras perdidas: corpo-carcereiro da mente nos distúrbios alimentares. *IDE, 30*(45), 28-34.

Miszputen, S. J. (2002). Retocolite ulcerativa inespecífica. In: *Gastroenterologia e hepatologia: diagnóstico e tratamento* (3a ed. rev. e ampl.). São Paulo: Temos Editorial.

Steiner, R. (1992). A arte da educação II. Metodologia e didática no ensino Waldorf. São Paulo: Ed. Antroposófica.

Zimerman, D. E. (1995). *Bion: da teoria à prática – uma leitura didática*. Porto Alegre: Artes Médicas.

A trajetória da busca de um olhar de reconhecimento[1]

Foram necessários anos para que eu encontrasse o tecido das asas de meu desejo. A emoção se faz presente exatamente onde não se esperava. Você se sente invadido pelo desejo de rever, de reler sua história, de nela pensar. É, na maioria das vezes, por um detalhe, no inesperado, que uma ideia se impõe. Uma viagem tem início através da análise.
(Nicole Berry, 1991)

[1] Trabalho original apresentado nas Reuniões das Quartas-Feiras da SBPSP, com comentários de Maria Cecília Andreucci Pereira Gomes (maio 2011); trabalho original aceito no 47° Congreso de La API e no 21° Congreso de IPSO no México (ago. 2011); apresentado no XXIII Congresso Brasileiro de Psicanálise Limites: Prazer e Realidade, em Ribeirão Preto (set. 2011); apresentado no VII Congreso de La Asociación Psicoanalítica Del Uruguay: La Angustia – Deseo-Violencia – Creacion (ago. 2012).

Por meio do caso clínico de Bernadeth, desejo propor reflexões sobre a trajetória conquistada por dois períodos de sua análise, desde aspectos de sua vida psíquica relacionados a uma dimensão arcaica e não representada, fundante, até uma evolução psíquica baseada em verdades antes não nomeadas.

Penso que no primeiro período da análise ela temia relações afetivas, em que a intimidade se fazia muito perigosa: o entregar-se a ameaçava com sentimentos catastróficos. A linguagem era corporal: reações orgânicas eram constantes, sentia dores nos olhos, dizia que não enxergava e havia a ameaça de um AVC.

Ao mesmo tempo que temia relações afetivas comigo, pedia-me ajuda e contenção, para que a possibilidade de vínculo fosse admitida/aceita.

Introdução

Para que o analista possa "escutar" seu analisando, é preciso que ele próprio possa ter um conhecimento de si mesmo, conhecimento que nunca termina, e para essa tarefa terá que encarar a dor psíquica como ingrediente intrínseco ao crescimento mental. Esse aprendizado só acontecerá se for buscado na vida real, acolhendo as adversidades e lidando com elas da melhor maneira possível, assim como disse Bion em carta aos filhos: "a única coisa que deveria nos interessar, e que sempre me interessou, é que possamos ter um conhecimento de nós e dos outros, que nos torne capazes de tirar o máximo proveito daquilo que a vida nos reserva", e que, para conseguir isso, "é preciso experimentar e aprender por si mesmo" (Bion, 1964/1985, pp. 179-180). Formando uma dupla com seu paciente, o analista deverá também se dispor a aprender com a experiência e a investigar aspectos ainda desconhecidos dentro de si.

Além da equipagem teórica, é preciso estar suficientemente crescido psiquicamente para dar conta do trabalho com seus analisandos.

É a partir dessa referência interna que o analista pode escutar as "falhas" internas de seus analisandos: a dificuldade na internalização de uma figura materna ou paterna, por exemplo, (Ogden, 1991) pode acarretar insuficiências que muitas vezes também se devem a fatores transgeracionais.

"Se a análise for bem-sucedida em restaurar a personalidade do paciente, ele vai se aproximar de ser a pessoa que foi quando seu desenvolvimento tornou-se comprometido" (Bion, 1965/2004, p. 157). Como a mente é constituída na relação, inicialmente na relação primária com a mãe, fica clara a importância do analista com capacidade de restaurar essa relação se for "falha", ou seja, um analista pós-edípico, com um bom casal parental internalizado, que tem espaço para o outro, para o diferente em sua mente.

Bion acentua ainda, quando fala da mãe com *rêverie*, que, além do amor pelo bebê, o amor que esta tem pelo pai de seu filho é essencial nessa relação. No analista, poderíamos pensar em amor pela verdade, desconhecida, a qual vai se desvelando na relação, sempre nova a cada dia. "O amor do analista pela psicanálise, a quem serve, dando passagem à vida psíquica" (Haudenschild, 2008, p. 77).

Bernadeth

Primeiro período da análise

Devido à urgência de ser "atendida" em suas queixas, aceita iniciarmos a análise cinco vezes por semana, de segunda a sexta-feira. É uma mulher muito bonita, sempre bem arrumada traja-se de forma clássica, mas me sugere uma fragilidade psíquica e uma beleza apenas aparente, no sentido de que uma feminilidade genuína está impedida. Desesperada, conta-me sobre suas dores orgânicas, seus medos e sobre seu casamento.

Sua queixa principal é seu temor de enlouquecer, e diz não estar enxergando. Esses temores se intensificaram depois que soube da internação de uma amiga muito próxima. Diz que a amiga não suportou saber da traição e comprometimentos doentios do marido. A amiga já suspeitava desses comprometimentos doentios, até que decidiu averiguar se eram somente suas fantasias ou se realmente eram verdades. Quando Bernadeth conta por telefone a seu marido, que estava em viagem, sobre o que tinha acontecido com a amiga, ele não acredita nela, não a acolhe em suas preocupações, como sempre fazia. O marido, depois dessa viagem, adoece fisicamente e os problemas entre eles se intensificam.

Em muitos momentos das sessões, não a interrompo, pois percebo seu desespero ao tentar me explicar o que estava acontecendo internamente com ela – em relação ao casal parental interno. Ela diz: "*minha amiga estava tão perto de mim, mas nunca percebi nada de estranho nela e, assim, não pude ajudá-la. Em relação a mim, escuto barulhos vindos de dentro, parece que estou do avesso. Às vezes sinto que tudo está girando, e me sinto ameaçada, não por lavas de vulcão, mas por uma onda enorme de um mar revolto*".

Bernadeth estava com muito medo de que eu não a ajudasse a cuidar da loucura, a qual poderia invadi-la se não discriminasse e passasse para registro psíquico as ondas enormes de seu mar pulsional.

Ficar tonta, não enxergar pareciam-me pedidos de socorro emitidos por seu psiquismo, mas como um recurso protetor, ao se sentir submetida a tensões que desencadeavam intenso desprazer.

Pacientes que somatizam geralmente são pouco capazes de lidar com afetos potencialmente desestruturantes, de modo que recorrem a estratégias defensivas arcaicas que lembram "soluções encontradas por uma criança para sobreviver psiquicamente diante de um sofrimento de outro modo inelaborável" (Mc Dougall, 1994, p. 76). Podemos pensar no empobrecimento de elos que conectam significado às experiências emocionais, resultando em desvitalização do mundo interno.

Bernadeth queixa-se de seu casamento e de sua vida sexual dizendo: arrependi-me de casar com M., ele não consegue ficar em casa, não conversamos, não há carinhos e delicadezas, prefere essas viagens com os amigos. A cama que dormimos é pequena, me sinto espremida, chega à noite ele quer mesmo é me pegar por trás.[2] Quero uma cama maior.

Desde esse momento sinto seu medo de se relacionar afetivamente comigo, de perder o controle sobre as defesas que até então seu ego frágil utiliza, mas pede uma cama maior, pois não aguenta mais ficar espremida, com medo de ser atacada, quer ampliar seu espaço relacional.

Durante quatro anos e oito meses, estivemos juntas cinco vezes por semana. A partir dessa data começa a tirar sessões, no meu entender por estar se dando conta das "sujeiras" que fez consigo mesma e dos sofrimentos que estas lhe acarretaram. Percebe que está sendo usada pelo marido e se deixou usar. Teme que eu possa fazer o mesmo com ela e não saiba se defender. Passa de cinco sessões para quatro, depois para três, e vai diminuindo as sessões.

---

[2] Expressão da paciente.

Vinheta de sessão: Bernadeth começa a poder sonhar...

B: Tive um sonho horrível: via um bebê, Ana Luisa, sem sexo, tinha acabado de nascer. Não chorava, não sentia dor, era como os bonecos de antigamente, que eram lisos no sexo. Depois vi minha mãe vomitando, se urinando, evacuando toda, e se acabou no cocô.

A: Interessante no sonho você transformar um bebê recém-nascido num boneco sem sexo que não chora nem sente dor e a mãe produzindo cocô e vômito em vez de leite. Penso que você ainda se sente como esse bebê e que precisa de muitos cuidados e sente que eu possa não ser capaz de te alimentar.

Mostra-me sofrer de uma fragilidade psíquica e me pede contenção e que a ajude a transformar esses vômitos em representação. Reconhecer-se ainda como um bebê não sexuado lhe provoca dor e choro.

Dois anos depois

Bernadeth começa a faltar e me pede para vir somente duas vezes por semana, e percebo em mim raiva, sinto e percebo que não quero atendê-la: traz problemas em me pagar sempre como desculpas, pois acredito, por meio de seus próprios relatos, que tem uma vida financeira satisfatória.

Repete várias vezes em sessões: minha filha quer se casar, mas o namorado não.

Bernadeth faz um pedido de socorro: pede-me ampliação de seu espaço mental, relacional, pelo vínculo afetivo comigo, mas passávamos por um difícil momento de impasse. Ela até mostrava querer análise, mas não me sentia disponível.

Quanto mais não me era agradável atendê-la, mais reclamações surgiam a meu respeito: Ela se queixava...

B: Aqui está muito estranho, parece que algo se rasgou. Minha irmã me fez rasgar papéis de minha mãe, são lembranças dela e, com isso, me sinto uma traidora.

A: Você sente que entre nós algo se rasgou e você pode perder as boas lembranças que tem daqui, sentindo-se culpada.

Comentários

Em contrapartida, eu sentia que precisava de trabalho interno para compreendê-la melhor e efetivar nosso casamento analítico. Assim, ambas nos sentíamos culpada.

Quanto ao se sentir traidora, lembrou-me de Freud (1923) quando diz:

> *A luta com o obstáculo de um sentimento inconsciente de culpa não é fácil para o analista. Nada pode ser feito contra ele diretamente, e também nada indiretamente, exceto o lento processo de descobrir suas raízes reprimidas inconscientes, e, assim, gradativamente transformá-lo num sentimento consciente de culpa. Um sentimento de culpa que foi desta maneira adotado, frequentemente constitui o único traço remanescente da relação amorosa abandonada e de modo algum é fácil reconhecer como tal. (A semelhança entre esse processo e o que acontece na melancolia é inequívoca).* (p. 66)

Mais queixas aparecem no campo analítico...

Bernadeth fala da viagem que fizera com M., que não tiveram relação nem em sonhos e que acordava durante a madrugada com uma angústia enorme, e diz: *Tive medo de surtar e me perguntei o que eu estava fazendo ali naquele quarto de hotel. Tive muito medo!* Continuando, diz: *na viagem de volta me senti muito mal, com um aperto no peito, parada na estrada pelo trânsito, tive que conversar comigo para me acalmar; perdi a noção de qual dia era, enfim, tive medo de não suportar a viagem.*

Penso que fala de nossa viagem analítica também, que não tivemos relações profundas a ponto de podermos sonhar, e sua mente ficara repleta de coisas a pensar. Confunde o tempo atual, referindo-se, no meu entender, à possibilidade da interrupção da análise. Teme que se repita comigo a relação com a mãe desde seu nascimento e ela fique parada na vida e sem noção de si mesma, a ponto de perguntar o que estaríamos fazendo ali então. Estava com medo, e provavelmente eu também.

Bernadeth me diz que não quer morrer no divã, e que estava de saco cheio de análise. Passa a vir uma vez por semana.

Última sessão do primeiro período

Bernadeth traz-me um presente comprado em uma de suas inúmeras viagens: um suporte de ferro com um animal pendurado na ponta, preso pela boca por um anzol. Ela diz: *Lembrei-me que meu pai reclamava por não dormir pelos pensamentos que o atormentavam. Fiquei pensando se não durmo por isso também, ou se é por ser herdeira da loucura. Se eu vou ter que largar tudo o que gosto feito meu pai para dar dinheiro para todos, assim como fiz no início quando conheci M.: o sustentei e dei pensão até para as filhas dele. Esta noite tive um sonho que me atormentou muito: sonhei com um homem lindo de terno cinza azul-claro, olhos claros, gravata de seda e, quando olhei bem para ele, ele era louco e babava.*

Digo que sinto que o presente que me traz é um animal que é seduzido por comida e é pego e morto; tem a ver com ela poder estar se sentindo seduzida pela nossa relação e teme morrer, paralisar.

O sonho com o "homem lindo" pode também expressar o seu temor de ser seduzida (e casar) com um homem "louco": infantil, que se relaciona com ela como um bebê com o mau seio.

Teme repetir comigo o automatismo de como introjetou o casal parental interno. Prosseguindo a sessão eu lhe digo que, no sonho, parece que ela se dá conta de que a busca do príncipe encantado é algo ilusório, idealizado, e isso é que tem a ver com loucura.

Em seguida diz: É, realmente estou apavorada, novamente a A. surtou, tenho medo que se suicide, teve que ser internada. Quando cheguei a sua casa, vi que passou cocô nos presentes que lhe dei, não quer tomar remédio e a vi com mordaça na boca antes de ser internada.

Não venho mais a partir dessa semana. Não só me lembrei deste sonho, mas que minha mãe não deixava tirar um objeto do lugar e nem tirar o pó! Eu estou me vendo assim, não aguento mais mexer em nada, está na hora de parar e não adianta você insistir mais. Talvez aconteça comigo igual com a A.: quando o físico dela não aguentar mais e aceitar o tratamento, voltará para casa.

Nesta etapa da análise, parece que tudo o que eu lhe dei ela transformou em cocô; não queria mais tomar remédio-análise, mas penso que ela se refere também a um aprisionamento que não está conseguindo ultrapassar, e me reporto a Bion quando diz:

> *o paciente se sente aprisionado no estado mental a que chegou, e incapaz de fugir do mesmo, porque acha que lhe falta o aparelho de percepção da realidade; esse, ao mesmo tempo, não só é a chave que lhe permitiria libertar-se, mas também a própria liberdade para onde fugiria. A sensação de aprisionamento se intensifica devido à presença ameaçadora dos fragmentos expelidos, em cujos movimentos planetários o paciente fica contido, alojado. Tais objetos, a par de serem primitivos, são complexos e possuem qualidades que, no âmbito da personalidade não psicótica, são tidas como atributos da matéria, dos objetos anais, do sensório, das ideias e do superego.* (Bion, 1957/1994, p. 64)

Além de suas projeções, penso que Bernadeth temia ficar paralisada devido à minha dificuldade de ajudá-la a pensar seus pensamentos, sonhar.

Bernadeth interrompe sua análise, dizendo que precisa de um tempo até conseguir pensar no que está fazendo com sua vida. Neste tempo comigo, afasta-se de sua profissão original, "pelas sujeiras da profissão", e dedica-se a outra profissão na qual descobriu ter vocação no período de análise. Por meio dessa nova profissão, seu nome começa a ser reconhecido fora do país.

Passados alguns anos, liga-me desesperada contando que uma amiga querida está com câncer e se eu poderia atendê-la. Fiz o encaminhamento desta para uma colega e, praticamente dois anos depois desse contato por telefone, é esta amiga que a encoraja a retornar para sua análise.

Depois de alguns anos de interrupção, penso que guardou uma esperança do encontro de um seio pensante a partir de nosso trabalho anterior. Ela precisava de um tempo para "digerir" a análise já feita, para então conseguir se decidir por continuar seu processo de desenvolvimento.

Segundo período da análise

Reinicia a análise, mas "apavorada", pedindo-me para não se deitar no divã e diz: *Não aguentaria sofrer como sofri da primeira vez. Posso ficar sentada e te olhar?*

Ela inicia o trabalho uma vez por semana, sentada à minha frente. Providencio então uma poltrona e percebo que é uma nova experiência para nós duas, desta vez "sem forçar nada", pois chega a reclamar que antes se sentira com bolas de presidiária nos pés, por estar ligada a mim. Bernadeth estava diferente, mais afetiva - sem defesas paralisantes. Olha-me profundamente durante as sessões, e aos poucos consigo ter uma melhor escuta de nós duas. Abraça-me um dia ao final de uma sessão, demonstração de afeto que antes jamais era possível, e sinto que podemos nos "abraçar" no encontro analítico.

Aos poucos ela vai se permitindo fazer duas sessões, se deita no divã e começa a se disponibilizar para a terceira sessão. Ela, mais aliviada e confiante, pede pela quarta sessão.

Desta vez sua queixa principal é que se assustou com um possível diagnóstico de uma doença grave, e que percebeu que estava na hora de voltar para análise e concluir o que não foi possível naquela época.

Diz a lenda tibetana:

O famoso mestre Milarepa voltou para casa depois de muitos anos em retiro espiritual. Ao abrir a porta, viu que a casa estava cheia de demônios. Em vez de fugir, Milarepa enfrentou os monstros. Inclinando-se respeitosamente, ele lhes disse: "Sede bem-vindos, estou pronto a vos escutar". No instante em que ele pronunciou essas palavras, quase todos os demônios desapareceram. Sobraram apenas cinco, os maiores, os mais aterrorizantes. Milarepa sentou-se entre eles e começou a cantar uma canção doce e triste, cujos versos reconheciam a dor dos demônios e invocavam a ajuda divina para aplacar seu sofrimento. Quando as últimas notas saíram de seus lábios, quatro monstros desapareceram no ar. Sobrou então uma única criatura, a mais terrível de todas: presas enormes, respingando maldade, olhos nublados pelo ódio, agressivas narinas flamejantes e, por trás das pavorosas mandíbulas, uma garganta negra, cheia de amargura. Milarepa inclinou-se reverentemente diante desse último demônio e, pondo a cabeça na sua goela, convidou: "Mostra-me tua dor, quero te ajudar a curá-la".

O demônio desapareceu e o mestre Milarepa tomou plena posse da sua casa (Kofman, 2002, v. 3, p. 216).

Penso que assim também acontecera com Bernadeth: interrompeu o processo de análise por não poder, naquela época, enfrentar seus monstros e demônios internos; não havia possibilidades de nomeá-los, pois a analista também não havia caminhado o suficiente para ajudá-la a pensar seus pensamentos.

Cinco anos se passaram, mas o contato afetivo foi preservado. Bernadeth volta e se dispõe a colocar "sua cabeça na própria goela" e a analista a incentiva, pois também se dispôs, nesse tempo, a nomear seus próprios afetos e enfrentar com coragem e clareza a sua própria realidade psíquica.

Possível encontro

Comparo a história da técnica analítica aos dois períodos de análise desta paciente, o primeiro mais voltado, inicialmente, para a busca de conteúdos infantis reprimidos, presentes nas sessões; o segundo dirigindo-se à apreensão dos sentidos vividos, visando à transformação das estruturas de impulsos e das formas de simbolização. Aqui, paciente e analista são participantes e envolvem-se na trama de impulsos e reações emocionais recíprocas. "Sensível ao clima único que imanta o encontro de dois seres humanos, cabe ao analista apreender o sentido e transformá-lo em condições de acesso à palavra" (Melsohn, 1991, p. 46).

No primeiro período da análise, reclamava muito sobre o quanto gastava seu dinheiro, queixando-se de estar dando a mais para alguém que não a compreendia.

Neste período dispõe-se a pagar meus honorários e parece que sente verdadeira satisfação em me poder pagar. Talvez agora sinta ter ali comigo mais espaço para demonstrar seus afetos, podendo sentir-me mais apta a recebê-la.

Com a possibilidade de ser mais acolhida com compreensão, estaria mais disposta agora a ouvir a si própria; poderia se reconhecer "dentro" e por meio da analista no novo encontro. Pode dar e receber afetos.

A relação da dupla

A dupla se lança em um novo desafio. Intuíamos que desta vez o processo de análise seria diferente do primeiro. Uma nova chance estava sendo dada a nós duas.

Lembro-me que, desde o dia que retornou, fui me dando conta da importância de que, para ajudá-la, eu também deveria enfrentar aspectos ainda não reconhecidos dentro de mim, elaborando-os e transformando-os em novas experiências.

> *Servindo para recepção e comunicação de estados emocionais primordiais da existência, as percepções e as reações expressivas da mãe constituem o instrumento afetivo para elaboração e transformação das vivências do bebê. Sensibilidade às reações expressivas da criança, receptividade, expressa na musicabilidade da voz, na forma do gesto e na expressão do rosto, tudo isto intervém no processo que, com variados nomes, holding, rêverie, contenção, dá condições ao bebê para a reincorporação de experiências expressivas metabolizadas pela mãe e com possibilidades de serem reatualizadas pelo analista.* (Melsohn, 1991, p. 37)

O prazer com impedimentos para nascer

Freud diz que, na análise, o paciente "rememora do passado experiências que não incluem possibilidade alguma de prazer e que nunca, mesmo há longo tempo, trouxeram satisfação, mesmo para impulsos instintuais que desde então foram reprimidos" (Freud, 1920/1969, p. 31). Podemos dizer que esse prazer está "paralisado", na medida em que o indivíduo foge do contato com sua realidade. No entanto, é na experiência da dupla, no aqui e agora da sessão, que o paciente poderá aos poucos ir deixando de repetir compulsivamente essas vivências, por adquirirem significados, e assim os lutos de vivências terroríficas poderão ser feitos, deixando "livre" o sujeito para realizações.

O adoecer "psicótico" de Bernadeth, penso, acontecia por não aceitar a realidade, mantendo um casamento tanto interno quanto externo sem amor, ficando à mercê de uma paralisação da vida, uma forma de autodestrutividade.

Penso então na compulsão à repetição como um apelo para recordar, e a transferência[3] como uma parcela da repetição – que é uma repetição do passado esquecido, presentemente vivido na sessão. Entendo a elaboração como uma compreensão experienciada, nomeada, ressignificada, na revivescência dos vínculos afetivos primevos e parentais ou mesmo da ausência de vínculo, no sentido de interromper o círculo repetitivo vicioso e possibilitando *insight*.

Desenvolvimento do vínculo analítico

Aos poucos, Bernadeth vai introjetando os cuidados que recebe na análise e pode falar de uma parte de si, como uma criança que precisa ser escutada, pois sente que não o foi o suficiente em sua infância. Muitas vezes quer manter-se numa relação simbiótica comigo. Compreendo sua necessidade de uma relação primária suficientemente boa e, nesse sentido, lembro-me de sua fala: *Quando a gente rouba para matar a fome não é pecado! Vou pôr um capuz na minha cabeça e vou sequestrar o fulano.* Por essa fala, penso que me mostra seu lado carente, que precisa de mim literalmente e, se ela me

[3] "Para apreciar factores determinantes más profundos (presentes en pacientes con problemas neuropsicológicos tanto como en el restro de nosotros) se requiere establecer una relación sincera entre médico y paciente, una transferencia, examinar resistencias, poner atención pacientemente a todo lo dicho o no dicho, mostrado o encubierto, y usar la libre asociación para permitirle a la mente una espontaneidad máxima" (Solms, 2004, p. VIII).

roubasse, não seria pecado. Faria qualquer coisa para que eu fosse só dela – ter uma mãe afetiva só para ela.

Essa requisição gradativamente vai se transformando, e diz: Tudo o que eu queria na vida era uma cama para dormir! Walkiria eu estou tão cansada! Eu deito e não durmo, fico rodando na cama até às três da manhã. Assim mesmo, não prego o olho. Quando consigo dormir, acordo e me sinto cansada.

Penso que Bernadeth pede uma cama psíquica que serve como um colo materno que a ampare, para poder expressar suas dores e, assim, podermos pensá-las.

Aos poucos acredito que vai percebendo que não sou continuidade dela: Fui ao dentista hoje, não chegava nunca, três degraus pareciam que era uma montanha. Hoje vir aqui também foi muito cansativo. Começo a me dar conta que tenho que me esforçar, andar, subir degraus e isto é muito doloroso.

Vinheta de sessão: mudança do consultório

Bernadeth se atrasa e percebo que estou preocupada com ela. Depois de vinte minutos, chega ofegante, com ar de espanto. Ao invés de ir para o novo endereço, vai para o velho. Se sente indignada com a forma como eu não a aviso, ao mesmo tempo sente que eu a estou esperando. Pensa que eu não estou em condições, fragilizada.

Inicio uma conversa com ela: "Penso que você está nos mostrando o que acontece com você quando se sente abandonada, da mesma forma que já sentiu no passado, se sentindo desamparada. Como eu não te esperei! Como não participo minhas coisas a você! Você fica indignada. Em outro momento me sente tão fragilizada a ponto de não dar conta de você".

Com voz de tristeza ela diz: Ah! Por que vai mudar tudo? Estou com medo dessa mudança. Além disso, não dormi bem esta noite: eram 2h30 e só pensava nas preocupações sobre a reunião. Na reunião, desta vez não briguei e nem falei palavrões, pois em outras épocas o falar palavrões me aliviava, quando tinha uma explosão de raiva. Só que não dormi, estou chateada.

Lembro-me nesta hora que me contara que o pai falava muitos palavrões quando não conseguia pensar. Espero, para permitir-lhe que continue associando, pois me transmite "aflição". Só pergunto: Que preocupações são estas?

Logo em seguida ela continua: Não queria falar com você sobre isso. São coisas muito íntimas minhas e que nem tenho certeza do que sinto. Encontrei uma barreira na reunião, de um homem prepotente, arrogante, que pensa que é dono do mundo. O que fiz para ele me incomodar tanto? Achei interessante eu me observar, eu olhar para ele, olhar para ele e fazê-lo sumir, isso é desejo de criança. Que vontade de ter poderes! Eu nunca me observei neste sentido, mas fiquei triste, muito triste, de ver aquele homem arrogante apontando o dedo para mim.

Digo a ela que fala de um jeito antigo de reagir, de se defender, o que não gostava e o que a incomodava ela "fazia sumir", como uma criança pensa que faz, para não entrar em contato com a realidade e sentir dor. Brava comigo, também me fez sumir: como eu ouso mudar!

Bernadeth concorda: É, tem razão. A sensação foi muito estranha. É como se tivesse quebrado um brinquedo ou afundado os olhos da boneca, e daí tinha que esperar o pai chegar à casa para arrumar a boneca. Então eu ficava o dia inteiro triste.

Coloco-me na experiência: "Penso que quando você se sente longe de mim, nesta situação da mudança do consultório, por exemplo, você fica com muita raiva de mim e sente então como se alguma coisa tivesse se quebrado entre nós, mostrando o quanto é difícil aceitar que somos separadas, mas ao mesmo tempo ficar com esses sentimentos é muito doloroso, daí tem que me esperar para consertar. Fica triste porque também sente que gosta de mim".

Comovida, ela diz: É, ainda mais você me entendendo deste jeito, fica difícil não gostar.

Analista: Sabe, Bernadeth, você nos mostra o quanto tem receio de mudar, de poder deixar o velho, mas traz um aspecto seu que tem memória, que me guarda dentro de você e que te incentiva a buscar mudanças. Então agora está bem comigo, que não me esqueço de você e de comunicar coisas importantes, como a mudança de consultório.

Expectativas de arrumação

Assim que Bernadeth chega, diz: *Nossa, ontem nem pude falar sobre o consultório em si. É bonito, grande, como vai dispor as paredes? Preciso pensar qual o presente que vou dar para o consultório, para você. Deixe eu ver como irá ficar a arrumação.*

Analista: Talvez você esteja nos dizendo que poder sentir e pensar faz você se ver com maior espaço, sente que eu tenho coragem de "mexer em paredes" e começa a se animar.

Ela faz um movimento com a cabeça, como que positivamente: É muito bom colocar paredes onde se quer. Às vezes acho que minha cabeça é maior que meu corpo. Na primeira fase da minha análise eu compunha letras de música e te trazia. Lembra-se daquela canção que dei o nome de "Concepção, Gestação e Parto"? Foi para cuidar do bebê da vida intrauterina. Agora o bebê cresceu.

Analista: Eu acrescento que você se sente em um processo de crescimento e que formas antigas de reagir podem ser pensadas, transformadas, modificadas, assim como colocar paredes no lugar adequado que se quer e sente agora que tem minha colaboração.

(Penso que agora Bernadeth já nasceu psiquicamente e sente que está crescendo.)

Ela continua: Para falar a verdade, não sei que idade eu tenho. Onde está aquela adolescente que não viveu a vida? Sabe o que lembrei? Fui a um casamento sábado, dei um presente maravilhoso, ou melhor, pude dar um presente para os noivos. Quando cheguei, os noivos me disseram: que coisa linda! Será verdadeira a importância que deram? O que as pessoas acham de mim?

Uma conversa com intimidade vai acontecendo: e eu lhe digo que ela está me perguntando se realmente eu lhe dou importância, e me diz que se sente feliz quando é reconhecida. Penso que começa a me enxergar como uma pessoa diferente de você, ou gostaria de saber o que penso a seu respeito, se tenho consideração por você.

Ela responde: Você me recebeu com festa, uma sala branca com muita luz! Mesmo que eu fique brava você me deixa ficar sozinha, me respeita, confia em mim. No passado não era assim, minha mãe não admitia que eu ficasse sozinha para namorar, mesmo eu sendo grande, ela colocava a responsabilidade da proibição no meu pai, não era desculpa, que mãe foi aquela! O que eu fiz comigo mesma?

(Primeiro Bernadeth responsabiliza a mãe e pai, mas agora me parece que está podendo pensar por si mesma sobre questões fundamentais de sua vida.)

Eu levanto uma questão, mas não para ser respondida: "É um dos motivos que a impediram de se casar verdadeiramente?".

Depois de um tempo ela se coloca: São muitas coisas que se confundem na minha cabeça. Todas as vezes que estava com o M., quando ele vinha por cima de mim, eu tinha a sensação que "minha mãe abria a porta do quarto e me dizia: eu estou olhando, vendo o que está fazendo e fechava a cara de brava". Não era ela, agora sei. Eu estava proibida de me casar. Só hoje estou entendendo que quem me proibia era eu mesma e que agora estou me permitindo casar.

Estamos presentes no campo e lhe digo: "Você fica bem quando se permite se entregar a uma relação e aqui poder falar de intimidades e dores muito profundas. Sente que vir aqui é como uma comemoração e que eu a recebo com todo o meu espaço mental e você sente que clareia a sua vida".

Comentário

Podemos levantar a hipótese de que um superego rígido e cruel a considerou culpada e, como castigo, teve que se submeter, não podendo se casar internamente.

Casal parental internalizado

Penso que, desde cedo, Bernadeth manteve relação com uma mãe que não tinha espaço mental para o diferente, não podendo mesmo enxergá-la como diferenciada dela. Assim, ficou submetida primeiro a essa mãe e, depois, ao marido, que a desvaloriza e não a vê em sua singularidade. Como fez uma pseudorrelação psíquica com a mãe, permanece num pseudocasamento interno, para não entrar em contato com a realidade. Quando digo isso a ela, ela admite, e se questiona com voz de tristeza: *Não consigo entender o homem no contexto geral das coisas. Parece que existe uma parte falha em mim, ou parece que foi criada dentro de mim só a parte da mulher. Por que não dou valor à figura do homem? Minha mãe nunca falou diretamente mal do meu pai, mas acho que o desprezava, ela não lhe dava atenção, era dura com ele. Não era ele que cuidava dela, como homem, ela teve que assumir tudo sozinha.*

À medida que o temor de olhar para sua realidade externa e interna diminui, começa gradativamente a se apropriar de sua mente, desejando manter suas novas descobertas sobre sua realidade tanto interna quanto externa com a minha colaboração.

Mãe e Pai suficientemente bons, resgatados internamente por meio da análise

Bernadeth não suportava limites. As separações das férias, por exemplo, eram muito sofridas para ela: havia sempre o sentimento de estar sendo abusada, roubada e, principalmente, abandonada. Aos poucos vai se dessimbiotizando, aceitando limites, aprendendo a ficar sozinha, a entrar em contato consigo, responsabilizando-se por si mesma. Começa a encontrar novas formas de se satisfazer de forma madura, pois antes não havia espaço em sua mente para ter um vínculo com um homem, figura que ela tanto menosprezava. Passo a passo vai distinguindo o que é uma relação íntima de uma superficial, por meio da relação com a analista.

Traz um sonho que me pareceu muito significativo em referência a sua evolução psíquica: Senti-me muito aflita no sonho, eu fugia de um grande cão, ele de pé ficava maior que eu, me envolvia pelas costas e apoiava a cabeça no meu ombro bem perto do meu rosto e ouvido, eu temia que fosse morder meu ouvido, ou me machucar, corria dele no sonho de um lado para o outro, era assustador. Até que me vi subindo uma escada e ficando atrás de uma porta, havia um trinquinho, mas percebi que era frágil, não daria conta da força do cão, coloquei então um pedaço de madeira como tranca na porta e fiquei do lado de dentro dessa casa. Fui entrando para dentro dela e tinha várias ovelhas, daí pensei: a mulher, dona da casa, não irá deixar o cão entrar, para proteger suas ovelhas; consegui ir para um quarto que era todo envidraçado, feito um gazebo, me sentei ali no chão, encolhida, e passei a noite ali. O cão não mais chegou perto de mim. Pensei em fugir dali, mas queria levar minha bolsa com minha identidade e minha mala com roupas. Mas, se eu voltasse, ele me pegaria, então não fui buscar. Estava de salto alto e pensei que não daria para fugir dali assim, então tirei os sapatos e caminhei descalça, e consegui sair daquela casa.

Sonhando o sonho

A primeira pergunta que me veio à mente sobre o sonho que me conta Bernadeth foi: que cão era esse, que representação teria em sua mente?

Fica-me claro seu temor de ouvir coisas que a machuquem, como aparece no sonho, não só fisicamente, temendo que o cão mordesse seu ouvido, mas psiquicamente, pois "o cão era assustador" e, como ela diz, "*não daria conta da força do cão*". Num primeiro momento, parece-me que a força do cão se refere a um superego rígido e cruel, projetado em mim.

Aparece então o "subir a escada" e uma mudança: sua tentativa de se proteger dando-se conta de sua fragilidade interna, ou seja, seu ego frágil que precisa do reforço de uma "tranca na porta". Penso que ela introjetou a capacidade de dar limites por meio das experiências vividas comigo. Após, se aprofunda em sua casa mental e se dá conta de "bons" recursos que precisam ser protegidos dos "maus". Mas espera que uma parte sua, evoluída "a dona da casa", cuide de tudo enquanto outra, mais infantil, fica encolhida, paralisada num local desprotegido. Tem intenção de resgatar sua identidade e seus recursos sãos, mas, ainda temerosa do "cão", foge descalça.

Podemos pensar, então, na ilusão de uma proteção constante e segura, provavelmente desejando o que não lhe foi possível na relação com a mãe, reatualizando uma relação de contenção materna primária comigo.

Um sonho muito diferente

Bernadeth colabora: *Tive um sonho muito diferente: sonhei que estava vendo uma casa, um sobrado com um lindo jardim. Uma mulher estava na janela e um homem se aproximou, abriu o portão e se deparou com uma senhora que tentou impedi-lo de entrar, mas ele, com uma plantinha na mão, se impõe perante a senhora e entra pela porta da frente para estar junto à mulher da janela, os dois esforçam-se para conseguir se encontrar.*

Nesta sessão, lembra-se que viu na internet o quadro *O beijo*, de Klint, e que se sentiu desejosa de um estado de entrega como aquela, de amor, compreensão, e com um tom firme de voz me diz: *Casamento agora para mim inclui amor, sexo, intimidade entre o casal, compromisso. Eu empurrei M. para fora de casa. Repeti a mesma história de meus pais, até agora.*

Respondo-lhe que a visão que está tendo de nosso casamento está cada vez mais se modificando, dispondo-se mais a assumir um compromisso que inclui afetividade, intimidade, mesmo que isso a assuste muito, mas que tem se esforçado a cada encontro nosso. É como se uma parte sua quisesse me trancar a entrada e outra quisesse receber o que lhe ofereço.

Lembro-me de Montagna (2009) dizendo:

> *A tese é que não há amor sem dor na medida em que a dor de amar é inerente 'à própria condição de amar', não se restringindo à eventualidade da separação, na medida em que amar, na acepção madura do termo, implica em discriminação da individualidade. Amar dói na medida em que revela a alteridade e, portanto, a individuação e a solidão pessoais. Encarar a presença da alteridade refreia a onipotência, resulta na necessidade de abandonar o estado narcísico e seus eventuais benefícios. A passagem de uma condição narcísica para uma de individuação não se faz sem dor.* (p. 237)

O bebê Ana Luisa do antigo sonho se transforma

Bernadeth inicia uma sessão com queixa de dores nos olhos, e diz: *Na terça-feira, fui colocar colírio nos olhos e pareceu ácido, ardendo muito. Tive que ir para a Santa Casa, e o diagnóstico foi que entrou um corpo estranho na menina dos olhos. Saí de lá com tampão, cega, sem enxergar, pois foi no olho que enxergo melhor.*

Ela me convida a participar do campo: "Você me diz que algo acontecera entre nós, algo que sentiu como penetrar na 'menina dos olhos' com muita dor, *ardendo muito*".

Continua, trazendo um sonho: Ontem, sonhei que estava com minha mãe na cozinha, eu era da altura da mesa, minha mãe me deu três bonecas de pano. Fiquei brava, disse que não as queria, e sim um bebê de verdade, quentinho. A boneca maior era horrível, a do meio tinha um volume debaixo do vestido e, quando o levantei para ver, vi que era uma bola.

Eu percebi e achei estranho que minha barriga estava coçando, e quando eu fui verificar minhas duas cicatrizes das cesáreas abriram.[4] Eu me sinto cortada.

Aceito suas dores e lhe digo: "Estou escutando você nos dizer o quanto é difícil aceitar aspectos dentro de você estranhos, desconhecidos de si mesma e que dói muito enxergá-los, ardem parecendo ácido nos olhos. Quando fala que se sente cortada, penso que está sendo capaz de pensar em você mais inteira, mesmo que da altura da mesa, da altura de uma menina. Quer um bebê quentinho, que chora, sente dor, bem diferente do bebê-boneca, do sonho de antes. Pede-me ajuda para que consiga ser uma mãe de verdade, que contenha uma barriga de grávida gestora de filhos e de novos pensamentos, e não uma falsa mãe com uma bola debaixo do vestido, ao invés de um bebê. Talvez esteja percebendo que somente a partir de se sentir viva é que possa ser mulher".

Comentário

No meu entender, o antigo bebê, que ao nascer era liso no sexo, não chorava nem sentia dor, cresce e se transforma e, assim, Bernadeth, como a adulta que consegue ser hoje, pode conter também um bebê com vida, que chora, sente dor, que tem sexo. Como ela mesma disse: *Enxerguei que eu vivia em uma confusão de tempo, não enxergava a mim mesma e, com isso, perdi tempo e não pude ser*

---

[4] A paciente sempre se refere a suas dores corporais com muita ênfase.

mulher, não pude viver minha sexualidade antes. É, acho que fui acordada, mas queria acordar, não aguentava mais. Só que dói muito.

Diz Bion (1988):

> *O objetivo implícito da psicanálise de buscar a verdade a qualquer preço é encarado como sinônimo da pretensão à posse da capacidade de abrigar os aspectos descartados, cindido-e-afastados, de personalidades alheias, ao mesmo tempo em que se mantém a visão equilibrada. Ao que parece isso constitui sinal instantâneo para explosões de inveja e ódio. Usando uma analogia de Freud, a do arqueólogo que descobre, em seu trabalho de campo, os indícios não apenas de uma civilização primitiva, mas também de uma catástrofe primitiva. Em termos analíticos, deve-se ter a esperança de que as investigações efetuadas redundem na reconstituição do ego.* (p. 83)

Penso que Bion diz que o paciente "aparentemente" se mostra curioso em descobrir as suas verdades a qualquer preço, mas, quando começa a descobri-las efetivamente, isso provoca nele ataques de ódio e fúria. Daí, mais do que nunca a parceria entre analista e o paciente deve também ser verdadeira, para que este possa receber o que ele vai descobrindo de si mesmo.

Bernadeth mais continente de si mesma

Para descrever como Bernadeth se apresenta nos últimos tempos, trago o que me conta sobre uma importante reunião de família que aconteceu em virtude de um familiar encontrar-se em depressão e da preocupação da família em relação a um suicídio: *Eu tive que intervir e dizer que eu não via dessa forma, mas sim que via a pessoa pela primeira vez se dando conta realmente de sua vida, enxergando o que fez atrás e o que fará daqui para frente, e quanto a isto a análise dela está colaborando. Expliquei que consigo pensar assim porque eu voltei para a minha análise, e cheguei à conclusão de que quando se enxerga diferente de antes não dá mais para negar o que se viu. Disse para não pensarem que é uma pessoa coitadinha, que há muito trabalho a ser feito, que ela tem recursos para isso, que tem condições de refazer a sua vida. Quando a reunião acabou voltei para casa e fiquei pensando. Pensei que essa conversa foi uma conquista: a de me colocar perante minha família. Embora me assuste, estou disposta a enfrentar outras conquistas, pois no fundo as desejo muito.*

Penso que Bernadeth conquistou uma parte que contém, pensa, e que intervém, e começa a poder não concordar com o que lhe é imposto, e expressar sua opinião. Parece mais apta a enfrentar a realidade. Percebe que, se ela quiser um casamento, tem que dar sua contribuição, comigo ou com o marido. Quer experimentar sua liberdade de pensamento e poder fazer escolhas, responsabilizando-se por elas. Estava paralisada e começou a andar, percebendo o valor de estar dando os primeiros passos.

Percebe que onde começa um, acaba o outro – surge o respeito pela individualidade.

Comentários finais

Escrever sobre Bernadeth, sobre o nosso trabalho, foi muito gratificante para mim, pois desde o começo senti que ela me impulsionava a me desenvolver também. Há ainda muito trabalho a realizar, mas confio na fertilidade da dupla para que haja liberdade de continuarmos juntas até B. poder caminhar sozinha, com nossa experiência viva a acompanhando sempre. Trago então, para os comentários finais, um sonho em que ela conta, com ênfase, que os pais fizeram algo juntos: *Sonhei com meu pai e a casa de São Paulo, casa esta que ele e minha mãe construíram juntos. Havia uma reforma muito grande, construções novas, eu enxergava com muita nitidez o chão em que andava, eram ladrilhos pintados. Sabe quando se aproveitam os velhos em uma nova forma? Numa parte, debaixo da grande sala, conseguia ver o que tinha debaixo do piso, era um compartimento mais profundo, aliás, havia dois níveis mais abaixo do que aquele em que eu estava. Nestes níveis abaixo havia homens trabalhando, fazendo a limpeza, saía barro de lá, parecido com lama. Havia também animais enormes, acho que eram cachorros enormes, ferozes, mas não me machucaram, até consegui fazer carinho neles. A limpeza continuava, mas também havia uma pintura nova, branca neste piso novo. Achei o sonho muito importante e me senti bem quando acordei.*

Penso que Bernadeth fala da descoberta, por meio do nosso trabalho conjunto – que possibilitou o resgate de seus pais internos –, de que tem uma ampla casa mental da qual ela precisa se apropriar. Para isso precisa, como os trabalhadores do sonho, fazer a "limpeza" da lama oriunda da paralisação, do não uso de sua mente. Assim poderá ganhar mais espaço mental e acolher carinhosamente (vínculo L) recursos mentais vivos (cães), que antes não estavam domesticados, a partir de uma base reconstituída (piso novo pintado).

Conjeturo que, durante todos esses anos de processo analítico, por meio da experiência de nosso relacionamento, da transferência-contratransferência, uma trajetória iniciada pela busca de um olhar de reconhecimento terminou com a apropriação de sua casa mental. Acredito que Bernadeth tenha agora condições e possibilidades de evoluir cada vez mais a partir de sua própria capacidade de representar experiências emocionais.

Parece-me que ela vem cada vez mais se dando conta do sofrimento que a separação/discriminação provoca, mas que é por meio dela que se configura a individualidade e há valorização e consideração pelo outro. Há, portanto, sofrimento, mas há muitos ganhos conquistados por meio do conhecimento-crescimento, o que somente se adquire quando se pode experienciar a dor, a dor de amar o desconhecido.

Referências

Berry, N. (1991). *Sentimento de identidade, O.* São Paulo: Escuta.

Bion, W. R. (1957/1994). Diferenciação entre a personalidade psicótica e a personalidade não-psicótica. *In*: *Estudos psicanalíticos revisados*. Rio de Janeiro: Imago.

Bion, W. R (1965/2004). *Transformações: do aprendizado ao crescimento.* (Paulo Cesar Sandler, trad.). 2. ed. Rio de Janeiro: Imago.

Bion, W. R. (1985). All my sins remembered: Another part of a life and The other side of genius: Family letters (F. Bion, ed., pp. 179-180). London: Karnac Books.

Bion, W. R. (1988). Sobre arrogância. Estudos psicanalíticos revisados (Second Thoughts). Rio de Janeiro: Imago.

Birksted-Breen, D. (1996). Phallus, pênis e espaço mental. *Int. J. Psychoanal.*, *77*, 649. (*Livro Anual de Psicanálise*, XII, 99, 1996).

Ferro, A. (2005). *Fatores de doença, fatores de cura.* Rio de Janeiro: Imago.

Freud, S. (1911-1914/1969). Recordar, repetir e elaborar. In Edição Standard Brasileira das Obras Psicológicas Completas de Sigmund Freud (Vol. 12). Rio de Janeiro: Imago.

Freud, S. (1920/1969). Além do princípio do prazer. In Edição Standard Brasileira das Obras Psicológicas Completas de Sigmund Freud (Vol. 18). Rio de Janeiro: Imago.

Freud, S. (1923/1969). O ego e o id. In Edição Standard Brasileira das Obras Psicológicas Completas de Sigmund Freud (Vol. 19). Rio de Janeiro: Imago.

Freud, S. (1924/1969). O problema econômico do masoquismo. In Edição Standard Brasileira das Obras Psicológicas Completas de Sigmund Freud (Vol. 18). Rio de Janeiro: Imago.

Freud, S. (1940/1969). Análise terminável e interminável. Esboço de Psicanálise e outros trabalhos. In Edição Standard Brasileira das Obras Psicológicas Completas de Sigmund Freud (Vol. 23). Rio de Janeiro: Imago.

Haudenschild, T. R. L. (2008). Escuta analítica da bissexualidade psíquica. *Revista Brasileira de Psicanálise*, *42*(4), 75-84.

Kofman, F. (2002). *Metamanagement: como fazer de sua vida profissional uma obra de arte: a nova consciência dos negócios.* (Vol. 3; Merle Scoss, Inty Mendonza, trad.). São Paulo: Antakarana Cultura Arte Ciência.

McDougall, J. (1991). *Teatros do corpo: o psicossoma em psicanálise* (P. H. B. Rondon, trad.). São Paulo: Martins Fontes.

McDougall, J. (1994). Corpo e linguagem: da linguagem do soma às palavras da mente. (N. J. P. Franch, trad.). *Revista Brasileira de Psicanálise*, *28*(1), 75-98

Melsohn, I. (1991). Notas críticas sobre o inconsciente. *Rev. IDE*, São Paulo, *21*, 18-47.

Montagna, P. (2009). Sobre a dor de amar. *Jornal de Psicanálise*, São Paulo, *42*, 77.

Ogden, T. (1991). O limiar do Complexo de Édipo masculino. *Rev. IDE*, São Paulo, *20*, 38-49.

Solms, M. (2004). El cérebro y El mundo interno: uma introducción a La Neurociencia de La experiência subjetiva/Mark Solms y Oliver Turnbull. Bogotá: Fondo de Cultura Económica.

Solms, M. (2005). Estudios clínicos em neuropsicoanálisis/Mark Solms y Karen Kaplan Solms. Bogotá: Fondo de Cultura Económica.

Winnicott, D. W. (1945/1978). Desenvolvimento emocional primitivo. In: D. W. Winnicott, *Textos selecionados: da pediatria à psicanálise* (pp. 269-285). Rio de Janeiro: Francisco Alves.

Winnicott, D. W. (1975). *O brincar e a realidade*. Rio de Janeiro: Imago.

Transformações no enfrentamento da realidade:[1] Bruna possui agora noção de perigo

Se atirarmos ao chão um cristal, ele se parte, mas não em pedaços ao acaso. Ele se desfaz, segundo linhas de clivagem, em fragmentos cujos limites, embora fossem invisíveis, estavam predeterminados pela estrutura do cristal.
(Freud, 1933[1932], p. 77)

Descreverei o caso de uma paciente em análise há dois anos e seu processo de amadurecimento conquistado por meio do processo

[1] Título original do artigo: "Bruna agora possui noção de perigo. A dor do enfrentamento da realidade se transformando em contentamento". Apresentado no XXIII Congresso Brasileiro de Psicanálise "Limites: Prazer e Realidade", em Ribeirão Preto (set. 2011). A palavra contentamento, na época, tinha implicitamente o significado de *prazer*.

analítico. Utilizo principalmente a Conferência XXXI de Freud, que trata da "dissecção da personalidade psíquica", para uma possível compreensão. Exponho ideias de Klein, Winnicott, e Green para propor reflexões sobre o desamparo de Bruna. Discuto a questão da dicotomia teórica: mundo externo/mundo interno e o uso que podemos fazer na clínica psicanalítica do que se entende por "realidade". Bruna, que antes não tinha noção de perigo, agora consegue discriminá-lo, aceitando mais os limites que a realidade interna e externa impõe, conseguindo cada vez mais transformar prazer num prazer amadurecido, por conseguir perceber e evitar o possível desprazer a que sua própria ignorância a submetia.

A etiologia da palavra dissecção vem do ato de dissecar, de separar as partes de um corpo ou de um órgão. A dissecção aórtica, como exemplo, ocorre quando o sangue penetra na parede da artéria a partir da camada íntima do vaso, criando um "falso trajeto". A dor que a pessoa sente é imensa. Freud, em sua Conferência XXXI, "A Dissecção da Personalidade Psíquica", nos fala:

> *Os sintomas são derivados do reprimido, são, por assim dizer, seus representantes perante o ego; mas o reprimido é território estrangeiro para o ego – território estrangeiro interno – assim como a realidade (que me perdoem a expressão inusitada) é território estrangeiro externo. A trajetória conduziu dos sintomas ao inconsciente, à vida dos instintos, à sexualidade; e foi então que a psicanálise deparou com a brilhante objeção de que os seres humanos não são simplesmente criaturas sexuais, mas têm, também, impulsos mais nobres e mais elevados. Poder-se-ia acrescentar que, exaltados por sua consciência desses impulsos mais elevados, eles muitas vezes assumem o direito de pensar de modo absurdo e desprezar os fatos. . . . Já desde o início temos dito que os seres humanos*

> *adoecem de um conflito entre as exigências da vida instintual e a resistência que se ergue dentro deles contra esta.* (p. 75)

Por meio da análise de Bruna, vamos descobrindo esse "falso trajeto" ou trajeto precário desencadeando sintomas, que nos levam a seu inconsciente ou, mais especificamente, a um superego primitivo, rígido, revelando carência de um superego cuidador.

Lembrando-nos que as relações de objeto se iniciam com o nascimento, sendo a mãe, que ama, ajuda e alimenta a criança, o primeiro objeto bom que o bebê introjeta, tornando-o parte de seu mundo interno, penso que Bruna careceu desse objeto cuidador inicial. "Se a mãe é assimilada ao mundo interno da criança, como objeto bom, do qual esta pode depender, um elemento de força é agregado ao ego, contribuindo para a formação de uma personalidade estável" (Klein, 1959/1996, p. 283).

Proponho-me, com a finalidade de mostrar o processo analítico, trazer uma sessão de análise do início do nosso trabalho e uma sessão dos tempos atuais, expressando um amadurecimento interno conquistado.

Bruna, muitas vezes, sentia raiva de mim, quando lhe mostrava limites da realidade, ou mesmo quando lhe mostrava que ela tinha limites – mas, com o nosso trabalho, vai interiorizando-os como cuidados necessários. Sua aparência física, seu ânimo, o reconhecimento de suas capacidades vão se transformando. O prazer de descarga buscado extensivamente na realidade externa vai se transformando gradativamente em um amadurecimento, por descobertas do valor dos relacionamentos com pessoas singulares.

Conversas iniciais

Bruna procura análise na faixa dos 50 anos; fazia o quarto ano de sua formação acadêmica e estava em terapia com outro profissional uma vez por semana.

Queixa-se de um desamparo profundo, que a deixou à mercê de "perigos" que a vida fora lhe apresentando. Os pais a deixavam "fazer tudo" e ela sentia que não tinham preocupações e cuidados para com ela. Conta, por exemplo, que, quando solteira, sentia vontade de ir a um país e ia, não tendo quem lhe dissesse não ou que tomasse os cuidados necessários; vivia como um andarilho. Em uma dessas viagens, roubaram todo seu dinheiro e dormiu ao relento, sem noção nenhuma de perigo.

Casou-se tardiamente e tem duas filhas com poucos anos de diferença entre elas. Marta, em pleno início de adolescência, e Carol, com problemas sérios de saúde: tem esclerose tuberosa, passando desde seu nascimento por diversos tratamentos médicos.

Atualmente não está feliz em seu casamento: fala em desconfiança e rivalidade entre ela e o marido na questão do trabalho, pois ele, embora muito trabalhador, é "funcionário" da empresa que herdará de sua família.

Traz uma mãe já idosa, mas irresponsável, no sentido de se endividar e mandar que Bruna pague as contas. A mãe deixa de pagar alguns impostos importantes da empresa e multas altíssimas são geradas, e Bruna é quem tem que arcar com elas. Ela submete-se, explicando que, se brigar com a mãe, ela lhe tomará tudo, pois esta não passa os bens de direito nem a ela nem a sua irmã, com a desculpa de que tem medo de que, se passar os bens, as duas tomarão tudo dela. Descreve ainda a mãe como libertina, que fala muitos palavrões, mas que tem muita energia para o trabalho, "não para quieta". Ao mesmo tempo, diz que tem admiração por ela e a vê "como uma rainha que não quer dar a coroa dela". Também diz que a mãe controla a empresa e que não pede, só manda.

Fala que sua filha mais velha, Marta, nunca está satisfeita com o que lhe dá materialmente, nunca é o suficiente. Pensa que o motivo é por não estar se sentindo protegida e que sempre reclama é por falta de carinho.

Bruna me transmitiu "uma ingenuidade" logo de início, e que aos poucos vai me clareando essa percepção, quando traz em uma sessão que: *A empregada não vê a extensão de perigo, cozinha e não protege minha filha menor das panelas ferventes do fogão.* Digo-lhe que pode descuidar de suas filhas se não perceber os perigos da realidade.

Primeiro ano da análise de Bruna

Percebi desde o início uma falha na capacidade para discriminar limites, por exemplo: queria continuar na terapia que estava fazendo e iniciar um trabalho comigo ao mesmo tempo. Expliquei-lhe, então, que se quisesse um trabalho de análise precisaria terminar o trabalho com o terapeuta para começarmos o nosso. Aceitou iniciar a análise três vezes por semana. Uma vez que seu trabalho lhe consumia muito tempo, se desorganizava, e muitas vezes queria trocar seus horários de sessão. No início não tinha dia fixo para pagar os honorários e, quando não o fazia, não me dava satisfação.

Durante o primeiro ano de análise, reclamava muito de sua falta de organização, e pediu-me para ajudá-la: Não consigo me organizar, não sou boa administradora, esqueço-me de pagar contas.

Meu trabalho e minha casa estão confusos. Fico pensando, como estará o mundo de meus pensamentos?

Conjeturo que Bruna, por falha inicial de pais cuidadores, não pôde introjetar cuidados e não os podia administrar nem para si nem para outras pessoas.

Inteligente, curiosa e afetiva, ela foi se afeiçoando rapidamente à análise e a mim, colaborando cada vez mais com seu processo.

Ela se colocava muitas vezes em situações de perigo e, contratransferencialmente, eu sentia necessidade de protegê-la, tentada a ficar lhe dizendo: "Cuidado, isso é perigoso! Isso não!", mas trabalhava com ela para que discriminasse a realidade.

Penso que ela me fazia um apelo: eu não podia repetir ser uma analista/mãe-pai que não lhe desse limite, não lhe ensinasse noções de "perigos". Ao mesmo tempo, eu não podia intervir, dirigi-la, mas, sim, reconhecer suas capacidades psíquicas, a ponto de chegar a seus próprios *insights*. Reclamava de uma mãe que invadia sua vida e de um pai que não tomava conta nem de seus bens. Contou-me que ele deixou de fazer um importante seguro para sua empresa, o que lhe causou um grande prejuízo e também, no seu entender, fora a causa "aparente" de seu câncer, do qual veio a falecer.

Bruna diz: Tenho duas mães, minha avó, materna, carinhosa e preocupada comigo, e minha mãe, que me vê e me trata como uma empregada. Minha avó, antes de morrer, dividiu seus bens e queria que eu ficasse com sua casa, a comprando, mas, como respondi que não tinha condições financeiras, me alugou outra casa sua, a que moro hoje. É verdade que não tinha dinheiro, mas não quis comprar porque eu iria sentir a presença dela naquela casa, não aguentaria. Daí eu aceitei alugar a outra. Além disso, a casa estava muito machucada, com vazamentos, coisas quebradas. A que aluguei, minha avó permitiu que eu pagasse por um tempo, depois deu a casa para mim e minha irmã. Ela tinha um pensamento justo. Depois de um tempo, dei um apartamento para minha irmã em troca da metade da casa.

Em outra sessão, Bruna me conta que seu tio comprara a casa que a avó lhe oferecera primeiro: A casa ficou com meu tio, que a arrumou toda, levantou paredes, reformou, colocou armários e espelho, enfim, mudou tudo, ficou linda. Ficou casa de Natal.

Entendo, quando Bruna fala desse tio, como uma parte sua que tem recursos. Poderá, no futuro, reformar sua casa interna e morar nela como uma casa de "Natal", a partir de um novo nascimento psíquico. Tem uma avó-mãe-boa que se preocupou com ela, e lhe deu uma casa, mas Bruna, no momento, não tem capacidade para administrá-la. Incapacitada ainda de aceitar esta casa, aluga a outra casa da avó, que tem um importante papel em sua análise, parecendo-me o "palco" de sua casa interna nos primórdios de seu desenvolvimento encenado no processo analítico. Descreve-a assim: *a casa dos bichos.*

A casa dos bichos

Bruna diz em sessão: *Minha empregada mora melhor que eu. Quando chove, molha a sala; minhas filhas não gostam de tomar banho porque tem aranhas no banheiro. O chão da casa é de madeira, com buracos para o porão e tem também cupins comendo as coisas. Desde a última cachorra, o portão ficou quebrado, ela está no cio. Quanto aos vizinhos, nem imagino o que pensam de mim. Meu marido nunca arrumou a janela. Minha casa no olhar de uma criança dá medo; é insegura, tem buracos, tem muitas coisas, pois me apego às coisas e não consigo jogar fora. Eu tenho que dormir com minhas filhas de mãos dadas, elas têm pesadelos.*

Após quatro meses de análise, Bruna muda-se. Aluga uma casa maior, com quartos individuais para as meninas, e inicia uma grande arrumação, com armários e móveis novos. Joga papéis fora e coisas que não usa mais. Sente-se mais feliz e diz que as meninas agora podem dormir, e relembra: *Na casa dos bichos dormíamos os quatro no mesmo quarto. Carol, que deitava sua cabeça na minha barriga, e Marta, de mãos dadas comigo. Eu não dormia. Você não imagina como era a casa lá: o teto de madeira com barulhos de pombo ou de rato, no porão a cachorra ficava cavando. Eram muitos barulhos. Não sei ainda o que farei com esta casa, pois ainda tenho muitas coisas guardadas lá.*

Penso que neste momento Bruna se arrisca em uma relação diferente com a analista. Percebo um movimento seu na análise: a passagem de um de olhar de medo de sua parte infantil (*Minha casa no olhar de uma criança dá medo*), a um sentimento de confiança experienciada vivamente na relação (inicia uma grande arrumação e me avisa que há muitos barulhos, para que eu me prepare também).

Carol não tem noção de perigo

Bruna traz um sonho: *Sonhei que estou procurando Carol, não a encontro e me vejo desesperada.*

Depois de um tempo continua suas associações: Há um tempo, na fazenda, Carol sumiu, pensei que estava com meu marido, ele achou que estivesse comigo. Faltava meia hora para escurecer, e estávamos desesperados. Como eu iria achá-la em um lugar tão grande? Daí nós avistamos ao longe um boi empurrando-a para a terra, como se estivesse protegendo-a para que não caísse no açude. A seguir, apareceu um homem que segurou nas mãos dela e a trouxe até nós. Outra vez, foi na casa da praia: estava dormindo ao nosso lado e, quando noto sua falta, estava na piscina. Carol não tem noção de perigo. Não sabe se defender. Ela parece uma tartaruga pela força dela, vai muito devagar e adora ir para o mar.

Percebo seu desespero não apenas em seu tom de voz, ou em suas palavras, mas no sentimento, que me sugere um pedido de socorro. Em seu relato há uma urgência de cuidados: um casal que não dá conta da segurança da filha, deixando-a à mercê de perigos.

Isso me sugere que ela teve falha de cuidados parentais e quer reconstituí-la para poder cuidar de si e das filhas. Por outro lado, percebe que já tem certa idade – está escurecendo, e precisa se apressar.

Refiro-me ao termo, "reconstituir", no sentido em que Winnicott fala de regressão, como uma busca de reviver a falha, em uma nova experiência. Em seu trabalho "Aspectos clínicos e metapsicológicos da regressão no contexto analítico" (1954), ele diz:

> *Para mim o termo regressão indica simplesmente o contrário de progresso. Esse progresso em si mesmo consiste na evolução do indivíduo, psicossoma, personalidade e mente junto com (eventualmente) a formação do caráter e a socialização. O progresso tem início numa data certamente anterior ao nascimento. Há um impulso biológico por trás do progresso. Um dos postulados da psicanálise é o de que a saúde implica na continuidade desse progresso evolutivo da psique, e de que saúde significa maturidade do desenvolvimento emocional adequado à idade do indivíduo, sendo óbvio que tal maturidade refere-se a esse progresso evolutivo. Observando mais de perto, percebemos imediatamente que não pode existir uma simples reversão do progresso. Para que esse*

> *progresso seja revertido, é preciso que haja no indivíduo uma organização que possibilite o acontecimento de uma regressão. Assim encontramos:*
>
> • *Uma falha na adaptação por parte do ambiente, resultando no desenvolvimento de um falso eu.*
>
> • *A crença numa possibilidade de correção da falha original, representada por uma capacidade latente de regredir, o que implica numa organização egóica complexa.*
>
> • *Uma provisão ambiental especializada, seguida por uma regressão propriamente dita.*
>
> • *Um novo desenvolvimento emocional, com as complicações pertinentes.*
>
> *. . . Quando falamos de regressão na psicanálise, estamos implicitamente presumindo uma organização do ego e uma ameaça de caos. Evidentemente, estou considerando que a ideia de regressão implica num mecanismo de defesa do ego muitíssimo organizado, do qual faz parte a existência de um falso eu (como um eu protetor) (cap. XXII, pp. 377 e 378).*

Parece-me que a lenta tartaruga que, com força, sai para o mar fala da necessidade de Bruna regredir, no sentido de reviver o trauma que a paralisou, para poder seguir seu caminho. Não é possível corrigirmos a falha original, mas podemos entrar em contato e acolhê-la.

Penso então que o tratamento e manejo no caso de Bruna passaram a ser neste sentido: experienciar no campo uma situação de dependência que a possibilitasse reviver a antiga adaptação inadequada de pais não cuidadores. No entanto, para evitar a dor de uma regressão, do contato com algo parado e indigesto, ou que a poria em contato com sua "falha", levanto como hipótese que ela se retirava do contato com sua realidade interna, colocava-se à mercê de perigos e projetava na realidade externa sua "fome afetiva", agindo de forma compulsiva para aplacá-la, por exemplo, comprando compulsivamente e se endividando.

A coelha Alice

Bruna, assim que se deita no divã, diz: *Hoje não foi fácil, aconteceu uma coisa, minha empregada deu dois coelhinhos para minha filha Marta. No final de semana viajamos e pedi que ela viesse dar comida a eles e para a cachorra. Quando voltamos fui olhar na gaiola e o macho estava morto, duro, e a fêmea (Alice) em coma. A água tinha virado e não vi comida. Acho que ele morreu de fome. Peguei Alice, que ainda estava quente, e corri por vários veterinários, mas não podia ser qualquer um, tinha que ser um veterinário de animais silvestres. Achei uma veterinária que deu injeção, vitaminas, soro, e Alice saiu do coma e está viva.*

Primeiro pensei que o alimento analítico fez falta, que uma parte dela morreu e outra ficou em coma, como angústia de morrer sem suprimentos ou angústia de morte. Ao mesmo tempo que reclama de "maus tratos" por seu desamparo, parece-me que reconhece uma veterinária/analista que a socorre, e ela sai do coma. Achei interessante o nome ser Alice, como uma aceitação inconsciente de sua análise (an-alice). Chama-me a atenção um casal de coelhinhos em que o macho morre.

Respondo a Bruna que foi bom que achou a veterinária (analista).

Bruna prossegue em sua dor: Marta não gosta da empregada; no início achei legal ela dar os coelhinhos, pois Marta sempre me pedia para comprá-los, só que a empregada deu, mas não cuidou, deixou o macho morrer e quase Alice também. Isso foi no final de semana passado.

O campo é requerido: "Acho que está falando de uma empregada/mãe que dá, mas não cuida do filhote, não alimenta e deixa morrer. Parece que há uma reclamação de minha ausência no final de semana".

Bruna rebate: Com você não estou sentindo isso, mas me fez lembrar minha mãe, que me dava tudo de material, era só eu pedir, uma vez pedi um skate e me deu no mesmo dia.

Percebendo que ela ainda não podia se aproximar tanto de mim, do nosso contato, preferi falar da mãe, assim como ela. Digo-lhe: Mas sua mãe não te deu os cuidados que você queria.

Continuei a sentir que ela precisava de um "cuidado" especial meu hoje, para as suas partes silvestres (mais primitivas).

Depois de algum tempo ela diz: Hoje de manhã escutei um barulho e gritaria, quando fui ver a cachorra estava com Alice na boca, já morta, gelada, dura! Eu falei que não podia deixar o portão dos fundos aberto para a empregada, porque a cachorra fica na parte da frente da casa.

Nesta hora fui chamada a participar ativamente com meus sentimentos e eu senti raiva, fiquei indignada com Bruna, pois me contava sobre a cena com detalhes de horror, como se ela não enxergasse ou não se responsabilizasse "pelo funcionamento da casa" e pela vida dentro dela; a empregada era a culpada. Fiquei em silêncio.

Bruna, de forma fria, continua: A cachorra não comeu Alice, só furou a barriguinha, tinha sangue. Fiquei pensando, não sei se fico com raiva da cachorra, pois é instinto dela, a raça dela é de caçadora, já pegou minha gata e pega os ratos da casa. Daí, para minha filha não ficar triste, saí que nem uma louca para comprar outra coelhinha para pôr no lugar e ela não perceber que não era a Alice; depois de tanto procurar encontrei uma mais gordinha e com olhos vermelhos, e Alice tinha olhos castanhos. Quando minha filha chegou da escola ela estava lá.

Percebo que não possui singularidade, tudo é substituível, objeto parcial. Eu ainda estava com a mente na cena de horror da casa e tentei me aproximar de Bruna com cuidado. Digo a ela: "Parece-me que você está com medo de contar a verdade sobre o que aconteceu: que sua cachorra mata bichinhos. Trazendo para nossa relação, você está me dizendo que tem uma cachorra interna que é capaz de estraçalhar nosso trabalho".

Bruna se mantém distante e se evade mais uma vez de sua realidade: *É ela já matou um ramster e também já mordeu Carol.*

Entendi que ainda lhe era difícil aceitar nós duas, falando de aspectos tão dolorosos com intimidade. Senti que me pedia para conter algo que ela não estava suportando. Neste momento da sessão, passa minha raiva, e eu estava com outra escuta. Recorro então ao que Bruna disse sobre Marta para tentar me aproximar.

Recuperando-me, digo: "Você não está conseguindo falar de uma morte e ajudar Marta a poder lidar com uma perda, só está substituindo a coelhinha".

Entre cortes nas falas, Bruna prossegue: É, ela percebeu que estava diferente. Quando vinha para cá, dois policiais quase bateram no meu carro, um deles de moto falou um palavrão muito grande para mim, mas ele conseguiu desviar, o outro bateu no retrovisor.

Pensei em minha raiva ao escutar seu relato no início da sessão, contendo-me para não a atropelar, e digo-lhe: "Será que você não estava mesmo cometendo alguma infração, deixando de enxergar por onde estava indo?".

Em um tom de voz diferente, ela diz: Então você quer dizer que a gente pode ter uma destrutividade maior dentro da gente, a mais, em certos momentos da vida? O que faço com minha filha, então, converso com ela e falo a verdade?

Digo-lhe que a agressividade pode ter um uso útil, como você ficar brava com a empregada que não fechou o portão, dando limites para a cachorra ou um uso nocivo: matando suas partes boas e até nosso trabalho de análise (Alice).

Mais reflexiva, Bruna questiona: É preferível então dizer a verdade, mas ela vai sentir raiva da cachorra!

Digo que raiva é um sentimento pertencente a todos nós, como você sentiu raiva dos guardas e de mim também quando te mostro limites da realidade.

Escuta analítica

Freud (1937) diz:

> *No que se refere a perigos externos, o indivíduo pode ajudar-se durante algum tempo através da fuga e evitando a situação de perigo, até ficar mais forte, mais tarde, para afastar a ameaça alterando ativamente a realidade. Mas não é possível fugir de si próprio; a fuga não constitui auxílio contra perigos internos. E, por essa razão, os mecanismos defensivos do ego estão condenados a falsificar nossa percepção interna e a nos dar somente uma representação imperfeita e deformada de nosso id. Em suas relações com o id, portanto, o ego é*

> *paralisado por suas restrições ou cegado por seus erros, e o resultado disso, na esfera dos eventos psíquicos, só pode ser comparado a caminhar num país que não se conhece, sem dispor de um bom par de pernas.* (p. 270)

No meu entender, Bruna indaga-me se tenho escuta para que ela possa dizer a verdade de si mesma, se tenho condições de ouvi-la, contê-la.

Parece-me que está tendo noção de que tem uma parte coelhinha e uma destrutiva, e corre o perigo de ferir ou até matar partes boas.

Penso que começará a adquirir noção de "perigo" quando se sentir amparada por mim e, aí sim, poderá entrar em contato com seu desamparo de suprimentos psíquicos e de experiência viva emocional e o que esse desamparo provoca nela. Sem conhecimento de si, cega e sem responsabilizar-se, começa a perceber que fica à mercê de sua destrutividade. Esta, sentida por ela como algo estranho dentro de si, pode ir sendo acolhida gradativamente.

Vinheta de sessão dos tempos atuais

B:[2] Fiquei pensando, neste final de semana: lembra-se que eu tinha falado da casa, que eu não consigo tirar as coisas de lá? É que através da atitude de minha avó em me dar a casa para morar, senti que me acolheu, na verdade eu não queria sair de lá, pois era como um aconchego de avó. Fiquei lá doze anos, como uma proteção, mas na verdade a casa era toda desprotegida e não cuidei dela. Lá eu tinha

[2] B = Bruna; A = analista.

pesadelos horríveis, medo de ser assaltada, mesmo não tendo do que ser roubada.

A: Você me fala de gratidão por sua avó, que a acolheu como uma mãe, mas acredito que você queria esse acolhimento era de sua mãe, talvez por isso não cuidou de sua casa interna, assim fala dessa casa externa, deixando-as desprotegidas.

B: Lembro-me da casa com alegria, pois lá Marta nasceu. Não digo isso de Carol, porque seu nascimento foi mais tristeza do que alegria.

Estou pensando agora que aquela proteção que eu sentia era uma ilusão. Quem se sentia na verdade desprotegida era eu, e não me valorizava pelo que eu era.

A: Agora você se sente com valor?

B: Acredito que sim, já não preciso comprar tudo que Marta me pede, nada do que eu dava a ela era suficiente, e eu ainda me sentia uma mãe porcaria. Agora converso com ela e dou o que é possível e o que lhe fará bem.

A: Parece-me que você vem se sentindo acolhida por mim e por si mesma e, assim, não mais se sente desprotegida. Está conseguindo cada vez mais valorizar o nosso trabalho, e com muito menos medo de eu lhe assaltar, lhe roubar seus recursos internos. Está podendo abrigar dentro de você tristeza e alegria, por isso não precisa mais comprar compulsivamente para não se sentir uma mãe porcaria. Agora conversa comigo, e consigo mesma, e com Marta.

B: Sonhei que eu estava em um apartamento muito bonito, chão de madeira tratada, paredes tipo palácio com esculturas, pinturas especiais. Eu estava junto com um artista, que me perguntava: o que as mulheres querem? Estava acontecendo uma festa e fui conhecer a família dele, eram da Hungria. As salas continham objetos do país: cristais, pulseiras, vasos, muitas obras de arte. Conversava com ele sobre o que eu fazia e ele sobre seu trabalho. Começamos a namorar, a nos beijar. Esse ator era muito bonito, mas fazia um papel de tímido, bobinho, mas na vida real ele é o oposto.

Pensando em mim, acho que estou descobrindo coisas a meu respeito, que antes não estava preparada. Tenho que aceitar tristezas e que também posso me perguntar o que quero como mulher.

A: Estou escutando você me dizer que agora está se sentindo acompanhada por mim e se sente junto comigo em uma investigação profunda de si mesma, e que percebe agora que tem valores e está valorizando nosso trabalho. Há uma relação afetiva entre nós duas e você se sente encorajada a encontrar respostas mais significativas para você. Ousa se perguntar o que você, como mulher, deseja, já que tem cuidado de seus aspectos infantis.

Conquistas por meio do nosso trabalho

Por nosso trabalho, percebo que Bruna já aceita os limites da realidade – interna e externa –, e os ganhos que adquiriu por meio dessa conquista.

Gradativamente está podendo ser criativa e, passo a passo, dar significação a sua vida. Está valorizando a importância que as pessoas têm para ela, considerando-as.

Ao iniciar a análise, apresentava um comportamento de submissão principalmente à mãe (seus objetos internos paralisantes), ou mesmo de aspectos do cotidiano que tinha que aceitar sem se questionar ou refletir ou criar algo mais adequado. Winnicott (1975) diz que:

> *A submissão traz consigo um sentido de inutilidade e está associada à ideia de que nada importa e de que não vale à pena viver a vida. Muitos indivíduos experimentaram suficientemente o viver criativo para reconhecer, de maneira tantalizante, a forma não criativa pela qual estão vivendo, como se estivessem presos à criatividade de outrem, ou de uma máquina.*
>
> *. . . Viver criativamente constitui um estado saudável, e que a submissão é uma base doentia para a vida.* (cap. V, "A criatividade e suas Origens", p. 95)

Numa sessão, Bruna disse-me: Estou sentindo a vida diferente agora, parece que minha vida está ganhando sentido e está sendo digna de ser vivida. Estou implantando um curso de segurança para meus funcionários, em minha empresa.

Penso que Bruna apresenta agora sinais de que já introjetou alguns limites de realidade, assim como noção de perigo; começa a cuidar de si mesma e apresenta cuidados para com as filhas e até para com seus funcionários. Consegue colocar limites até para a mãe, não permitindo que esta faça dívidas para que ela as pague. Tem refletido sobre seu casamento.

Continuamos nosso trabalho...

Referências

Ballone, G. J. Esclerose tuberosa. In: *PsiqWeb*, Internet. Recuperado de http://sites.uol.com.br/gballone/infantil/dm2.html.

Freud, S. (1933[1932]/1969). *Novas conferências introdutórias sobre psicanálise.* Conferência XXXI – A Dissecção da Personalidade Psíquica. *In Edição Standard Brasileira das Obras Completas de Sigmund Freud* (Vol. XXII, p. 75). Rio de Janeiro: Imago.

Freud, S. (1937/1969). Análise terminável e interminável. In Edição Standard Brasileira das Obras Completas de Sigmund Freud (Vol. XXIII). Rio de Janeiro: Imago.

Freud, S. (1937/1969). Construções em análise. In Edição Standard Brasileira das Obras Completas de Freud (Vol. XXIII). Rio de Janeiro: Imago.

Kato, M. et al. (1999). Esclerose tuberosa: sensibilidade do spect ictal na avaliação do foco epileptogênico. In XIX Brazilian Congress of Nuclear Medicine. Serviço de Medicina Nuclear, Departamento do Neurologia, Psiquiatria e Psicologia Médica & Centro de Cirurgia de Epilepsia & CIREP Hospital das Clínicas da Faculdade de Medicina, de Ribeirão Preto, USP.

Klein, M. (1959/1996). *Amor, culpa e reparação e outros trabalhos.* Rio de Janeiro: Imago.

Ribeiro, R. A. et al. Dissecção aórtica: diagnóstico e tratamento. *Arq. Med. ABC, 14*(2), 59-63, 1991.

Winnicott, D. W. (1954). Da pediatria à psicanálise. Obras escolhidas por D. W. Winnicott: aspectos clínicos e metapsicológicos da regressão no contexto analítico. Trabalho apresentado à British Psycho-Analytical Society em 17 de março de 1954. Publicado no Int. J. Psychol-Anal., vol. XXXVI, 1955.

Winnicott, D. W. (1969/1994). A experiência mãe-bebê de mutualidade. Explorações psicanalíticas. Porto Alegre: Artes Médicas.

Winnicott, D. W. (1971/1975). A criatividade e suas origens. *In O brincar e a realidade.* Rio de Janeiro: Imago.

A falha da escuta parental gerando transtorno no desenvolvimento da sexualidade

Saber escutar a poesia é como saber escutar o discurso do paciente.
. . . a poesia não é sobre a experiência. A vida da poesia é a experiência.
(Ogden, 1997)

Neste artigo, reflexões sobre o transtorno causado no desenvolvimento da sexualidade de Clara sugerem a falha de escuta parental. Hipotetizamos que a homossexualidade da paciente seja uma defesa, resultante de sua dificuldade em poder fazer o luto primário da separação com a mãe. Por meio do vínculo analista/analisando, a falha inicial da escuta parental vai sendo experienciada em uma escuta psíquica, resultando em elementos *alfa*, em representações psíquicas.

Entendo (cf. Winnicott, 1979/1983) que a capacidade de cooperação do paciente é inconsciente e manifesta-se explicitamente em sua produção por meio dos sonhos, relatos e associações decorrentes. Essa capacidade vincula-se aos aspectos positivos da transferência e, nesse sentido, a presença e o vínculo interdependente do analista são essenciais. Winnicott sublinha que a reorganização dinâmica do ego realiza-se por meio das influências ambientais mediadas pelo analista. James S. Grotstein (1983) diz:

> *Winnicott pareceu ter enfatizado que a criança não era uma criança sem a sua mãe. Por isso, ele ajudou a dar início a uma mudança importante no enfoque psicanalítico do* self *unitário para o relacionamento indivisível entre dois (mãe e filho), o qual se tornou a fonte inesgotável para a psicologia do* self*. Além disso, seus conceitos têm se relacionado com os de Bowlby e Stern. Talvez pudéssemos resumir corretamente o modo de Winnicott encarar esse assunto da seguinte maneira (constituindo uma reafirmação do que eu disse acima): o* self *"ser" do paciente-criança deve estar preparado por um* background *ambiental propício ("ambiente de apoio") para tornar-se um* self *criador, capaz de uma neurose de transferência com conflitos edipianos. Na falta disso, o analista deve tornar-se o substituto real para o* holding *ausente do passado e preparar o paciente para uma "análise neurótica" através do seu próprio* holding". (p. 16)

Continua James S. Grotstein: "Por qualquer razão, parece que Winnicott aceitou que as práticas parentais deficientes e de invasão tinham um efeito desintegrador no desenvolvimento da criança" (p. 14).

Para descrever o que entendo sobre as falhas parentais iniciais, trago o caso de Clara, uma paciente que está comigo há alguns anos em análise. Em "Um comentário sobre Donald Winnicott', Margaret I. Little traz uma poesia que sinto expressar o que falhou para Clara: a continência de uma mãe dedicada a seu bebê. Little (1992) fala pelo bebê:

> ***A Saudação***
> *Estes pequeninos Membros*
> *Estes Olhos e Mãos que aqui encontro,*
> *Este coração palpitante com o qual começa a minha Vida;*
> *Onde tendes estado? Por trás*
> *De que Cortina vos escondestes de mim durante tanto tempo?*
> *Onde estavas, em que Abismo, minha Língua recém-formada?*
>
> *Quando em silêncio*
> *Tantos milhares de Anos*
> *Permaneci sob o Pó em um Caos,*
> *Como eu podia ver Sorrisos, ou Lágrimas,*
> *Ou Lábios, ou Mãos, ou Olhos?*
> *Que sejam bem-vindos os teus Tesouros, que agora recebo.*
>
> *Eu que por tanto tempo*
> *Não fui Nada da Eternidade,*
> *Não pensava em tais Alegrias como Ouvido e Língua*
> *Para celebrar ou perceber:*
> *Esses sons a ouvir, essas Mãos a sentir, esses Pés,*
> *Esses Olhos e Objetos que encontro no chão.*
> *Do Pó eu me levanto*
> *E do Nada agora desperto;*
> *Essas Regiões mais claras que saúdam meus Olhos.*
> *Um Dom de Deus eu recebo:*

> *A Terra, os Mares, a Luz, os Céus Sublimes,*
> *O Sol e as Estrelas me pertencem; se eu merecê-los.*
>
> *Um Estranho aqui*
> *Coisas estranhas encontrará, Glória estranha verá,*
> *Surgem Tesouros estranhos guardados neste Mundo lindo,*
> *Tudo é Estranho e Novo para mim;*
> *Mas o mais Estranho de tudo é que eles seriam meus,*
> *Que não era Nada; ainda estava por chegar.* (pp. 121-122)

Entendo que Clara padece de falha de escuta psíquica materna primária, e que seu relacionamento homossexual manifestava-se como uma defesa para não fazer a separação e o luto primário. Para se sentir inteira, precisava estar grudada em alguém, por exemplo, em uma namorada que lhe suprisse ilusoriamente o que não pôde ter com sua mãe. Ela parece não ter tido uma mãe que pudesse dar significado as suas experiências emocionais e, assim, construir um espaço psíquico. Clara diz que seus pais lhe deram tudo de bom e de melhor, mas penso que somente no nível material e acadêmico.

O processo de análise

Clara fez três sessões seguidas na semana por oito anos. Coopera muito em seu processo, mas, para que eu possa fazer interpretações alusivas ao material que traz, tenho que fazê-las de modo muito cauteloso, cuidadoso, para que ela possa aceitá-las e fazer bom uso delas.

Gradativamente, por minha escuta psíquica, parece-me que seu inconsciente foi se expressando.

Na sessão que trago como referência, Clara fala de seu sofrimento por ter rompido com sua ex-namorada, Ana. Converso primeiro com ela, referindo-me a Ana, depois vou lhe mostrando seu sofrimento de ainda não ter se separado de sua mãe, vivendo com Ana essa relação. Cuidadosamente eu me aproximo dela devagar.

Toda vez que toco na nossa relação, sinto que acontece algo muito especial: o silêncio domina a sala, causado pelo susto que minha fala lhe provoca. Provavelmente pelo fato de que falo algo que sugere nossa individualidade: eu e ela, ela e eu. Por ainda se ver grudada, se sentir grudada à mãe, ela se assusta com minha fala. Reconhecer o diferente para Clara é muito sofrido, e o novo em nosso vínculo que vai se formando gradativamente, assustador.

Vinheta clínica: pulsões diluviantes

Assim que Clara se deita no divã, diz: *Nossa, que dilúvio! Hoje consegui uma vaga para estacionar meu carro bem aqui na porta do edifício do consultório. Nunca teve. Hoje parece que a vaga estava me esperando, com essa chuva toda!*

Escutando Clara em uma dimensão simbólica, digo-lhe: "Parece que você está me dizendo como é bom ter um lugar aqui para você. Como é bom eu estar te esperando para te ouvir, para estar aqui com você".

Clara, assustada, pergunta: Com você mesmo? Sei lá......

(Ri e me parecendo estar sem graça, desconcertada, fica em silêncio, e o silêncio invade a sala). Somente depois de um tempo prossegue: *Depois daqui da sessão vou para São Paulo comprar roupas, porque daqui para frente São Paulo fica um caos no mês de dezembro, por causa do Natal: um trânsito absurdo, tudo parado, sem movimento. Preciso mudar de roupa, para me apresentar adequadamente.*

Lembro nesse momento o que várias vezes ela mencionou sobre o mês de dezembro por ser um mês traumático, por ela e Ana terem desmanchado o namoro. Um mês que lhe traz muitas lembranças e tristezas. Aguardo as associações de Clara...

Clara continua: É tudo meio louco. Sobre o mês de dezembro, em questão de trabalho, não me queixo, mas as lembranças de Ana me trazem desespero. É um mês em que me sinto estressada. Toda vez que chega dezembro, me aparecem alergias, fico toda ferida. Sinto-me só, como se eu fosse manca neste mês. Parece que é como me sentia em relação à minha mãe.

Percebo Clara necessitando de minha presença, e lhe digo que penso que me conta sobre uma tristeza que carrega há muito tempo, por se sentir sozinha, abandonada. Olha que interessante: quando você está desemparceirada, você se sente pela metade, "manca".

Clara responde: Eu posso não estar feliz, mas tenho que entender que o passado passou.

Eu continuo lhe dizendo: "Talvez para você se sentir inteira, está percebendo que houve um momento em que você precisava estar muito junto de alguém e esse era o momento da relação sua com sua mãe, de quando você era pequena. Veja, porque é uma das relações mais importantes iniciais de nossa vida. Mas você está começando a perceber que este tempo já passou, talvez queira virar a página, como quando você disse que precisa mudar de roupa para se apresentar adequadamente. Mas, antes de virarmos a página, temos que estar na página".

Parece que Clara se encontra na "página" e me convida a estar também: É, tanto Ana quanto eu nos voltamos contra o mundo. Acho que não confiei mais em ninguém. Só agora estou conseguindo mudar isso aos poucos. Só sei que minha mãe ficou muito deprimida quando nasci. Ela estava longe de sua cidade, pois meu pai foi transferido de seu trabalho para longe. Como ela podia entender o que eu queria se ela tinha mais com o que se preocupar? Desde aquela época, era uma mulher ocupada: trabalhava fora, cuidava de um marido, não tinha tempo para mim.

Eu a escutava e sentia que se colocava de forma profunda e em contato consigo.

Prossegue Clara: Ana teve um relacionamento desastroso também com a mãe. Acho que sua mãe não era muito normal.

Acrescento minha percepção: "Acho que, entre você e Ana, pode ter acontecido de uma buscar na outra a relação profunda que faltou de suas mães".

Sim, disse Clara, eu levei Ana para casa e meus pais a trataram muito bem, emprestavam-lhe o carro, pagavam viagens a ela, até que minha mãe pegou meu celular e viu nossas mensagens. Meu pai colocou escuta telefônica no trabalho e nos pegou namorando por telefone, daí tudo veio abaixo. É, foi um horror. A partir daí eu tinha medo de ser seguida por eles, pois me proibiram de me encontrar com Ana.

Nesse momento da sessão percebo que ela nos prevenia para que não nos tornássemos nem grudes, como muitas vezes se referiu a ela e Ana, nem que nos vinculássemos de forma mecânica, como seus pais, que precisaram de uma escuta telefônica para saber dela. A delicadeza do trabalho estaria na discriminação conseguida por

Ana, a ponto de não se sentir mais manca por essa individuação. Coloco essa minha percepção a ela e aguardo.

Sabe, Walkiria, saindo daqui a sessão passada, fiquei pensando que mágoas muito grandes de mãe não se resolvem nunca, porque a mãe está lá atrás.

Respondo que estamos em pleno dilúvio hoje, "você não está sozinha, ao mesmo tempo não estamos grudadas".

Quando Ana rompe o relacionamento entre elas, Clara se deprime e, nessa sessão, Clara nos conta um aspecto novo de sua personalidade e que parece ter tomado consciência. A sessão prossegue:

Muitas vezes pensei que essa Marcela (atual namorada de Ana) serve para Ana compensar um lado seu. É um compensar mudo. Parece o filme que assisti com a Ana Paula Arósio, em que interpreta uma homossexual. Você assistiu? Acho que o nome do filme é Em seu lugar.[1] Ana Paula Arósio interpreta o papel de uma professora de literatura que é homossexual. Achei que ela se encaixou perfeitamente no papel, pois suas interpretações foram incríveis. Ela era completamente deprimida, carregada, por ter se separado de um relacionamento com uma mulher, e estava péssima. Sem maquiagem, chorando pelos cantos. Ela chorava por uma aluna que também gostava dela. No início essa aluna fazia poesias, dando-lhe indiretas de seu amor. Depois da separação, Ana Paula, por estar muito triste, é convidada a morar com um amigo (gay) e uma moça, que Ana chama de riponga. Moram, a partir desse convite, os três em um apartamento. Em uma cena, aparecem os três "pelados" deitados na cama, ele com a perna por cima delas, mas só conversavam. Os três tão carentes! Achei que era uma necessidade

---

[1] Acredita-se que a paciente se refere ao filme *Como esquecer*.

de convivência dos três. Os três conversavam e depois dormiam. Ana Paula, antes do rompimento, era toda poderosa, se dizia não precisar de ninguém. Em outra cena, Ana Paula transa com a riponga.

A: O que aparece nesta cena?

Cl: Aparecem peitos, as duas peladas, uma em cima da outra. Era uma coisa de carência, meio infantil.

A: Talvez precisassem estar os três, para se sentirem inteiros. Não era uma relação sexual adulta.

Cl: Não é mesmo. Mas gostei do filme, como filme. Ana Paula estava incrível naquele papel, carregada, branca, boca pálida, um contraste absurdo com aquele cabelo preto, olho verde, linda e declarava as poesias com intensidade.

A: Intensidade de dor? Então, como uma moça pode amar alguém, ter uma relação adulta, sexo, intimidade, se ainda não supriu uma carência infantil de pais?

Cl: É porque a "fulana" a largou, chegando até a pensar em se matar. Mulher tem sentimentos, homem quer só trepar. É uma dor muito intensa, vivendo um vazio por não encontrar ninguém, é estar na merda, e os três juntos naquela noia, naquele estado deprimido, querendo ficar no silêncio... chovendo!

A: No filme, os dois, tanto mulher quanto homem, mostraram sentimentos que você descreveu como "carência" e necessidade de convivência, então o homem não quer só trepar.

Terminada a sessão, digo-lhe: "Nossa, hoje você começou falando de dilúvio, e está terminando a sessão falando de chuva. Acho que pudemos entrar em contato com dores muito profundas, mas que diminuíram de intensidade".

Comentários sobre a sessão

Clara traz-me uma boa notícia: tinha uma vaga, mas também uma "má" notícia: um dilúvio. Entendo que ela se sente tendo um lugar (o carro dela conseguiu uma vaga), dentro de mim, dentro de si mesma, apesar das pulsões diluviantes. Avisa-me que tem uma cascata de "coisas" (elementos beta) que ela precisa trabalhar – um dilúvio interno de afetos ainda sem representação. Percebe que já possui um lugar em minha mente, pois talvez não o tivesse na mente da mãe.

Provavelmente, Clara, sem a *rêverie* materna, ficou com seu aparelho de pensar e seus pensamentos "mancos", se defendendo por meio do uso maciço de identificações projetivas, somatizações e outras atuações.

Nomeio a alegria de ela de ter um lugar dentro de mim, mas isso me parece ter vários significados para ela: por um lado está alegre, nomeei a situação de encontro, mas ao mesmo tempo, penso que há excesso de estímulos, pois para se defender de sua afetividade ela "erotiza" tudo. Talvez tenha me sentido assim, em um primeiro momento, convidando-a: "Chega mais"... (eroticamente).

Penso que, dessa maneira, muita coisa em sua vida foi nomeada equivocadamente. Levanto uma hipótese: a de que ela entenda que eu possa estar fazendo um convite homossexual a ela, pois me pergunta: "*Com você mesmo?*". Percebo que Clara se assusta, se surpreende. O silêncio invadiu a sala.

Com uma mãe que, a meu ver, teve com ela uma relação simbiótica, fica "encalhada", "parada" (trânsito parado), nesse tipo de relação. Sinto-me em dúvidas. Predominou no encontro de nossas mentes a alegria ou euforia? Possível prazer de realização ou somente prazer de descarga defendendo-se do encontro? Ou a antiga excitação que sensorializava permaneceu? Todas as hipóteses já podem se sobrepor?

Desloca para o mês de dezembro a sensação do traumático, do "sem movimento", época em que "parou" em seu desenvolvimento. Possivelmente Clara começa a perceber que aspectos de si mesma estão se movimentando dentro dela quando diz: *Preciso mudar de roupa, para me apresentar adequadamente.* Pode estar se dando conta de que terá que mudar, mas não de roupa, e sim mudar internamente. Está mudando. Vai para São Paulo/análise mesmo assim, e compra roupas adequadas para se apresentar no trabalho da vida. Sente e percebe que eu tenho um lugar para ela, de escuta psíquica e vínculo afetivo.

Aos poucos a análise vai abrindo caminho para seu inconsciente, abrindo caminho para sua autenticidade/essência.

Quando Clara me fala sobre um "*compensar mudo*", indago-me sobre o que está mudo dentro dela. Acredito que sua relação primária foi só "mecânica", no sentido de uma mãe que a satisfez lhe dando de mamar, trocou-a, cuidou concretamente, mas não representou psiquicamente seus afetos, ficando sua mente muda, vazia. Não houve escuta psíquica, permanecendo muito de sua parte psíquica ainda irrepresentada.

Por meio do filme *Como esquecer* mostra-nos que um aspecto seu está paralisado, triste, deprimida, mas sobre o qual, por meio do nosso trabalho, falo com ela por uma linguagem poética, portanto afetiva,[2] para suas partes mudas dentro da mente, podendo nomear coisas dessas partes paralisadas. Conversa comigo por meio de

---

[2] Em minha experiência, não existe compreender sem sentir e perceber o que se sente quando falamos em vínculos. As fêmeas animais não "compreendem racionalmente", mas são boas mães, porque sentem as necessidades dos filhotes. O analista primeiro sente e só depois tentará entender.

retalhos de comunicação emanados de seu inconsciente, para que eu lhe mostre o que ela está me dizendo, pois nem mesmo ela sabe. Eu lhe mostrando, tem a chance de não repetir o que está mudo, no sentido de que ela sabe, mas não compreende o que está acontecendo com ela. É o que minha escuta pode lhe proporcionar, pois na hora em que compreende e nomeia, ela já pode transpor para a função *alfa* e já pode usar como repertório de experiência emocional representada.

Sinto que me pergunta se eu aceito sua parte gay, sua parte alternativa, ou se a quero toda certinha.

Clara, aos poucos, sente que não só tem um "ouvido" que a escuta, mas que tem uma analista com uma escuta sensível, um sentir, e que depois transforma material não representado em elementos *alfa* (Bion 1962/1991), em uma escuta que transforma em memória seu repertório.

Tempos finais de sua análise

Clara, em suas últimas sessões, me diz: *Cheguei a me perguntar se sofro até os dias de hoje pela maneira que interrompi meu relacionamento com Ana, por castigo, por ser errado uma mulher gostar de outra mulher, pelas leis de Deus. Não é possível a forma que terminamos, não foi normal, pois qualquer relacionamento entre um homem e uma mulher, termina bem ou mal, mas depois de algum tempo, cada um encontra seu caminho, e no nosso caso, não. Sinto que há uma mistura de amor e ódio, de não compreensão, de coisa parada, mal resolvida e que nenhuma de nós duas consegue ser feliz.*

Penso que Clara mostra suas identificações com a mãe: nesta sua fala, por exemplo, aparece seu preconceito "religioso" da mesma forma que diz que a mãe possui (*castigo de Deus, por uma mulher gostar de outra*), além de evidenciar uma parada em seu desenvolvimento emocional (depois de algum tempo, cada um encontra seu caminho, pois tanto ela quanto Ana não se individuaram).

Quando sinto a possibilidade de ela estar falando do relacionamento com sua mãe, percebo que já aceita com mais naturalidade e acrescenta sua surpresa e descoberta: *Nossa, falei bem parecido com minha mãe! Minha mãe "Ana". Está na hora de eu falar parecido comigo mesma!*

Clara está diferente dos primeiros tempos de sua análise, quando dizia: Não tenho nada a ver com minha mãe, não temos afinidade nenhuma, ela não me entende, não consegue compreender a maneira que penso e é completamente dependente de meu pai, não tem vida própria. Parece que está em outro planeta.

Em uma sessão, especificamente "no mês de dezembro", Clara me faz um carinho no braço, tocando-me na hora de ir embora. Espanto-me, pois isso nunca acontecera antes nestes anos de análise. Penso que ela está aprendendo devagar que pode me tocar e que uma filha pode fazer assim com a mãe, o que possibilita perceber outros toques – não só eróticos.

Desde o começo do nosso trabalho, Clara dizia não suportar carinho, pois nunca pôde ter. Várias vezes me disse: *Não gosto de que fiquem me pegando, abraçando, não gosto de grude!*

Acrescento que a sexualidade se manifesta desde quando um bebê nasce e na forma como apreende a natureza ou realidade. Um bebê carente de trocas afetivas e, consequentemente, carente de significações afetivas deter-se-á pelas repressões afetivas. Clara temia relações afetivas, pois ainda carecia de representações psíquicas para contê-las. Defendia-se do contato por temer a erupção de um dilúvio incontrolável de sentimentos.

Aos poucos vou lhe dizendo que, mesmo não concordando com sua mãe, pode gostar dela, de si mesma e de mim.

Refletindo, Clara me diz: Não sei qual relacionamento é mais atrasado, se uma mulher gostar de outra mulher, ou um relacionamento que é heterossexual, e o homem "pega" várias mulheres ao mesmo tempo ou uma mulher que troca toda hora de homem. Tem algo estranho nisso!

Respondo-lhe que está se dispondo a pensar sobre o que é um relacionamento íntimo, sobre o que impede ou possibilita o estabelecimento de um vínculo afetivo entre duas pessoas.

Pergunta-me em seguida, curiosa: Então será que tem a ver com o que me aconteceu na passagem do ano? Guardo meu carro na garagem do prédio de minha avó materna, que fica no mesmo quarteirão que moro. Quando fui abrir o portão da garagem, percebi que ele estava emperrado. Desci do carro e tentei abri-lo com meu controle, mas eu não estava conseguindo. Tentei então encaixar o portão no trilho, mas era muito pesado. Nesta hora, escuto uma mulher gritar do alto do terceiro andar: era a síndica, dizendo que eu iria quebrar o portão, e me xingando. Quando ela veio perto de mim, expliquei-lhe tudo de novo, mas ela não me escutava, não me enxergava, e novamente começou a falar um monte de bobagens, inclusive que eu não iria mais colocar o carro lá. Chamei meu pai, e ele calmamente, de bermuda e sem camisa, disse para a síndica que eu iria, sim, colocar meu carro ali, pois tinha direitos, e me disse para ir embora, que ele resolveria o problema.

Digo-lhe que ela teme que eu não a escute, não a enxergue, como a síndica, e ela se sinta "sem lugar" novamente. Teme também que eu a "proteja" como o pai, sem considerar suas capacidades para pensar e agir por conta própria. Neste momento, sinto que Clara se acalma, não mais se assusta com minha fala.

Comentários finais

Clara tem trazido associações muito pertinentes, instigando-me cada vez mais a escutá-la, pois, penso que com os pais não pôde ter esse diálogo e, portanto, estava "calada" há muito tempo, com muitas coisas a metabolizar.

Foi por meio do processo de análise que Clara começou a escolher um caminho, a escolher uma profissão com satisfação. Dizia várias vezes: *Sinto-me desperdiçando o tempo que tenho, pois já fiquei muitas vezes o dia inteiro olhando para o teto. Agora me encontrei em meu trabalho. Acho que estou encontrando a Clara dentro de mim.*

Penso que ela buscava em seu trabalho profissional, confuso no início, uma completude primária, como uma segunda pele (Anzieu, 1989) para envolvê-la. Com o processo da análise, há transformações e ela começa a querer "ocupar a sua própria pele".

Clara chegou muito mal no início da análise, com queixas de síndrome do pânico. Pensou em suicídio, bebia muito e usou maconha e cocaína por um tempo.

Nestes oito anos experienciou na análise muita dor em relação à despedida do corpo materno, pôde sofrer o luto primário da separação com a mãe em todas às vezes que entrou em contato – experiência singular que atualmente pode ser guardada na memória.

José Outeiral (2003) diz:

> *Na vida pré-natal e no início da vida pós-natal uma criança é totalmente dependente. No momento do parto a integração, apesar de iniciada, não está muito desenvolvida; a sobrevivência não pode ser tida como certa, surgindo uma ansiedade inconcebível ou arcaica.*

Nesse sentido, um ambiente capaz de suprir as necessidades do bebê pode garantir a sobrevivência e promover a integração; quando isso não é fornecido, haverá traumatismos e a ansiedade de aniquilação poderá persistir, assim como períodos de confusão levando a perturbações e fracassos.

O analisando revive e interpreta novamente eventos do início da vida, e o analista fornece, se possível, um *setting* que seja continente e o mais próximo da realidade. Um ambiente "suficientemente bom", que dê um "apoio" (*holding*) seguro (Winnicott, 1952/2000), contribuirá para o desenvolvimento emocional padrão primitivo (Winnicott, 1945/1993) de formação, de tornar-se uma pessoa; descobrindo a realidade e uma capacidade para a fantasia (ilusão ou imaginação), para a criatividade e para formar relacionamentos; e a habilidade de usar símbolos e metáforas.

A regressão para a dependência é um "processo de cura" (Winnicott, 1954/1982) originado não no analista, mas naquela parte do analisando, seu "verdadeiro *self*" (Winnicott, 1949/1988, 1960/1983), que ainda pode esperar uma reparação do fracasso original, encontrando no analista uma adaptação suficiente para as suas necessidades.

O analista tem de ser capaz de renunciar às defesas contra a mesma ansiedade, o medo de aniquilação, da perda de identidade, tanto por si mesmo como pelo paciente. Ao mesmo tempo, sua própria identidade deve permanecer distinta e seu sentido de realidade sempre observado, mantendo a consciência em dois níveis extremos, diferenciando a realidade da ilusão. Ele está na posição de uma mãe *vis-à-vis* com o filho, mas nem ele nem o paciente estão de fato nessa situação. Isso exige as mesmas qualidades de uma "mãe suficientemente boa" (Winnicott, 1952/2000), empatia com a criança (Winnicott, 1960/1983) e capacidade de considerá-la uma pessoa separada.

Penso que Clara experienciou comigo essa relação de dependência para, depois, conseguir elaborar o luto primário da separação com a mãe. O processo de análise terminou aos 8 anos. Passados três anos, Clara volta para a análise podendo experienciar comigo dimensões diferentes de sua personalidade...

Referências

Anzieu, D. (1989). *O Eu-pele.* São Paulo: Casa do Psicólogo.

Bion, W. R. (1962/1991). *O aprender com a experiência.* Rio de Janeiro: Imago.

Bion, W. R. (1963/1991). *Elementos em psicanálise.* Rio de Janeiro: Imago.

Bion, W. R. (1965/1983). Transformações: mudança do aprendizado ao crescimento. Rio de Janeiro: Imago.

Bollas, C. (1987/1992). A sombra do objeto: psicanálise do conhecido não pensado. Rio de Janeiro: Imago.

Freud, S. (1905/1972). Os três ensaios sobre a teoria da sexualidade. In: Edição Standard Brasileira das Obras Completas de Sigmund Freud (Vol. VII). Rio de Janeiro: Imago.

Freud, S. (1914/1974). Para introduzir o narcisismo. In: *Edição Standard Brasileira das Obras Completas de Freud* (Vol. XIV). Rio de Janeiro: Imago.

Grotstein, J. (1983). Autistic States in Children. By F. Tustin, Reviewed by J. Grotstein. *The Int. Review of Psycho-Analysis*, *10*(491), part 4.

Little, M. I. (1992). Ansiedades psicóticas e prevenção: registro pessoal de uma análise com Winnicott. Rio de Janeiro: Imago.

McDougall, J. (1978/1989). Em defesa de uma certa anormalidade – teoria e clínica psicanalítica. Porto Alegre: Artes Médicas.

Ogden, T. (1997). Listening: three frost poems. In T. Ogden, *Reverie and interpretation: sensing something human.* New York: Jason Aronson.

Outeiral, J. (2003). *Adolescer, estudos revisados sobre adolescência.* Rio de Janeiro: Editora Revinter.

Winnicott, D. W. (1945/1993). Desenvolvimento emocional primitivo. *In Textos selecionados: da Psicanálise à Pediatria* (pp. 269-285). 4. ed. Rio de Janeiro: Francisco Alves.

Winnicott, D. W. (1949/1988). A Mente e sua Relação com o Psique-Soma. *In Textos Selecionados: Da Pediatria à Psicanálise* (pp. 409-425). 3. ed. (Jane Russo, trad.). Rio de Janeiro: Francisco Alves.

Winnicott, D. W. (1954/1982). Necessidades das crianças de menos de cinco anos. *In A criança e seu mundo.* Rio de Janeiro: Guanabara Koogan.

Winnicott, D. W. (1952/2000). Ansiedade Associada à Insegurança. *In Da Pediatria à Psicanálise: obras escolhidas.* Rio de Janeiro: Imago.

Winnicott, D. W. (1960/1983). Distorção em termos de falso e verdadeiro self. *In O ambiente e os processos de maturação: estudos sobre a teoria do desenvolvimento emocional* (pp. 128-139). Porto Alegre: Artes Médicas.

Winnicott, D. W. (1987/1988). *Os bebês e suas mães.* São Paulo: Martins Fontes.

Winnicott, D. W. (1988/1990). *Natureza humana.* Rio de Janeiro: Imago.

Winnicott, D. W. (1971/1975). *O brincar e a realidade.* Rio de Janeiro: Imago.

Winnicott, D. W. (1979/1983). O ambiente e os processos de maturação. Estudos sobre a teoria do desenvolvimento emocional (pp. 225-233). Porto Alegre: Artes Médicas.

Analisabilidade: limites do analisando, do analista e do método[1]

Fui convidada a escrever este artigo para ser apresentado no congresso Febrapsi em Ribeirão Preto. Ao receber o convite, me senti muito entusiasmada e disposta a colaborar. Convite instigador, pois o tema do congresso, "Limites, prazer e realidade", vem ao encontro de minhas investigações psicanalíticas.

Escrever sobre "Analisabilidade: limites do analisando, do analista e do método" me inspirou muitos pensamentos e logo me lembrei de um paciente, o analisando Mario, para estimular as discussões.

---

[1] Apresentado no XXIII Congresso Brasileiro de Psicanálise da Febrapsi, "Limites: Prazer e Realidade", em Ribeirão Preto (set. 2011).

Limites do analisando

Quando penso nos limites de meu analisando, penso em uma relação primária deficitária, carente de significados e de cuidados afetivos maternos/paternos. Parecia que carregava um peso excessivo e, ao mesmo tempo que queria permanecer na solidão, pedia a minha ajuda. Penso que assim, pelo processo de análise, ele pôde trazer suas inomináveis angústias, com expectativas contraditórias: por um lado, continuar a repetir experiências traumáticas; por outro, poder revivê-las, compreendê-las e representá-las.

Considero traumatismo também como a incapacidade de suportar e poder pensar a experiência emocional quando ela acontece. Assim o tecido mental não é constituído e, em seu lugar, resta uma ferida, um buraco mental.

Meu analisando transmitia-me ter vivido um traumatismo muito penoso, que se igualava a um vazio (falha na capacidade de transformar elementos beta em elementos alfa), a uma dor insuportável, a um sentimento de não existência.

Mario apresentava esse "buraco" de representações: não conseguia sonhar e não conseguia associar no início de nosso trabalho. Ele temia viver relações afetivas, dizendo-me várias vezes: *Não quero depender de ninguém.*

Penso que, muitas vezes, o tratamento e manejo com um analisando, sejam nesse sentido: levá-lo a uma regressão de dependência (Winnicott, 1945/1978) que possibilite corrigir[2] uma adaptação inadequada de pais não cuidadores, como no caso desse

---

[2] Corrigir no sentido de uma análise que permita ao analisando entrar em contato com o traumático, libertando-o para pensar seus próprios pensamentos.

analisando que menciono. Para evitar a dor de uma dependência, que o colocaria em contato com sua "falha", levanto como hipótese que ele se retirava do contato com sua realidade interna, criando o que Winnicott chamou de falso *self*, e, paradoxalmente, mostrando-se como uma "fortaleza" que não precisava de ninguém.

Esses traumatismos foram por muito tempo vividos na transferência e contratransferência, de maneira muito intensa, e me reporto a um exemplo: inúmeras vezes eu me sentia em desespero, muito desanimada, pois sentia que ele tinha medo de se aproximar do nosso trabalho, e de si mesmo. Faz-me pensar que Mario precisava ver como eu suportava o sofrimento de um desamparo profundo: como eu lidava com o vazio de sua mente.

Limites do analista

Enfatizo a responsabilidade que o analista tem ao trabalhar com analisandos tão severa e precocemente traumatizados: é preciso observar, exercer a paciência, estar atento a um contato emocional próximo aos movimentos mentais do paciente e aos de si mesmo. Para tanto, faz-se necessário que o analista esteja aberto a emanações e tentativas de comunicação de aspectos mentais extremamente primitivos, muitas vezes precocemente traumatizados em suas primeiras tentativas de vinculação. Como ouvi-los, contê-los, metabolizá-los, buscando um significado, assim como "ouvir" seus distintos planos mentais, nas diferentes fases do seu desenvolvimento.

No trajeto que percorro com meus analisandos, penso que também estão inseridos meus limites como pessoa e, portanto, como analista. Sem os analisandos, eu também não teria me desenvolvido em muitos aspectos de minha personalidade. A maneira como cada sessão vai sendo construída, a maneira como eu converso com eles (construção/interpretação), tem a ver também com como eu sou.

O analista não precisa contar ao analisando sobre si mesmo, pois o analisando "percebe", ele convive conosco. Sempre teremos pontos cegos, mas haverá sempre alguém que pode nos ajudar. O analisando muitas vezes nos mostra como somos, mesmo que de maneira deformada. O processo é a dois. Os dois precisam se colocar à disposição para mudar, pois penso que, se não for dessa forma, não há análise. É de suma importância que cada um de nós se questione sobre nossas supostas certezas.

Penso, nesse sentido, que é preciso que o analista tenha conhecimento de si próprio para poder escutar seu analisando; conhecimento esse que nunca termina, e para essa tarefa terá que encarar a dor psíquica como ingrediente intrínseco ao crescimento mental. Esse aprendizado só acontecerá se buscado na vida real, acolhendo as adversidades e lidando com elas da melhor maneira possível, assim, como disse Bion (1964/1985) em carta aos filhos: "a única coisa que deveria nos interessar, e que sempre me interessou, é que possamos ter um conhecimento de nós e dos outros, que nos torne capazes de tirar o máximo proveito daquilo que a vida nos reserva", e que, para conseguir isso, "é preciso experimentar e aprender por si mesmo" (pp. 179-180). Formando uma dupla com seu paciente, o analista deverá também se dispor a aprender com a experiência e a investigar aspectos ainda desconhecidos dentro de si. Além da equipagem teórica, é preciso estar suficientemente crescido psiquicamente para dar conta de seu trabalho com seus analisandos.

É a partir dessa referência interna que o analista pode escutar as "falhas" internas de seus analisandos: a dificuldade na internalização de uma figura materna ou paterna (Ogden, 1989/1991), por exemplo, pode acarretar insuficiências que muitas vezes também se devem a fatores transgeracionais.

"Se a análise for bem-sucedida em restaurar a personalidade do paciente, ele vai se aproximar de ser a pessoa que foi quando seu desenvolvimento tornou-se comprometido" (Bion, 1965/2004, p. 157). Como a mente é constituída na relação, inicialmente na relação primária com a mãe, fica clara a importância da capacidade do analista de restaurar essa relação se ela for "falha", ou seja, "um analista pós-edípico, com um bom casal parental internalizado, que tem espaço para o outro, para o diferente em sua mente" (Haudenschild, 2008).

Em relação à função analítica, conforme Bion, cabe ao analista estar na mesma situação de uma mãe receptiva a quaisquer sentimentos que provêm do filho, para compreender, digerir e conter. No entanto, é importante que se considerem os limites da realidade, necessários para que o bebê/analisando possa se desenvolver e adquirir a capacidade de se conhecer e de sentir-se vivo com prazer – não mais prazer somente como descarga (prazer primário), mas um prazer adequado à realidade (prazer secundário).

Enfim, quanto ao analista, poderíamos pensar em seu "amor pela verdade desconhecida, a qual vai se desvelando na relação sempre nova a cada dia. O amor do analista pela psicanálise, a quem serve, dando passagem à vida psíquica" (Haudenschild, 2008, p. 77).

Estímulo clínico

Mario cambaleia ao entrar no consultório, carregando sua mala do trabalho, que me parece muito pesada. Esbarra na poltrona e a tira do lugar, afastando-a, e coloca sua mala na outra poltrona. Está com os ombros caídos, e me parece muito angustiado. Por outro lado, olha-me "diferente", toca-me no braço, como que precisando de mim ou querendo minha colaboração, e se "larga" no divã.

O tom da voz de Mario eu sinto ser de sofrimento. Ele diz: Estou muito mal hoje, inclusive com gripe, o corpo todo me dói e minha garganta está seca. Não estou conseguindo dormir, estou com medo, pensei até em procurar um psiquiatra novamente.

Acho que estou mal desde que fui à casa da Maria e a vi doente. Sua filha me ofereceu café, mas, quando ela foi fazer, não tinha pó de café, então saí para comprar. Ela (a filha) preparou para mim e fiquei conversando com Maria, só que ela não conseguia falar por dor na garganta. Pensei então em colocar um lenço com álcool em seu pescoço, mas não tinha álcool na casa! Fui comprar. Fiquei muito mal em ver a situação dela, não quero que passe por dificuldades, quero ampará-la. Ao mesmo tempo a filha estuda em um dos colégios mais caros e Maria está preparando uma festa de quinze anos para esta filha, porque a menina quer!

Eu respondo, mas pedindo sua participação para que as construções façam sentido: "Você me fala que coisas básicas Maria deixa faltar em casa, e coisas superficiais, como uma grande festa de 15 anos, ela prioriza?".

Mario cai em um sono profundo, chegando a roncar. Deixei-o dormir, e o que se passava em minha mente foi que eu só dormiria na presença de alguém se tivesse confiança.

Dormiu por vinte minutos e, quando acordou, disse: *Nossa, dormi, descansei.*

Enquanto ele dormia, penso em algumas hipóteses: se ele estaria bem, ou estaria passando mal, mas o que me vem à mente com maior força foi: "Nossa ele confiou em mim para se 'entregar' ao sono aqui!" Falei então para ele sobre confiança, que se sentiu bem ali comigo ao ponto de dormir; e ele cai de novo no sono.

Mais vinte minutos se passaram, só que desta vez acorda como se estivesse admirado e me diz: Tive um sonho em que vi um filamento de uma lâmpada, muito fino, e era como um filamento de dor. Eu era esse filamento. No sonho eu fazia assim com as mãos, como se eu estivesse abrindo com minhas mãos um espaço, para haver um caminho, mas como era muito fino o filamento, a dor era insuportável.

Veio-me a ideia de uma lâmpada acesa, como um *insight* surgido da dor psíquica e iluminando-o. Mario faz movimentos com as mãos, como se estivesse nadando embaixo da água. Talvez para "sair" do útero de uma mãe que não promove crescimento, e sim "festas" – *folie à deux*.

Respondo-lhe que sentiu confiança a ponto de poder dormir e sonhar e nos mostrar o que está acontecendo dentro dele: a dor insuportável despertada na relação entre nós. Paradoxalmente, encontra confiança para reviver e experienciar junto comigo o registro de uma dor insuportável: a de ele não ter tido alguém que pudesse experimentar a relação afetiva inicial. Não precisamos de interpretações "racionais", pois o acolhimento psíquico, o sentir, observado cuidadosamente, nos ancorou.

Limites do método

Ao preparar esta parte, reli alguns trabalhos de Freud, Bion e outros autores, e me percebi presa às teorias; eu não conseguia me soltar para falar sobre os limites do método que eu encontrava em minha clínica. Deixei então reservadas em minha memória as leituras, e me pus a sentir para poder pensar.

O que mais me impressionou foi que eu estava "experienciando" o conteúdo do tema: analisabilidade, ou seja, estava tentando dar um sentido real e verdadeiro à minha escrita.

Para que o analista "analise com habilidade" o que está acontecendo com a dupla, é preciso que leve em conta os limites, o prazer e a realidade. Até que ponto o analista oferece sua mente, ou se protege? Qual é o limite do analista? Ele tem prazer em se desenvolver?

Penso que tanto os limites quanto o prazer, a dor a serem sentidos e a percepção da realidade são adquiridos de forma relacional.

O desenvolvimento das intersubjetividades no processo analítico dependeria, por parte do analista, da empatia, da contratransferência, de sua personalidade, de sua bagagem teórico-clínica e de sua disponibilidade para conter emoções advindas dos vários níveis de funcionamento mental do analisando (primário e secundário). A disponibilidade de estar aberto para o novo no trabalho cotidiano com cada analisando é o que traria vigor e frescor de uma experiência vívida ao processo analítico.

Ambos, analista e analisando, são observadores e participantes, cada um com suas próprias percepções da realidade, além da construída em conjunto no campo analítico (Baranger, 1961).

É necessária certa dose de ousadia e coragem para que tais experiências possam ser vividas e valorizadas como matéria-prima da análise. São vivências compartilhadas, e cada um dos participantes poderá se enriquecer com o processo.

O psicanalista faz uso de conhecimentos científicos, de estruturas afetivas e ideativas, fundamentando uma técnica que visa o desenvolvimento global da personalidade, e não a remoção de sintomas isolados, mergulhando nas regiões mais profundas de onde registros de um passado precoce são trazidos para a superfície, encenados em cada sessão de análise e, assim, com a possibilidade de serem passíveis de tomar parte da construção do novo e do todo.

Mas o processo analítico não acontece só de maneira satisfatória; a dupla passa por momentos de grandes turbulências, como diz Bion. Um exemplo dessa turbulência seria o momento em que o analisando aparentemente se mostra curioso em descobrir suas verdades, e, quando começa a descobri-las efetivamente, essa descoberta provoca-lhe ataques de ódio e fúria, e poderá assim negar a realidade tanto interna quanto externa.

Outro entrave aparece à medida que o trabalho progride e se aprofunda: a necessidade de estar doente ou de apego às dores, de forma sadomasoquista. Há o sentimento de culpa no paciente, pois não mereceria melhorar. Freud (1923/1969), em "Ego e o Id", salienta como parte da resistência a intrusão de um superego rígido e cruel, tornando muitas vezes o trabalho inoperante, ou o substituindo por uma doença somática crônica. Dessa forma, a doença não entraria somente como ganho secundário, mas devido à culpabilidade.

Em contrapartida, tenho tido experiências positivas com analisandos com retocolite ulcerativa inespecífica e doença de Crohn, que, pelo processo analítico, puderam gradativamente sentir/pensar suas dores e acalmar os sintomas orgânicos, no caminho de uma elaboração. Portanto, quando a mente ganhou representações, a personalidade do analisando enriqueceu-se, ampliou-se e reorganizou-se (Nunez, 2009), transformando o caráter rígido do superego anterior.

Conforme Freud nos diz, penso que o desfecho final depende de relações *quantitativas e qualitativas*: da quota de energia que podemos mobilizar no paciente e em nós como analistas, em favor do desenvolvimento e crescimento da dupla.

Freud disse muitas vezes que a psicanálise é um método de psicoterapia e um instrumento de investigação científica. Método de investigação em que, à medida que o analisando vai se aproximando do conhecimento de si mesmo, transformações e mudanças vão acontecendo e há adequação à realidade interna e externa.

A meu ver, sem os limites, o ser humano não conseguiria sentir prazer e, se não sentir prazer, estará deturpando a realidade. Sentirá prazer (primário), mas no sentido de alívio de tensão, como descargas motoras. No entanto, sentir prazer (secundário) está associado ao desenvolvimento, à alteridade, à capacidade de se vincular. Por meio dos limites e do prazer, a capacidade para enfrentar a realidade vai se constituindo no indivíduo, adequando-se a ela, tornando-o capaz de enfrentar suas dores psíquicas e dar preferência às suas verdades.

No tocante ao analista, o sucesso do método, a meu ver, depende, entre outros, da pessoa real do analista, de sua personalidade (suas teorias implícitas e explícitas). E quando a relação analítica não é suficientemente clara e verdadeira, quando não há uma boa relação de confiabilidade, a dupla enlouquece, ou se torna uma análise de "faz de conta" e, portanto, não há método que a sustente.

Enfim, há limites do analisando, do analista e do método, e é imprescindível aceitarmos esses limites, pois eles nos ensinam sobre as "dores humanas".

Atualmente, Mario dá sinais de "mudanças de perspectiva", percebe-se descobrindo a si próprio, e suas atitudes são muito menos distorcidas da realidade, sentindo ainda muita dor, mas agora suportável.

Referências

Baranger, M., & Baranger, W. (1961-1962). La situación analítica como campo dinámico. *Revista Uruguaya de Psicoanálisis, 4* (1), 3-54.

Bion, W. (1965/2004). *Transformações.* Do aprendizado ao crescimento. (Paulo Cesar Sandler, trad.). Rio de Janeiro: Imago.

Bion, W. R. (1964/1985). All my sins remembered: Another part of a life and The other side of genius: Family letters (F. Bion, ed., pp. 179-180). London: Karnac Books.

Freud, S. (1923/1969). O Ego e o Id. In Edição Standard Brasileira das Obras Psicológicas Completas de Sigmund Freud (Vol. XIX). Rio de Janeiro: Imago.

Freud, S. (1937/1969). Análise terminável e interminável. *In Edição Standard Brasileira das Obras Psicológicas Completas de Sigmund Freud* (Vol. XXIII). Rio de Janeiro: Imago.

Freud, S. (1937/1969). Construções em Análise. In Edição Standard Brasileira das Obras Psicológicas Completas de Sigmund Freud (Vol. XXIII). Rio de Janeiro: Imago.

Freud, S. (1940[1938]/1969). Esboço de psicanálise. In Edição Standard Brasileira das Obras Psicológicas Completas de Sigmund Freud (Vol. XXIII). Rio de Janeiro: Imago.

Haudenschild, T. R. L. (2008). Escuta analítica da bissexualidade psíquica. *Revista Brasileira de Psicanálise, 42*(4), 75-84.

Montagna, P. (2011). Tropismos na clínica: tropismo de vida e tropismo de morte. *Revista Brasileira de Psicanálise.*

Nunez, P. S, W. (2009). *Dores intestinais substituindo dores* psíquicas. Porto Alegre: Associação Brasileira de Candidatos.

Ogden, T. The primitive edge of experience. New Jersey: Jason Aronson, 1989.

Winnicott, D. W. (1945/1978). *Desenvolvimento emocional primitivo.* In D. W. Winnicott, T*extos selecionados: da pediatria à psicanálise* (pp. 269-285). Rio de Janeiro: Francisco Alves.

Tensão/alívio ↔ expansão da mente/apropriação do corpo ↔ prazer/desprazer

Quando as palavras adquirem sentido...[1]

O interessante do processo de comunicação é que nos permite tomar consciência de que as palavras saem de nossos corpos, por escrito, faladas ou cantadas, e voam pelo espaço, carregadas do eco de outras vozes que antes de nós já haviam pronunciado. Viajam pelo ar, banhadas da saliva de outras bocas, de vibrações de outros ouvidos, da

[1] Título que eu dou à introdução, lembrando-me de Bion (1962/1991), quando fala da função alfa da mãe: que transforma os ingredientes incontroláveis da experiência bruta (os elementos beta) em um material que pode ser pensado (repensado, objeto de reflexão) e utilizado na fantasia e na *rêverie*. Ou de Winnicott (1956/2000), quando fala de uma espécie particular de receptividade na mãe, um estado de alta sensibilidade às necessidades da criança e a seu estado interno, que ele chama de "preocupação materna primária".

pulsação de milhares de corações alvoroçados.
Filtram-se até o centro da memória e ficam lá,
quietinhas, até que um novo desejo as reanime
e as carregue de energia amorosa.
Essa é uma das qualidades das palavras que
mais me comove: sua capacidade de transmitir
amor. As palavras, assim como a água, são
maravilhosas condutoras de energia. E a que
mais poder transformador tem é a amorosa.
(Trecho do romance Tão veloz como o
desejo, *de Laura Esquivel*[2]*)*

Marcos passou por dois períodos de análise. Inicialmente, impedimentos de entrar em contato com situações que lhe causariam dores muito profundas se apresentavam como descargas de elemento beta, como acúmulo de tensão sendo descarregadas no corpo – na diabetes (Alívio) –, e refletiam em um isolamento afetivo. Esse isolamento afetivo se apresentava como fruto de um pavor mortífero de um vínculo amoroso, que gradativamente foi dando lugar a uma relação de confiança.

Por meio da relação transferencial/contratransferencial, situações traumáticas puderam ser ali experienciadas e vividas e, a partir do vínculo com a analista, palavras foram adquirindo sentido, acalmando os sintomas, e penso que Marcos foi desenvolvendo, conforme diz Winnicott (1958/1990), a capacidade

---

2 Escritora mexicana (1950-) que, grandemente influenciada pela avó, autêntica matriarca da família, costumava reunir-se com as mulheres na cozinha, lugar que Laura considera ideal para que o sexo feminino possa partilhar pensamentos íntimos. Autora também de *Como água para chocolate* (1989).

de estar só, com a expansão de sua mente e introjeção de um ego corporal/apropriação do corpo.

Experiência analítica

Marcos fez um primeiro período de análise comigo por cinco anos, numa frequência de três vezes por semana, e quando retornou passamos a quatro vezes por semana, sendo sempre muito assíduo e interessado em seu trabalho de análise.

Ele chegou querendo resolver seus dois maiores problemas: sua suspeita de homossexualidade, pois se sentia perseguido pelo medo de que seus colegas de trabalho a percebessem, e sua diabetes, que, segundo seu médico, em grande parte era de fundo emocional.

Conta que não se sentia atraído por homens, mas que era infeliz em seu casamento. Diz ter tido seus filhos por insistência da esposa (E.) e para provar para si mesmo que era homem. Queixava-se de sua vida sexual: a esposa não o deixava tocá-la com a intimidade e liberdade de um casal, *"as relações sexuais acontecem no escuro"*. Mas, no seu entender, era ela quem aguentava seu sofrimento da suspeita de sua homossexualidade, sem o saber. Relata que desde há muito tempo ela resolvera desistir dele e se dedicar aos filhos. As relações sexuais entre eles eram cada vez mais espaçadas e ruins, até que Marcos chega a ter uma ideia: *A primeira mulher que se interessar por mim vou comer.* Assim, ao conhecer M. no trabalho, um ano antes de iniciar sua análise comigo, começou a se relacionar com ela.

No primeiro período de análise, Marcos tratava M. "sem cuidados especiais", sem consideração e reconhecimento pessoal da importância que ela exercia na vida dele. Penso que repetia as ordens de seu pai interno: *Coma tudo o que tiver saia, menos padre, e não vire de costas para ninguém!* Podemos refletir no sentido de um impedimento de se vincular e de poder amar uma mulher, pois podia ao mesmo tempo sentir-se ameaçado de ser enrabado (se entregar emocionalmente em um vínculo).

Penso que Marcos tinha medo do desconhecido de nossa relação, de perder o controle, sentindo-se muito ameaçado por isso.

Quase perto de interromper esse período da análise, traz um filme que lhe chamou muita atenção: de um homem que, fazendo a barba em seu banheiro, deixa cair o barbeador na banheira com água e leva um choque. A partir desse choque, consegue ler o que as mulheres pensam. Era um homem separado, solitário, que buscava sucesso no trabalho. Neste trabalho, passava por um momento difícil, recebendo ordens de uma mulher, sua chefe. Rivalizava e disputava o cargo com essa mulher, na intenção de ganhar prestígio aos olhos do dono da empresa e ocupar o lugar dela. Ele lê os pensamentos sobre as estratégias que a chefe usará para ganhar a campanha, coloca-se como autor das ideias dela e é promovido. Então ela é despedida. Mas esse homem percebe finalmente que está apaixonado por ela e lhe conta a verdade, e ambos se entendem então, ficando juntos.

Após seu relato, Marcos me diz que tirou do canal que assistia esse filme para colocar em outro canal, assistindo a um filme pornô.

Digo-lhe então que ele parece que ficou assustado pelo desfecho do filme, pelo casal ter se entendido e ficado juntos. Trazendo essa situação ali para nós dois, que me parecia assustado por perceber, o quanto ele poderia aproveitar daquilo que eu estava lhe dando, que já era seu, que não ia ser tirado dele. Ao mesmo tempo, estava me mostrando que havia um impedimento e, não suportando essas contribuições, muda para um canal pornô. Mudar para um canal pornô parece-me que foi a defesa encontrada, pois a nossa participação em um trabalho analítico de dupla não poderia ser considerada por ele como sendo afetiva e não erótica. Lembramos que afetos para ele representavam ameaças, perigos. Ainda lhe falo: "nós dois poderíamos jogar 'a favor', e não um contra o outro".

Interessante Marcos me dizer que mudou para um canal pornô, talvez me avisando que eu teria que adquirir estratégias para lidar com situações muito angustiantes, que envolviam a nossa relação naquele momento. Nesse sentido, de adquirir estratégias, lembro-me de Freud (1913/1969) no ensaio "Sobre o início do tratamento", em que compara o percurso psicanalítico a um jogo de xadrez, cujo desenrolar fica sujeito às mais inusitadas variáveis.

Comentários sobre o filme/sonho

Penso que Marcos, como o personagem do filme, mostra sua "homossexualidade" [3] (psíquica) em relação a seu pai. Há o triângulo: o chefe, a mulher (sua chefe) e ele. Ele precisava ganhar prestígio aos olhos do pai, identificando-se com a mulher, sua chefe, não só roubando-lhes as ideias, mas querendo o lugar dela.

Freud (1933[1932]/1969), na conferência XXXI, fala sobre identificação:

> *Devo ter-lhes falado, já, em minhas conferências anteriores, daquilo que é, sem dúvida, a relação mais esclarecedora entre identificação e escolha objetal. Pode ser observado com igual facilidade em crianças e em adultos, tanto em pessoas normais como em pessoas doentes. Se alguém perdeu um objeto, ou foi*

[3] No sentido de uma mente homossexual. Identificado com um pai que teme o vincular, teme o relacional afetivo.

> *obrigado a se desfazer dele, muitas vezes compensa disto identificando-se com ele e restabelecendo-o novamente no ego, de modo que aqui, a escolha objetal regride, por assim dizer, à identificação.* (vol. XXII, p. 82)

Talvez quisesse o meu lugar, como me conta que aconteceu no filme, pois sofria por não sentir tendo ideias próprias, se sentindo "castrado" (e não homossexual, como me disse várias vezes que sentia que não era) por não conseguir pensar os próprios pensamentos. Para isso precisaria de uma mãe que lhe emprestasse sua mente no início de sua vida: "Estar só na presença de alguém pode ocorrer num estágio bem precoce, quando a imaturidade do ego é naturalmente compensada pelo apoio do ego da mãe" (Winnicott, 1958/1990, p. 34).

Descreve nossa relação, portanto, neste período, como uma relação muito perigosa para si, não suportando minhas contribuições libidinosas,[4] amorosas, e ele, temeroso, muda de canal, depois que o casal se entende e fica junto, colocando em um canal pornô. Suponho que Marcos teme o *quente* de uma relação vincular, o preocupar-se com o outro, ter consideração pelo outro. Assim, muda para um canal em que prevalece o "comer", o quanto mais. Prevalece a quantidade de prazer (primário/descarga) sobre a qualidade da relação (prazer secundário/realidade).

---

[4] Investimento amoroso da mãe, presente já antes do nascimento. Penso em uma conjunção amorosa entre mãe e bebê, um jogo libidinal autêntico, que, quando existe, favorece o desenvolvimento tanto de um quanto do outro.

Última sessão do primeiro período

Na última sessão desse período, quando Marcos chega, sinto cheiro de álcool e vem à minha mente que, nas sessões da semana, ele trouxe que o V. (seu chefe) estava bebendo, por estarem desconfiando que ele estivesse roubando a empresa. Fica um bom tempo em silêncio e me diz: *Recebi um telefonema avisando-me que o marido da S. morreu. Este marido tinha diabetes e seu estado tinha se agravado. Primeiro começou cortando um dedinho, depois o pé todo, e terminou tendo um infarto fulminante. Logo após eu ter ouvido isso, me deu um frio no saco.*

O sentimento que Marcos provoca em mim é de um impacto, de um tranco/corte. Pensei, naquele momento, que ele estava com medo da morte real se continuasse ali comigo, e percebi também como se houvesse um impedimento de entrar em contato com suas dores verdadeiras, assim como senti que uma desconfiança se fez presente.

Marcos continua... Quero férias da análise, estou com medo e me sentindo muito dependente de você. Tenho ouvido coisas que estão me assustando: na empresa fiquei sabendo que o dono estava com ciúmes do V. (chefe de Marcos), porque o próprio dono da empresa não entendia nada e V. é quem toca a empresa. Em casa E. (a esposa) me disse: "Não vai amputar o pé, heim!" ou "Se você tiver um derrame, não sou eu quem irá cuidar de você!" Outro dia, briguei com E., e, no dia seguinte, ela agiu como se nada tivesse acontecido.

Digo a ele que me parece que está muito temeroso de que eu não consiga suportar sofrimentos junto com ele, mas, quando sente que estou junto, se sente dependente.

Marcos enfatiza: Estou com muito medo também do que estou começando a saber de mim na análise. Medo do que eu posso fazer com a minha vida.

Mais *insights* vieram nesta sessão e espontaneamente eu lhe disse: "Nossa, quanta coisa você pôde perceber aqui hoje". Imediatamente ele "revida": *Mas vou parar por aqui, não venho mais.*

Parecia-me que algo aconteceu ali, que escapou à nossa compreensão: como algo que se esvaiu, sem eu poder "segurar", conter, pois, assustado, levanta-se do divã e vai embora, possivelmente por não suportar a angústia[5] de castração simbólica e, assim, facilitar o contato com sua genitalidade.

Reflexões sobre o primeiro período de análise de Marcos...

Parece-me que ele, conforme Ferenczi (1933/1992), estava envolvido em uma "confusão de língua"[6]:

---

[5] Entendo angústia no sentido estruturante, como um estado em que o estrangeiro e o familiar põem em questão todas as dimensões de certeza. Freud, em 1926, considerava a angústia como sinal de alerta do Eu: um aviso interno de que algo não vai bem, ameaçando sua estrutura. A ação do sinistro (Freud, 1919), do conhecido e desconhecido, é angustiante justamente porque é familiar, ou seja, há eclosão do inconsciente. É um afeto que não engana: quando a palavra silencia há falta de uma simbolização possível.
Esta angústia a que me refiro, estruturante, tem um objeto: ele é o mesmo que organiza o desejo. Porém, enquanto o objeto falha no desejo, na angústia é a falha simbólica que acontece. Assim, desejo e angústia enlaçam-se na trama do sujeito. Por outro lado, angústia sem objeto se refere às descargas.

[6] Título original: *Sprachverwirrung zwischen den Erwachsenen und dem Kind. Die Sprache der Zärtlichkeit und der Leidenschaft* (Confusão de Língua entre os adultos e a criança – A linguagem da Ternura e da Paixão). Exposição feita no XII

> *Se a criança se restabelece de uma tal agressão, sofre uma enorme confusão; a bem da verdade, já há uma clivagem, ela ao mesmo tempo é inocente e culpada, e sua confiança no testemunho dos seus próprios sentidos está quebrada.* (p. 352)

Marcos, envolto em uma confusão, sem saber distinguir sobre o que é vitalizante e o que é erotizante. Talvez traumatizado, identificado com o agressor, com uma mãe que não se vincula e que aprisiona, projetou essa mãe em mim: temia que eu o aprisionasse, ficando totalmente dependente. Talvez precisasse atacar o vínculo e interromper, para que apreendesse e metabolizasse essas dores, com o tempo, ou esta confusão, impossíveis de serem pensadas naquele momento.

Parece-me que, nesse período de análise, ele mostrou sua dificuldade de se vincular afetivamente. Com os filhos reagia da mesma forma, filhos que diz que tivera por insistência da esposa e, ao mesmo tempo, para provar para si mesmo que era homem.

Conta-me que seu pai era bruto, e que presenciou muitas brigas entre seus pais e nunca os viu trocando carinhos. O pai não conversava com ele e, quando o fazia, era no sentido de colocar-lhe medo e desconfiança: "*Não vire de costas para ninguém*". Neste sentido, penso em uma submissão ao pai, precisando se mostrar como um homem que não pode sentir e, assim, se colocando muito vulnerável.

Em relação à sua mãe, lembrava-se dela muito pouco e, quando conseguia, a descrevia como distante, não carinhosa, e não o deixava

---

Congresso Internacional de Psicanálise em Wiesbaden, setembro de 1932. O título original era: *Die Leidenschaft der Erwachsenen und deren Einfluss auf Charakter – und Sexualentwick lung der Kinder* (As paixões dos adultos e sua influência sobre o desenvolvimento do caráter e da sexualidade da criança).

brincar ou jogar bola. Em uma de suas lembranças, me diz: *Minha mãe nunca me permitiu ter coisas só para mim: eu tinha que dividir meu quarto com minha avó materna. Minha mãe comprava caixas de morangos, uma para ela, outra para o meu pai e eu e minha irmã tínhamos que dividir uma caixa. Hoje sei que em termos de quantidade era o suficiente para nós dois, essa divisão, mas não é neste sentido que estou falando. Não havia um cuidado para comigo e outro cuidado para com minha irmã, já que éramos dois filhos.*

Eu sempre vivi no meu canto, no meu mundo, por isso não me lembro de nada. Quando os dois brigavam, meu pai saía de casa. Não vi, não enxerguei família, ou, se vi, não me chamou atenção.

Essa percepção de Marcos sugere-me que ele sentia que não possuía espaço na mente da mãe (uma mãe com insuficiência da função materna), mas não podia sofrer essa dor. Assim como sentia um pai que não enfrentava as diferenças entre o casal de forma amorosa e saía de casa – como ele, que sai da análise. Entendo que Marcos não tinha um bom casal internalizado.

Queixa-se de sua sexualidade: *As relações acontecem no escuro,* como se tivesse que confiar, mesmo sem saber no quê, por falha desse bom casal internalizado.

Penso que ele teme uma relação em que eu não me mostre, e ele é quem tem que se desnudar e trazer tudo à luz, ficando então perseguido. E talvez até a própria posição do divã, ele de costas para mim, pode facilitar esse emergir inconsciente "dos desígnios de seu pai": o medo de ser enrabado por mim na análise. Acredito que Marcos nunca ousara ter uma relação profunda com ninguém.

Em relação a M., Marcos a procurava apenas quando queria "trepar", apenas para satisfazer suas necessidades fisiológicas. Dizia-me: *É bom ter a M., não preciso me preocupar com ela, ela é independente, se vira sozinha.* Outras vezes, admirado dizia-me: *Ela me deixa tocar nela, do jeito que quero, e ainda conversamos muito!*

Enfim, perto de interromper este período, começo a preocupar-me com ele: sentia em sua fala que um medo muito grande o assombrava sobre o que estava acontecendo entre nós na análise, provavelmente porque sentia que eu o tocava relacionalmente e que eu o deixava me tocar afetivamente com sua vida. Assustado, traz-me seu terror de se entregar a mim e eu abusar dele ou largá-lo.

Quando Marcos percebe que entre ele e eu existe um início de acontecer o novo, no sentido do desconhecido, temeroso, interrompe sua análise por um período de dois anos. Pensei que talvez fosse um aviso: que iria parar de pensar, para atuar.

Provavelmente neste primeiro período da análise de Marcos, a dupla passava por momentos de grandes turbulências, como diz Bion. Ao mesmo tempo que penso que a analista precisaria se "equipar" mais, penso que, no mesmo teor, era importante suportar aquela interrupção, mesmo se fosse por ataque ao vínculo.

Outra hipótese que levanto é que o fato de eu reconhecer sua capacidade de ter tido *insights* naquela sessão, quando lhe disse: "nossa quanta coisa você pôde perceber aqui hoje", tenha provocado nele um grande susto por uma experiência vivida entre nós dois. Talvez assustado: "Quem sou eu nesse par? Sou masculino ou feminino?[7] Ativo ou passivo?"

---

[7] Relembrando Winnicott (1971/1975, p. 109), quando chama a atenção para o papel da bissexualidade e da necessidade de integração entre masculino e feminino como aspectos intrapsíquicos, como base da criatividade humana e do que ele chama de "viver criativo", enfatizando a existência dos processos de dissociação entre elementos masculinos e femininos, o que pode ser confundido como homossexualidade. Esses elementos, tanto um como o outro, podem ser dissociados e expelidos.

Entendo que Marcos precisava de uma integração desses aspectos em sua mente, constituindo uma identidade mais criativa e fértil. Mas mostrava-me, naquele momento, que essa integração estava impedida, quando trazia para a sessão o filme/sonho em que "ele" rouba as ideias da mulher, sua chefe, para ocupar o lugar dela.

Mas, eram ideias que necessitavam de representação, que precisavam ser ligadas afetivamente, o que naquele momento não nos foi possível. Podemos até pensar em identificação projetiva e atuação contratransferencial, quando Gabbard (1995) diz:

> *A identificação projetiva desenvolve-se desde uma fantasia intrapsíquica do paciente, no trabalho original de Klein, até uma interação interpessoal entre paciente e analista. A ideia de atuação contratransferencial foi muito utilizada para apreender situações clínicas em que a reação contratransferencial do analista corresponde à tentativa do paciente de atualizar uma fantasia transferencial. Essas ideias, conjugadas às contribuições dos construtivistas sociais e dos teóricos relacionais, assim como à conceituação de correspondência ao papel, de Sandler, levaram à compreensão da contratransferência como uma "criação conjunta" do analista e do paciente.*

Senti Marcos apavorado de estar ali comigo, e eu apavorada de não conseguir "dar conta" daquele desamparo. Penso também em um pavor em se submeter a mim, de se sentir aprisionado por mim, quando se refere: *Quero férias da análise, estou com medo e me sentindo muito dependente de você.*

Portanto, não havia naquele momento alternativa outra, de minha parte, além de experienciar aquele abandono, com aquela interrupção brusca ou experienciar o que estava ocorrendo com a dupla. "Eu precisava de minha intuição para poder apreender – que inclui o aprender – da experiência suas contrapartidas, emanadas da realidade" (Ferrão, 1977).

Apenas me restava aguardar, confiante de que havíamos conseguido formar um vínculo por meio de sua análise.

Passaram-se dois anos...

Marcos liga-me perguntando se ainda podia voltar. Pergunta-me se tinha um lugar para ele. Diz se sentir em desespero por vários motivos: pediu demissão da empresa em que trabalhava e se separara de M., principalmente porque ela não mais confiava que ele fosse se separar da esposa. Mas tinha a intenção de montar uma empresa sua e procurar novamente M.

Respondo-lhe que ele tinha me avisado que estava pedindo *"férias da análise"*, e, agora de volta, me pergunta se tem espaço em minha mente para ele, sem precisar roubar minhas ideias e, ao invés disso, haver contribuições.

Esta volta fez-me sentir com esperanças: de que a relação analítica o ajudasse a integrar aspectos de sua personalidade, e de uma nova chance para nós dois. Éramos a mesma dupla, mas ao mesmo tempo não éramos. Penso que Marcos voltou para desta vez não se sentir aprisionado.

Monta a empresa, mas, muito desanimado, teme que não dê certo. Queixa-se do pé, que estava formigando muito, e, doendo, até consegue dizer que ficou impotente, e que isso aconteceu depois que se afastou da análise e de M.

Começa, talvez, a perceber que, se não tiver o relacional, perde a potência. Depois que se separou de M. e de mim, Marcos sente que ficou impotente.

Marcos trabalha muito em sua nova empresa: faz trabalhos de dono, gerente, vendedor, atende telefones, faz pedidos para fornecedores, sai com os funcionários, e começa a perceber que não dá conta de "fazer tudo sozinho". Diz se sentir muito cansado, exausto.

Podemos pensar que este trabalho excessivo se dava por uma busca incessante de referências externas, para sustentar uma mínima organização de si.

A partir dessas queixas de Marcos, penso em oferecer-lhe a quarta sessão, e também porque ele começa a me permitir trabalhar mais a transferência/contratransferência, pois antes ele não aceitava praticamente nada do que eu ia lhe devolvendo, negando minhas interpretações, se apresentando extremamente racional e competitivo comigo. Aos poucos ele vai me aceitando e reconhece: *Interessante, agora sei que tenho uma mulher há oito anos, sinto falta da M., pois ela me faz feliz. Liguei para ela, e me senti um adolescente, que conversa de tudo, até brincamos, e sei que também ela gosta de mim. Tive vontade de trabalhar muito, e de que a empresa cresça!*

Respondo-lhe que se permitiu sentir minha falta. Que, longe de mim, sentiu dificuldades para caminhar, e que por meio da análise pode conversar comigo tudo aquilo que quer, não só sobre dores, mas que também podemos falar com humor/brincar.

Entendo, a partir de seu retorno, que nosso trabalho anterior gerou sementes e que esse novo trabalho tem chances de dar certo, pois agora já pode sentir que tem a mim para contar. É provável que tenha sentido que, na minha falta, ou na falta da análise, não cresceria sozinho.

Vinheta de sessão

Marcos deita-se e começa a falar que esteve com M. e que ela declarou que estava com medo. Diz: *Walkiria, você não imagina, minha esposa e M. contaram-me que tiveram um sonho na mesma noite, só que só lembro o de M.: que eu chegava ao apartamento dela e, quando abria a porta, o pai dela estava lá e ele proibia o fato de estarmos juntos.*

Retribuo sua atitude de se vincular: "Você me conta não só do medo dela, mas do seu também em estarmos mais juntos, e me pede para que eu não tema essa aproximação. O ligar-se em alguém nos faz sentir medo, de se aproximar de se apaixonar, mas o importante é que o medo não paralise. Tem um lado do medo que é positivo, pois alerta para que cuidados sejam tomados".

Depois de alguns minutos: Acho que vou aceitar sua sugestão: quero a quarta sessão. A taxa da diabetes tem aumentado muito nestes tempos em que fiquei afastado daqui. Não estou bem, estou confuso, me sinto perdido. Não consigo sentir prazer em nada da vida. Tudo "tanto faz".

Bion (1970/2006) observa que

> *existem pessoas de tal modo intolerantes à dor ou frustração que elas sentem a dor, mas não a sofrem; não se pode então dizer que a descubram. . . . O paciente que não sofre a dor, falha em "sofrer" prazer; isto impede que obtenha ajuda a partir de algum alívio acidental ou intrínseco.* (p. 9)

Mas parece-me que comigo, agora, Marcos começa a desobedecer às ordens do pai: "*Não vire de costas para ninguém*". Entendo que não me sente enrabando-o, e sim que me relaciono afetivamente com ele e não temo isso.

Percebo que Marcos começa a tratar M. com consideração, preocupa-se com ela; além disso, dá-se conta de que não está agindo corretamente com a esposa, e de que já não estão mais casados há muito tempo.

Marcos diz: Sinto-me angustiado, fico com dó de deixá-la, minha esposa não sabe se virar sem mim! Outro dia, entramos no elevador e só fiquei observando: ficamos ali parados um tempão, pois ela não apertou o botão do elevador!

Aparecem mil desculpas para não se separar: de que terá que enfrentar as brigas pela separação, o medo da reação dos filhos, ou até mesmo "*dó de deixar minhas pastilhas verdes que coloquei no banheiro*".

Mas parece que já está efetivamente separado da esposa. Ela, por sua vez, dorme esporadicamente em outro quarto, por não suportar os roncos dele, e implica até com o modo dele de comer biscoitos. Mas ambos não conversam seriamente sobre o não casamento dos dois. Paralisado, Marcos fica prisioneiro de si mesmo, submetido ainda ao casal parental internalizado.

Penso que até esse momento Marcos vivera predominantemente num nível de relação objetal pré-genital e, agora, por meio da análise, começa a ter consideração pelo objeto e a poder avaliar o nível de relação que mantinha com a esposa até esse momento, assim como o valor da reciprocidade com M.

Talvez Marcos fale das falhas de vinculação primária com uma mãe distante da qual ele se sentia temeroso de se entregar.

É por meio da parceria comigo que estamos tentando resgatar/construir um vínculo verdadeiro. Ele muitas vezes parece uma criança e até mesmo um bebê, mas, paradoxalmente, vão aparecendo forças de uma mente mais crescida para suportar o processo de análise e para gradativamente ir tomando posse de si mesmo.

Apresentando algumas sessões...

> *Sabemos de quem herdamos a cor dos nossos olhos, mas permanecemos cegos dos nossos deuses e dos nossos sonhos... Chega um momento em que as coisas que foram vividas com paixão, o tempo empurra para o esquecimento, nos projetando em direção ao futuro. E, no entanto, alguma coisa não muda, resistirá, como um caroço de fruta consumida, pelo calor, alguma coisa que é mais nós mesmos que o resto; alguma coisa pouco segura, mas que nós estamos seguros. Não nos curamos nunca da esperança de ser si mesmo.*
> *(Hector Bianciotti,*[8] *1985)*

Marcos começa a apresentar movimentos de vida, não que o tempo tenha empurrado coisas vividas para o esquecimento, mas que ele as está colocando à beira da estrada, movido em direção a outros desejos, pois, se assim não fosse, talvez o levasse à morte precoce, como se referiu antes, falando de um amigo seu que morreu. Possivelmente agora se sinta mais preparado para reconhecer-se.

---

[8] Hector Bianciotti (1930/2012), escritor nascido na Argentina, emigrou para a França em 1961, e aí se naturalizou. Em sua opinião, o francês é uma língua que valoriza a intimidade. Desde então, passa a escrever unicamente em francês. Diz ele: "Quando eu falava o espanhol, percebi que minha postura era outra, meu corpo todo mudava, tinha um gesto heroico que nada tinha a ver comigo...".

Assim que abre a porta da sala de espera, percebo-o mancando e vem-me à mente: o que ele aprontou? Ele sorri e, ao mesmo tempo, como se estivesse "sem graça", apresenta um sorriso "maroto". Deita-se com cuidado no divã e me diz: *Estou com dores.*

Pergunto o que houve e ele diz: Aconteceu tudo. Isso aqui (referindo-se ao machucado) foi um tombo que levei, mas primeiro quero falar sobre um sonho que tive. Eu não me lembro exatamente do sonho, só sei que, quando acordei, estava com ereção. Daí eu me espantei com meu estado!

Parece que dou uma resposta que ele não esperava: "Você se espantou de se sentir vivo?"

Ele repete: Vivo? É, pode ser...

Hoje pela manhã fui dar comida para o meu cachorro e, quando fui ver a data de validade, a ração estava vencida. Daí eu pensei em ir buscar uma nova, e levar meu cachorro junto comigo, mas, quando mencionei a palavra "vamos" e coloquei a coleira nele, ele saiu com tudo, me derrubando. Conclusão: machuquei todo esse lado direito, mas, mesmo assim, consegui sair com ele e buscar ração nova.

Digo que achava que me pedia para que eu verificasse o que estava dando a ele, se uma alimentação/ração boa ou não, vencida/passada ou fresquinha/atual. Parece que ainda se sente levando uma rasteira quando se sente junto comigo, para buscarmos o "novo".

Sinto Marcos, nesse momento, em um vínculo fértil comigo. Ele diz: *Rasteira porque me levantei com ereção?*

Digo que pensei parecido: "Você pôde sonhar e se levantou com ereção".

Marcos me surpreende, o clima profundo da sessão se impõe, incluindo uma presença lúdica. Ele diz: *Não posso sentir prazer, é isso?* Eu digo: "Comer ração vencida!".

Depois de algum tempo, ele complementa: Mas eu vi que estava vencida e fui buscar ração nova. Eu vim para cá, para a minha análise, mesmo você sendo "uma voz". Quem mandou ficar atrás de mim? (Marcos sorri com espontaneidade).

Cuidados integrados

Penso que Marcos pode perceber agora que dele dependem os cuidados consigo. Há preocupação se ele está atualizando suas necessidades, pois, com o avançar de sua idade, pensa em ampliar o seu prazo de validade, comendo a ração da análise.

Podemos pensar também que a mãe não lhe deu a ração no momento devido e ela ficou vencida, não serve mais para ser comida.

Um sonho o faz despertar para a vida, ao invés de se abandonar. Provavelmente me sinta com vitalidade afetiva, que é o que precisa. Parece que agora começa a aceitar o "vamos", como um indivíduo que tem recursos, quando oferecida uma oportunidade externa (sensível ao meio ambiente) ele se levanta, como a criança que está aprendendo a andar, anda quando a mãe lhe dá apoio, lhe dá a mão.

Um lado emocional que precisa de algo e quer alguém específico: "uma voz", mas há uma presença acessível e outra inacessível - onde eu estive no final de semana? O tombo representando uma vivência avassaladora, de quem não tem a quem recorrer em sua angústia, na minha falta ou na falta da análise. Mas recorreu à analista introjetada e veio para sua análise.

Marcos vai incorporando a mortalidade como algo real, de que a vida passa, e que é preciso aproveitar com qualidade o tempo precioso que tem disponível.

Perdeu e recuperou-se, por meio do sonho com ereção. Começa a semana e a vida com desejo.

> *O presente é o fim e o início de dois tempos, passado e futuro, e é nele, no trânsito entre nossas recordações e nosso destino, que temos o nosso dizer e fazer.*
>
> *O futuro se ancora nas escolhas que fazemos hoje, dentre aquilo que a vida nos apresenta e nossas criações próprias. Vivê-lo com qualidade ou jogá-lo fora depende de nós. Nos é dado redimensionar e reorganizar em nós o passado, mas, óbvio, não o viveremos mais.*
>
> *Passado e futuro são referências apenas do presente. É disso que trata uma psicanálise.*
>
> *Mais do que configurar o passado, importa configurar graus crescentes de liberdade interior para o indivíduo lidar com o presente e com a trama que imprime às suas relações, se apropriando daquilo que vai se revelando verdadeiro em seu ser.* (Montagna, 2011a)

Marcos começa a se sentir acolhido e, assim, amplia-se sua capacidade de simbolizar/pensar...

Marcos entrega-me um relatório de Executive Coaching e diz: *É meu dossiê que me fez ser mandado embora da Empresa há muitos anos atrás. Várias pessoas foram entrevistadas para que dessem opiniões a meu respeito. Depois, esse dossiê foi entregue a meu chefe, que me despediu.*

Uma conversa se desenvolve entre nós:

A: Então seu chefe gostava de seu trabalho, mas, em vista do que disseram de você, ele teve que te despedir?

M: Não foi bem assim. Um dia estávamos em reunião, eu e ele, e perdi a cabeça: dei um soco na mesa e disse que ele estava errado. Meu chefe ficou passado e saiu para almoçar, não continuando a conversa comigo. Daí contratou uma Coaching e o resultado foi a demissão. Tem uma página e meia de aspectos positivos e as demais de aspectos negativos a meu respeito.

A: Você me traz para eu ler, mas podemos conversar aqui. Você me fala e me traz um dossiê de aspectos positivos e negativos. Isto é bom, poder se enxergar dos dois jeitos. Mas enfatiza que tem mais aspectos negativos. Será que é só do dossiê que está falando?

M: Tudo bem, eu conto: fui dormir no quarto de hóspedes, sozinho, ontem. Não dormi bem. Hoje de manhã, minha diabetes subiu, mas, em compensação, não durmo mais em uma cama de casal em que a esposa dorme do lado contrário da cama, com a cabeça nos pés.

A: Quer dizer, o aspecto positivo é de não aceitar mais dormir com uma mulher que não te quer, mas os negativos são: que não dormiu bem, a diabetes subiu e se sentiu sozinho?

M: Acho que não é fácil tomarmos decisões pelo que estamos enxergando.

A: E o que está enxergando?

M: Vou vender a Empresa que montei, já foi um comprador fazer proposta, mas queria dar uma entrada baixa, que cobriria só o pagamento dos funcionários e o que restaria era pouco e mais parcelas em 36 meses. Falei para a minha família, e nada, eles não querem saber de nada. Daí eu conversei com o contador, que sugeriu que a pessoa que comprasse assumiria os funcionários, por isso tenho que regularizar toda a situação deles. Assim, sobraria mais entrada. Quando isso tudo se resolver, vou morar sozinho, deixo todos amparados e vou cuidar de mim.

A: Decisões, como você mesmo disse, não são fáceis de serem tomadas, mas que têm que ser satisfatórias, têm que compensar.

Quando foi mesmo que descobriu que estava com diabetes?

M: Foi quando trabalhei em uma empresa que, além de eu ter que aprender o serviço novo, eu tinha que falar outra língua. Eu me sentia perdido, pressionado, era o Francês.

A: Interessante, a M. ser professora de francês! Pensei que, além do francês, essa outra língua poderia se referir a uma língua "afetiva", e o lidar com as emoções provoca em você pressão, e o sentimento de estar perdido. Se sente perdido quando não pode ser você mesmo, assumir suas próprias emoções, ou quando não se sente na própria pele.

M: É, foi com a M. que descobri o que é conversar, brincar, me sentir querido e ter consideração por ela.

A: Quando percebeu isso tudo, você temeu ficar sozinho com ela!

M: Naquele dia que te liguei pedindo ajuda?

A: Pelo que está me dizendo hoje, talvez "naquele dia", você se sentiu despedido por um casal: seu chefe e a coaching e não pôde formar um casal com M.

M: Está bem, "minha voz", eu fiquei com medo mesmo de ficar sozinho com ela.

A: (Rimos do "minha voz") Senti você me chamar assim, hoje de forma diferente. Acho que, neste momento, estamos só nós dois.

Depois de alguns minutos Marcos diz: Penso em viajar com M. para a França. Ela adoraria ir lá, mas só depois que eu resolver minha situação com E.

A: Acho que está perdendo o medo desse trabalho analítico.

Marcos responde com esperança

Penso que Marcos me traz um dossiê antigo, que muito fala de rejeição, mas, agora, por sentir que eu o estou incluindo. Parece que sente que eu acredito nele, e está respondendo com esperança. Eu não faço como o chefe dele, que o larga na solidão; assim, começa a tomar consciência dos estragos que fez com sua vida. Nesse sentido, parece que há uma reflexão: se ele pode hospedar dentro de si a angústia de sua vida, sem descompensar física e emocionalmente.

Percebo um movimento dolorido e depressivo em Marcos e, ao mesmo tempo, reflito sobre o quanto ele ainda tem dificuldades para aceitar "o outro" (e o outro dentro de si). Mas, aos poucos, é por meio do nosso vínculo analítico que se sente motivado a brincar com o estrangeiro: *É, foi com a M. que descobri o que é conversar, brincar, me sentir querido e ter consideração por ela.*

Um menino mais amadurecido...

Marcos apresenta sinais de mudança de postura de vida. Pode dividir comigo uma experiência de satisfação (prazer/secundário).

M: Hoje fiz algo diferente: não fui para a empresa, mas tomei outras providências, inclusive fui almoçar no shopping. Há quanto tempo não faço isso! Almocei mesmo, não lanchei, e comi devagar, saboreando o prato. Tenho dormido bem agora.

A: Acho que está podendo aproveitar mais sua análise e sua vida.

M: Meu filho me apresentou um menino para comprar a empresa, mais amadurecido que ele, me pedindo certidões negativas. Eu respondi que por enquanto não daria, ou melhor, que daria quando a proposta de compra e venda estivesse assinada por ele. Há uma etapa anterior: uma proposta, uma proposta de compromisso. Aí, sim, providencia-se o sinal e as certidões.

A: Penso que está reconhecendo um compromisso entre nós dois, um compromisso de vínculo, onde eu faço a minha parte e você a sua. Será que não está na hora de reconhecer que tem recursos? Eu trago os meus e você mostra os seus recursos. Daí você pode ser um menino mais amadurecido.

Marcos dá uma gargalhada e diz: Que delícia ser chamado de menino amadurecido, melhor do que de velho que não tem mais tempo de vida.

Há reconhecimento de vínculo, do quanto está podendo aproveitar dos frutos gerados pelo autoconhecimento, e quanto esses frutos podem resultar no controle da diabetes. Há tempos não sentia satisfação, se motivando cada vez mais a se cuidar. Não quer mais se deixar enganar, cada um pode fazer a sua parte, pode haver troca: pode receber e dar.

Bion diz que o *pensar* (ato dinâmico, transitivo) depende de uma experiência emocional: o contato com o seio. A experiência emocional adquire uma qualidade ou natureza emocional se, (e quando) ela combina, encaixa com a pré-concepção que cada bebê já possuía de seio. E, quando esse Seio se torna Um Seio, emerge o protótipo de todas as experiências emocionais que podem acontecer. Ele diz: "*vou supor que uma criança tem uma pré-concepção inata sobre a existência de um seio que satisfaz sua natureza incompleta. A 'realização' do seio provê uma experiência emocional*" (Bion, 1962/1977, p. 69).

Entendo que o *pensar* também surge como tentativa de resolver o problema do "não seio", ou seja, experiência emocional a que surge de elementos beta e que precisa ser trabalhada pela função alfa, para aí poder ser pensada.

Marcos, mais amadurecido, discrimina entre o eu e o outro...

M: Até sexta-feira vou contratar um advogado trabalhista para me ajudar a colocar em ordem a carteira profissional dos funcionários da empresa. Antes, para que eu não pagasse mais encargos, coloquei os funcionários em ocupações inferiores ao cargo que exerciam. Agora ficou complicado para vender, pois não quero que o próximo comprador tenha problemas que não os dele próprio, e, quanto aos funcionários, quero ser justo com eles.

A: Penso que me diz que se sente em condições de se responsabilizar pelo que é seu, e não depositar em alguém o que não consegue carregar.

M: Eu acho que já cheguei a te falar de um e-mail que recebi de um site, que mostra pessoas carregando uma cruz em seus ombros. Muitas vezes fiz isso: fui cortando cada vez mais a cruz, para que ficasse mais leve. Só que essas pessoas, em dado momento, chegaram a um abismo e, para que conseguissem passar de um lado para outro, deitaram a cruz no chão e conseguiram andar por cima dela. E eu, como fui cortando os pedaços, achando que assim não sofreria, na hora que precisei da cruz inteira, eu não tive cruz para passar para o outro lado.

A: Acho que, nesse momento, você conseguiu atravessar. Está juntando os pedaços e está tendo cruz para colocar no chão. No assunto que você trouxe, quer carregar o que é seu: a responsabilidade de colocar em ordem a carteira dos funcionários, para que o outro comprador não seja prejudicado. Ou seja, você assumindo você por inteiro.

M: É, antes, eu queria levar vantagem em tudo. Queria ganhar sempre, mas no fundo me sentia infeliz.

A: Hoje está se sentindo mais feliz com suas atitudes.

M: Percebo que estou começando a me sentir aliviado e, por isso, estou pensando em conversar seriamente com E. sobre a situação do nosso casamento. Vou me afastar de M. enquanto não resolvo toda essa situação. Está na hora de ficar sozinho e enfrentar tudo isso. Tenho mandado currículos para encontrar um trabalho.

Entendo que Marcos está defendendo uma posição não narcísica, aceitando a realidade e não negando o sofrimento. Penso que diz que "agora" vale a pena sofrer os próprios sofrimentos, sofrer o suficiente. Está se preparando para resolver as coisas da realidade. Com ele sentindo confiança na permanência, há possibilidade de criar dentro de si a luz, pois entendo que o escuro se dá quando o casal criativo se extingue. Agora pode acender, esquentar e aguentar.

Ou como se refere Ferenczi (1933/1992): "Essa confiança é aquele algo que estabelece o contraste entre o presente e o passado insuportável e traumatogênico" (p. 100).

Sinto Marcos abarcando suas partes ex-cindidas.

O corpo chora aquilo que o coração não consegue sentir...

Trago apenas alguns recortes de sessão, abarcados em um diálogo profundo e sentido por Marcos, a analista também se sensibiliza:

M: assisti a um filme[9] sobre um professor que adotou um cão Akita, uma raça milenar, a primeira que se registrou como uma relação de amizade entre o homem e o animal. O professor encontra o filhote na estação de trem, de sua cidade, e o acolhe provisoriamente até encontrar um dono para ele. Suas tentativas são em vão, pois ninguém pode ficar com ele. Enquanto isso, o professor se encanta cada vez mais com Hachi nome que escolhe para o cão, mas primeiro esconde de sua esposa, pois esta não admite que seu marido se afeiçoe a ele. Impossível, pois a grande amizade se faz selada.

O professor procura na internet sobre a origem do cão e vai até um especialista em cães. Nesta consulta, o professor também

---

[9] *Sempre ao seu lado* (2009).

pergunta se o especialista quer ficar com Hachi. Em resposta, escuta que não será possível, pois Hachi o escolheu como seu dono.

A: Que coisas acontecem, às vezes, sem que nós tenhamos controle sobre elas. Parece que, desta vez, a vida apresentou algo bom.

M: Interessante que o cão estava perdido, abandonado, e o professor também, pois tinha acabado de perder um filho, mesmo com esposa e uma filha, sua tristeza era evidente, e o cão trouxe-lhe vida novamente.

Marcos continua...

Hachi acompanha seu dono até seu trabalho: o professor dá aulas de balé, e em um cenário de harmonia e profundidade ouve-se música clássica. Hachi consegue se soltar de sua sacola, em que é transportado pelo professor, e vai até o palco, sem atrapalhar a dança.

Hachi cresce, e todo o dia acompanha o professor até a estação de trem, e insiste em acompanhá-lo até seu trabalho. Por tentativas infrutíferas de mandar Hachi de volta para sua casa, o professor tem que levá-lo de volta pessoalmente, e sua esposa, já afeiçoada agora pelo cachorro, o alimenta e lhe faz companhia, pois o cão mostra dificuldades de se separar de seu dono, mas acaba por aceitar a hospedagem da mulher.

O drama se materializa: o professor tem um infarto fulminante e Hachi não "se conforma", continua indo todo dia à estação de trem esperar seu dono.

Com voz embargada, Marcos diz: Eu me vi no cachorro, chorei como uma criança, eu nunca chorei desse jeito!

A: Digo-lhe que me conta uma história de dor, sofrimento, mas de vínculo também. Uma história que fala de perdas, de separação, mas de enfrentamento de dor e de amor: o professor escolhe Hachi e Hachi o escolhe; embora tivessem que sofrer, não se impediram de se gostar. O professor pôde experimentar suas emoções com o cachorro, mas, talvez, se conseguisse antes lidar melhor com suas emoções com as pessoas, não precisasse passar pelo infarto fulminante, não deixa de ser uma hipótese.

Marcos/Akita

Senti Marcos se identificando com uma prontidão de Akita: quer eu queira ou não, ele está muito ligado a mim, e me passa também que eu posso contar com ele.

Como suportar o luto pelo que perdeu, mas "sem chorar o leite derramado", pois sabe que não pode se dar esse luxo, não há tempo mais a perder?

Talvez queira dizer que não mais teme uma relação afetiva, e, portanto, que eu valorize o que ele me traz também.

Sessão após a cirurgia...

Marcos, assim que entra na sala de espera, sorri e me diz: *Como você já está me esperando? Tem câmeras nos corredores?*

A: Você se espanta que eu lhe espere.

M: A cirurgia deu certo, mas é muito estranho, enxergo agora com muita luminosidade, chega a doer. Ao mesmo tempo, é interessante porque enxergo coisas que não via antes.

No final de semana, fui viajar, na casa do meu filho. Fiquei com minha neta, levei-a na praia e tirei muitas fotos dela conosco. Ela depois quis tirar fotos, e eu consenti. Abracei minha neta.

Eu percebi que eu o escutava com uma atenção diferente, talvez com um cuidado especial, mas não sabia o que era.

M: Andei bastante na praia, coloquei até uma sandália, que há muito tempo não colocava. É engraçado, parece que eu estou com ela agora nos pés!

Sei que estou de sapatos, mas a sensação é que estou de sandálias. Com os pés confortáveis, os dedos parecem que se mexem.

A: Que você está se sentindo bem aqui, é isso? Confortável/acolhido?

M: Acho que estou percebendo que eu só fazia as coisas por obrigação, lembra quantas vezes eu disse que não sentia prazer em nada? Por obrigação eu podia fazer, ou tinha que fazer. Mesmo andar na praia antes, era porque o médico recomendou. Não podia dormir até mais tarde, porque as pessoas saíam para trabalhar.

A: Estou percebendo que, antes, vinha para a sua análise por obrigação, e pensava que eu também estaria aqui por obrigação. Talvez hoje você me enxergou te esperando porque também veio com satisfação, e me sinta querendo estar aqui. Até sorriu!

M: Antes eu vinha porque precisava. Agora venho porque quero vir.

Marcos tira um papel dobrado do bolso e me diz: Peguei a parábola da águia na internet e trouxe para te mostrar, é sobre "A transformação da águia", vou ler: a águia é a ave que possui maior longevidade da espécie. Chega a viver setenta anos. Mas, para chegar a essa idade, aos quarenta anos ela tem que tomar uma séria e difícil decisão. Aos quarenta ela está com as unhas compridas e flexíveis, não consegue mais agarrar suas presas das quais se alimenta. O bico alongado e pontiagudo se curva. Apontando contra o peito estão as asas, envelhecidas e pesadas em função da grossura das penas. E voar já é tão difícil!

Então a águia só tem duas alternativas: morrer, ou enfrentar um dolorido processo de renovação que irá durar cento e cinquenta dias.

Esse processo consiste em voar para o alto de uma montanha e se recolher em um ninho próximo a um paredão onde ela não necessite voar. Então, após encontrar esse lugar, a águia começa a bater com o bico em uma parede até conseguir arrancá-lo.

Após arrancá-lo, espera nascer um novo bico, com o qual vai depois arrancar suas unhas. Quando as novas unhas começam a nascer, ela passa a arrancar as velhas penas. E só cinco meses depois sai o formoso voo de renovação e para viver então mais trinta anos.

A: Sinto você fazendo o mesmo que a águia: está enfrentando um doloroso processo de renovação, porque não quer morrer antes de sua hora, e por ter encontrado aqui "um lugar". Mas você diz que há um tempo para isso, há uma espera/esperança, mas há um "fazer", uma ação, para se chegar onde se deseja. Podemos dizer que a águia percebeu sua realidade, e daí sua vontade de mudar, assim como você, me faz pensar.

M: Consegui conversar com E. sobre nós dois. A conversa foi muito difícil, truncada. É muito diferente do jeito que conversamos aqui, mas enfim conseguimos. Ela falou até em trabalhar no que gosta e fazer o que gosta. Quanto a nós dois, ela sempre disse que se ela fizesse análise separaria de mim, então aceitou o divórcio. Quando eu conseguir um trabalho, primeiro vou alugar um apartamento para mim, assim faremos tudo com calma.

A: Você me fala de responsabilidades e de consideração por E. e por si mesmo. Parece que não mais está fazendo coisas, só por obrigação.

> *A função alfa desempenha um papel central ao transformar uma experiência emocional em elementos-alfa, pois um senso de realidade é tão importante para o indivíduo quanto comida, bebida, ar e excreção de produtos inúteis. Impossibilidade de comer, beber ou respirar apropriadamente, traz consequências desastrosas para a própria vida. Não conseguir usar a experiência emocional produz um desastre comparável para o desenvolvimento da personalidade; incluo entre esses desastres certos graus de deterioração que poderiam ser descritos como morte da personalidade. Não se pode conceber uma experiência emocional isoladamente de uma relação. As relações básicas que eu postulo são (1) X ama Y; (2) X odeia Y; e (3) X conhece Y. Esses vínculos serão expressos pelos sinais L, H e K.* (Bion, 1962/1991, p. 42)

Entendo que Marcos pode agora se dar conta que, mesmo sua visão tendo sido ampliada, ainda assim ele se vê com limitações, mas que, por outro lado, pode enxergar seus alcances. Talvez se refira aos mistérios do mundo, que, por serem encantadores, aguçam a curiosidade e impulsionam a vida.

Parece-me que há uma percepção de que eu tenho outros instrumentos, além dos compartilhados com ele, quando se mostra surpreso por se deparar com uma analista, que percebe coisas além do que ele imagina que consegue: *Como você já está me esperando? Tem câmeras nos corredores?*

Quando se refere à parábola da Águia, penso que Marcos fala de cuidados internos, cuidados consigo mesmo. Talvez comece a se sentir autor de seu processo, ou admitindo responsabilidades nesse processo. Está descobrindo uma nova vida, há uma descompressão. Sabe que está incluído nessa separação, um doloroso processo, mas com o divórcio surgindo como algo de vida, cirurgicamente a favor da vida: perde algo antigo para poder ter algo novo.

Depois de algum tempo, Marcos é contratado como consultor de uma empresa em São Paulo e muda-se para um apartamento sozinho.

Um aspecto importante a salientar é que, embora ele tivesse uma imagem de si como solitário, fez boas amizades em empresas em que outrora trabalhara. Seu currículo é reconhecido por suas capacidades, mas também por essas amizades conquistadas.

Saímos, mas a luz da sala permanecia acesa...

Marcos entra sorridente, me olhando nos olhos, cumprimenta-me e se deita.

M: Estou bem hoje, as sessões desta semana parecem que fizeram efeito. Sinto-me mais satisfeito. Continuo bem no meu apartamento, e gosto de arrumá-lo. Eu não sabia, mas sou organizado. Tudo o que comprei novo já está pago, e talvez compre o apartamento, pois fiz uma proposta e parece que o dono aceitará. Consigo trabalhar em relação aos trabalhos da empresa que levo para casa. Ficar em silêncio, para trabalhar, tem me feito muito bem.

A: Parece que está satisfeito com você e com o nosso trabalho. Você suportou muita bagunça e muita incerteza, talvez por isso esteja gostando de arrumação. Acho que está ficando "quite" consigo mesmo.

Penso também que está se dando conta que sentir/pensar é muito mais vantajoso, mesmo que dê trabalho, aqui na sua análise e continuando lá fora.

M: Tive um sonho hoje que o sentimento depois que acordei foi de ter conseguido realizar algo.

Sonhei que entrei em um prédio, porque precisava alugar uma sala para atender meus clientes. Passei pela portaria, me deram as chaves e subi para um andar. Neste andar tinha como se fossem "boxes de salas de escritórios". Entro na primeira delas (do lado esquerdo), pois eu tinha as chaves da porta, mas a sensação era de que eu estava entrando clandestino, "era de alguém". Parecia estreita, a sala, mas quando entrei tinha o corredor, que não era estreito, uma sala ao lado e outra maior ainda, com uma janela grande também. Atendi duas mulheres ali, conversei com elas, expliquei o trabalho. Para uma delas expliquei que não precisava me pagar, porque fui eu quem a chamou ali. Depois de atendidas, foram embora. Quando eu estava saindo, apaguei as luzes, mas a sala que eu as atendi, a luz não se apagou, permanecendo acesa. Fiquei preocupado e depois pensei: não posso deixá-la acesa, e se pegar fogo?, vão saber que fui eu, que entrei aqui. Pensei em desligar o relógio, mas tive medo, então pensei em pedir ajuda. Saí da sala e fui procurar alguém. Encontrei um casal que foi até a sala. O homem, ao invés de mexer no quadro de luz, começou a mexer em arquivos que estavam ao lado do quadro de luz. Neste arquivo tinham caixas com chaves de disjuntores, que ele ia desarmando um a um. Apavorei e pensei: os segredos vão ficar à mostra! Um a um foi sendo desarmado e aí fui me tranquilizando. Saímos, mas a luz da sala permanecia acesa.

Digo a Marcos que é um sonho bastante complexo, que me sugere um processo. "Primeiro me passou você mais capaz de perceber sua necessidade de trabalho interno, talvez quando voltou para análise, mas temeroso de saber se tinha direito de ter um espaço para você, um espaço dentro de mim (de minha mente) para receber você. Não queria desta vez intrusão, nem você clandestino, nem eu desrespeitando você. Volta para análise não através de sentimento de culpa (a cliente não precisava pagar, como dívidas), mas porque quis voltar. Chamou-me a atenção a luz acesa que não se apagou, porque você sente-se mais forte por todo trabalho "do atendimento/análise" e de "fogo/quente de uma relação sincera/analítica". Você chama um casal: desta vez um casal que te atende, um lhe dando afeto e o outro faz o que precisa ser feito, e não desliga o relógio, mas desarma os alarmes (defesas paralisantes). Você confiando em mim, deixou que eu fosse, junto com você, desligando defesas antigas, que não serviam mais, para te deixar satisfeito com você, como uma pessoa adulta."

Marcos diz: Pode ser, Walkiria, por isso que tive um sentimento de gostar do sonho, gostei também que o homem não desligou o relógio, pois tive a sensação de um desligar de morte, se ele o fizesse.

"Tudo indica que parece que quer viver, e da melhor forma possível. Acho que hoje você nos conta que desligamos chaves de disjuntores de arquivos/registros, que diziam que você não tinha o direito de estar aqui, de ter pensamentos próprios, de tomar decisões."

Ele suspira: É, agora parece que está valendo mais a pena.

Considerações finais do nosso trabalho...

Entendo que o trabalho de análise possibilitou uma relação de confiança em Marcos, transformando o casal internalizado, antes estéril, em um casal parental que faz permanecer a luz acesa/casal criativo. Com a organização e discriminação do eu (do antigo casal internalizado) ele pode enxergar e experienciar possibilidades novas. Pode ficar em silêncio, com ele mesmo, nos mostrando que pode ter privacidade, e vai gradativamente reconhecendo a intimidade.

Traz um sonho de quem assumiu a si próprio, no início como clandestino, mas depois foi se apropriando de si, deixando de ser clandestino na vida também.

Marcos deixa de ser competitivo comigo, aceitando cada vez mais minhas colaborações. Com o desvelar dos segredos para si e para mim, apesar dos receios enfrentados, sua visão e seu espaço mental vão se ampliando gradativamente, vai apropriando-se de seu corpo, de seus desejos e de sua mente: onde era superego rígido e cruel, se torna superego cuidador.

Quando me diz: *"Os segredos vão ficar à mostra"*, entendo que ele sente agora que, se desligar os sentimentos, será uma morte. Parece-me que ele está convivendo confiante com um casal que "tem cuidados com o filho". Ele consegue discriminar cada vez mais o que sente e se permite sofrer e/ou gozar seus sentimentos. Refere-se a sua vida atual e aos sonhos que ainda pretende realizar como *"uma vida mais apropriada e madura. Sinto-me bem e disposto no meu novo trabalho, que, por sinal, tenho feito novas amizades, e desta vez as estou conservando. Acho que agora estou conseguindo ser chefe e pai"*.

No Natal, é Marcos quem prepara a ceia em seu novo apartamento, convidando seus filhos, suas noras, sua netinha e a mãe de seus filhos. Sua diabetes se mantém controlada.

McDougall (2000) fala sobre a tarefa da análise:

> *é recriar e até criar as palavras e os elos que faltam. Com isso, essa tentativa de cura de si mesmo que é a disfunção do soma torna-se poderosa fonte de resistência ao processo analítico.*
>
> *Não será lícito imaginar que as mensagens pouco elaboradas do psiquismo, diante de uma angústia e de um desespero irrepresentáveis, possam permitir ao soma atuar com força e cegamente sobre a vida psíquica, como faz o bebê pelos gritos de seu corpo, comunicação não verbal que só a mãe consegue interpretar?*

Marcos, mexendo nos arquivos (dinâmico) de seu passado e de seu presente reorganiza seu mundo interno e vai iluminando sua vida presente...

Eu continuo acompanhando Marcos, agora não mais em um processo analítico, mas, sempre que ele se lembra de nosso vínculo, vem conversar comigo, esporadicamente...

Referências

Bianciotti (1985). *Sans La Miséricorde Du Christ: Roman*. Paris: Gallimard.

Bion, W. R. (1962/1991). *O aprender com a experiência*. Rio de Janeiro: Imago.

Bion, W. R. (1962/1977). Una teoria del pensamiento. In: *Volviendo a Pensar*. Buenos Aires: Editorial Paidos.

Bion, W. R. (1965). *Transformações: do aprendizado ao crescimento*. Rio de Janeiro: Imago, 2004.

Bion, W. R. (1970/2006). Realidade sensorial e psíquica. In: *Atenção e Interpretação* (Paulo Cesar Sandler, trad.). Rio de Janeiro: Imago.

Bion, W. R. (1977/1987). Turbulência emocional. *Revista Brasileira de Psicanálise, 21*, 129.

Birksted-Breen, D. (1996). Phallus, pênis e espaço mental. *Int. J. Psychoanal, 77*, 649. *Livro Anual de Psicanálise*, XII, 99, 1996.

Cassorla, R. M. S. (2007). Do baluarte ao "enactment": o "não-sonho" no teatro da análise. Republicado em português na Revista Brasileira de Psicanálise, 41, 51-68, 2007.

Esquizel, L. (2001). *Tão veloz como o desejo*. São Paulo: Objetiva.

Ferenczi, S. (1933/1992). *Confusão de língua entre os adultos e a criança: a linguagem da ternura e da paixão*. In S. Ferenczi, *Psicanálise 4* (pp. 97-106; Obras Completas, 4). São Paulo: Martins Fontes.

Ferenczi, S. (1933). *Confusão de língua entre os adultos e as crianças*. In S. Ferenczi & J. Birman (Org.), *Escritos psicanalíticos: 1909-1933* (pp. 347-356). Rio de Janeiro: Taurus, s.d.

Ferrão, L. de M. (1977). Eu vi um balão no céu. In P. C. Sandler (Org.), *Ensaios clínicos em psicanálise*. Rio de Janeiro: Imago.

Freud, S. (1913/1969). Sobre o início do tratamento. In Edição Standard Brasileira das Obras Psicológicas Completas de Sigmund Freud (Vol. XII). Rio de Janeiro: Imago.

Freud, S. (1919/1969). O 'Estranho'. In Edição Standard Brasileira das Obras Psicológicas Completas de Sigmund Freud (Vol. XVII). Rio de Janeiro: Imago.

Freud, S. (1926/1969). Inibições, sintomas e angústia. In Edição Standard Brasileira das Obras Psicológicas Completas de Sigmund Freud (Vol. XX). Rio de Janeiro: Imago.

Freud, S. (1933[1932]/1969). Novas conferências introdutórias sobre Psicanálise. In Edição Standard Brasileira das Obras Completas de Sigmund Freud (Vol. XXII). Rio de Janeiro: Imago.

Gabbard, G. O. (1995). Contratransferência: o surgimento do terreno comum. *International Journal of Psycho-Analysis, 76*, 475-485.

Laplanche, J., & Pontalis, J. B. (1987/2001). *Vocabulário da psicanálise* (4a. ed.). São Paulo: Martins Fontes.

McDougall, J. (2000). *Teatros do corpo: o psicossoma em psicanálise* (P. H. B. Rondon, trad.). São Paulo: Martins Fontes.

Montagna, P. (2011a, 22 de maio). Presente, futuro e psicanálise. *Folha de S.Paulo*.

Montagna, P. (2011b). Tropismos na clínica: tropismo de vida e tropismo de morte. RBP.

Nunez, P. W. (2011). Analisabilidade. Limites do analisando, do analista e do método. In *XXIII Congresso Brasileiro de Psicanálise*. Ribeirão Preto, 2011.

Winnicott, D. W. (1956/2000). A preocupação materna primária. *In Da pediatria à psicanálise: obras escolhidas* (pp. 399-405). Rio de Janeiro: Imago.

Winnicott, D. W. (1958/1990). A capacidade para estar só. In D. W. Winnicott, *O ambiente e os processos de maturação*. Porto Alegre: Artes Médicas.

Winnicott, D. W. (1963/1983). Da dependência à independência no desenvolvimento do indivíduo. In *O ambiente e os processos de maturação: estudos sobre a teoria do desenvolvimento emocional.* Porto Alegre: Artes Médicas.

Winnicott, D. W. (1966/2005). Sobre os elementos femininos e masculinos ex-cindidos. In D. W. Winnicott, *Explorações psicanalíticas* (pp. 133-143). Porto Alegre: Artmed.

Winnicott, D. W. (1969/1994). A experiência mãe-bebê de mutualidade. Explorações psicanalíticas. Porto Alegre: Artes Médicas.

Winnicott, D. W. (1971/1975). *O brincar e a realidade.* (José Octavio de Aguiar Abreu e Vanede Nobre, trad.). Rio de Janeiro: Imago.

O prazer no pensar: análises duradouras[1]

As especificidades que mantêm viva a dupla analítica no decorrer de longos anos de percurso de análise requer o surgimento de um prazer sofisticado, advindo de elaborações e transformações experienciadas no campo.

Esse prazer sofisticado, a que me refiro, advém do *processo do pensar*, considerando-o distinto do prazer do princípio do prazer. Para essa finalidade, o conceito de prazer/secundário proporciona um significado mais adequado, em que é ressaltada a existência de uma qualidade integrativa nesse prazer, pois não é sentido como um entrave ao princípio de realidade, e sim ligado a ele.

O prazer no pensar é observado durante anos na clínica, quando os analisandos podem lidar com suas verdades, sentindo

---

[1] Trabalho original apresentado em Reunião Científica da SBPSP (abr. 2013). Comentários de Plinio Montagna; apresentado no XXIV Congresso Brasileiro de Psicanálise da Febrapsi, "Ser contemporâneo: medo e paixão", Campo Grande (set. 2013); aceito no IPA 49th Congress, em Boston, Massachusetts, USA (jul. 2015).

prazer na nomeação e na simbolização, capacitando-os a tomar decisões mais adequadas à realidade.

Introdução

No decorrer da clínica, tenho experienciado processos de análise com analisandos que iniciaram o processo há muitos anos e que ainda prosseguem comigo, levando-me a pensar inclusive sobre o que os mantêm gratos e ainda motivados. Muitas vezes penso se não seria hora de pôr fim a análises tão longas, mas, ao mesmo tempo, sinto que, se assim o fizesse, passaria a não ser uma atitude adequada, pois ainda percebo que momentos novos surgem, perspectivas de um novo pensar sempre acontecem, marcando um novo encontro da dupla, ou seja, ainda existe análise a prosseguir. Em relação a essas novas perspectivas, não se trata de uma defesa contra o término, ou contra a angústia de separação; elas se apresentam genuinamente como relações férteis.

Outros analisandos se foram e voltaram para suas análises, tornando-as duradouras, como mostro nos artigos anteriores, possibilitando nessa volta uma relação analítica ainda mais profunda.

O prazer é considerado em duas configurações distintas: prazer/primário, pertencendo ao processo primário (princípio do prazer), no sentido de descarga de tensão para evitação da dor e desprazer (Freud 1911); e, ampliando a teoria, sugiro a existência do prazer/secundário (ligado ao princípio de realidade), no sentido de uma relação do processo primário com o processo secundário, em que um possibilita e limita o outro. É nesse intuito que amplio a teoria do prazer considerando *o prazer no pensar* advindo de um processo em que a frustração e a dor "agem" como molas propulsoras no processo do pensar. Nesse processo, há uma qualidade de prazer diferente do prazer só de descarga, e eu o nomeio de prazer/secundário – porque é ligado ao processo secundário (tomar conhecimento; perceber que tive prazer ou lembrar que tive prazer), pois, no meu entender, é o que mobiliza a busca pela autonomia, pois se estabelece ligado ao princípio de realidade.

Freud, em 1914, já mencionava que, quando o indivíduo se percebe em uma posição mortífera, ele quer sair dela. Então, entendo que o indivíduo terá três saídas: a primeira delas, alucinar e viver em um mundo ilusório, portanto estamos falando de um funcionamento psicótico e de descargas em nível do princípio do prazer; a segunda delas, estar ligado somente à realidade externa e negar seus desejos, portanto também estamos falando de um funcionamento psicótico e, nesse sentido, podemos pensar em descargas sociais; e a terceira saída seria buscar uma integração de suas necessidades pulsionais com uma adequação à realidade, portanto, haverá descargas a nível biológico, mas essa saída estará ligada também ao princípio de realidade.

Em minha experiência, os analisandos que fizeram opção pelas duas primeiras saídas, depois de um tempo de processo analítico, deram-se conta de um aprisionamento e paralisação, e de um sentimento de não se sentirem vivos. A partir dessa consciência, dispuseram-se a uma espécie de checar as ilusões (teste de realidade), a trabalharem junto comigo para possibilitar cada vez mais que o material reprimido viesse à tona, a transformar o falso *self* (Winnicott, 1965[1960]) em autenticidade. Entendo que esse processo promove prazer, prazer no pensar: desenvolver uma área da mente que é capaz de se observar, e decidir.

Reflito sobre a duração das análises que têm sofrido uma mudança quanto ao tempo de duração e qualidade, pois entendo que os instrumentos analíticos se aprimoraram desde a época de Freud (1937/1974). Penso que a finalidade da análise não é curar e fortalecer o ego, mas tornar o superego mais maleável e cuidador.

Apresento uma vinheta clínica e um sonho de Ana Clara, "uma nova analisanda antiga", em análise há muitos anos comigo, no qual discuto a capacidade de sentir prazer no processo do pensar.

Refletindo sobre análises duradouras...

Alguns autores consideram que análises intermináveis se referem a analisandos com uma estrutura mental extremamente danificada, como se não conseguissem ficar sem a presença do analista (Rosenfeld, 1987; Bick, 1968/1991). Otto Rank (1924) e Melanie Klein (1950/1991) falam que um dos motivos de o analisando ter dificuldades de pôr fim a sua análise é que o término mobiliza situações arcaicas de separação.

Minha experiência tem sido o contrário: não invalidando essas considerações, os analisandos mostram, com o decorrer dos anos, possuírem uma estrutura mental resiliente para aguentarem aproximar-se cada vez mais de si mesmos. Eles vão se dando conta de que as aproximações do conhecimento sobre si trazem benefícios para lidar com a vida, e começam a vivê-la com mais sabedoria. Têm a liberdade de pôr fim às suas análises, mas preferem ficar e pensar junto com a analista: aproveitar a analista para pensarem mais seus próprios pensamentos.

Além do mais, podemos indagar também sobre o que se pode dizer a respeito do tempo das análises, se no sentido de tempo cronológico ou o tempo interno do analisando, ou mesmo da dupla analítica, o que mais conta. Refiro-me a Freud (1915/1974) ao falar sobre a atemporalidade dos processos psíquicos inconscientes:

> *Os processos do sistema inconsciente são intemporais, isto é, não são ordenados temporalmente, não se alteram com a passagem do tempo; não têm absolutamente qualquer referência ao tempo. A referência ao tempo vincula-se, mais uma vez, ao trabalho do sistema consciente.* (p. 214)

Percebo, não só nesta analisanda a que me refiro no trabalho (Ana Clara), mas em análises duradouras, que os analisandos começam, depois de certo tempo, levando-se em conta a singularidade de cada análise, a "se levar a sério" ou levar a própria vida a sério, responsabilizando-se por si mesmos, cuidando de si, adquirindo um cuidado com o outro e desenvolvendo um autorrespeito por suas próprias características. Começam a poder escutar e reconhecer o repertório do outro, pois conjeturo que, antes, começam a reconhecer o repertório do "outro em si mesmo" (Freud, 1919/1974).

Algo então me chama a atenção: esses analisandos com análises longas parecem-me, depois de alguns anos, irem sentindo "uma liberdade" para se encontrarem com a analista e vice-versa, com uma visão renovada e com ampliação de repertório pessoal. Penso que, uma vez libertos os sintomas iniciantes, a experiência analítica se descortina como um prazer em descobrir-se, e esses analisandos se colocam no centro da experiência: o descobrir-se na relação.

Talvez essa liberdade possa ter a ver com o tornar-se cada vez mais, quem se é, e, portanto, indagarmos se uma dessas especificidades seria o desenvolvimento do *prazer no pensar*: a dor sobre a ignorância de si mesmo se transformando em um prazer em poder primeiro sentir os próprios sentimentos para, depois, se processar o pensar por meio da função *alfa*, permitindo que a seguir seja instalado o desconhecido novamente, para uma nova descoberta. Sobre essa percepção, acredito que não invalido o que nos fala Bion, sobre o apavoramento que há em cada novo encontro, ou sobre o enfrentamento da dor e o sofrer no processo do pensar: tanto o analisando quanto o analista não sabem o que o encontro provocará em suas mentes singulares.

Outro fator importante sobre a manutenção das análises refere-se a quanto o analista suporta a análise de um analisando, lembrando-me de Thomas H. Ogden (1995):[2]

> *Sobre a importância da "realidade" do analista, isto é, sua capacidade de espontaneidade e liberdade, para responder ao analisando a partir de sua própria experiência, na situação analítica, de modo que não seja estrangulado por caricaturas afetadas de neutralidade analítica (Bollas, 1987; Casement, 1985; Meares, 1993; Mitchell, 1993 & Stewart, 1977).* (p. 175)

Neste sentido, continua Ogden (1995):

> *O objetivo da análise é mais amplo do que apenas a resolução dos conflitos intrapsíquicos inconscientes, a diminuição de sintomatologia, o aumento da subjetividade reflexiva e auto compreensão, e o aumento do sentimento de competência pessoal. Embora o sentir-se vivo esteja intimamente entrelaçado com cada uma das capacidades mencionadas acima, acredito que a experiência de sentir-se vivo é uma*

---

[2] Concordo com Ogden quando se refere à transferência/contratransferência. Ele diz: "Não vejo transferência e contratransferência como entidades separáveis que ocorram em resposta uma à outra; entendo que esses termos se referem a aspectos de uma única totalidade intersubjetiva vivenciada, mas separada (e individualmente) pelo analista e pelo analisando" (Ogden, 1995, p. 176).

> *capacidade superior às outras e deve ser considerada como um aspecto da experiência analítica em si mesma. Ou seja, que vitalidade e desvitalização são consciente ou inconscientemente vivenciados pelo analista e analisando.* (p. 176)

Quando o analisando vem para sua análise, normalmente apresenta queixas por não tolerar frustração, sentindo-se impossibilitado de dar conta de sua realidade. Concordo que a frustração "impulsiona" o princípio da realidade, como se refere Freud (1911/1974), mas penso que não é o que o mantém. Da forma como leio Bion (1992) em *Cogitações*, entendo que, quando o indivíduo apresenta um funcionamento psicótico exacerbado de sua personalidade, intolerante à frustração, com seu ódio à realidade, evade-se do estabelecimento do princípio da realidade (p. 66). No entanto, quando há uma percepção por parte do indivíduo de que sua vida não vai bem, se sente insatisfeito, então, frustrado, deseja uma análise, por exemplo, mas depois penso que o que o mantém em movimento para querer pensar seja o *prazer*, na nomeação dos afetos e simbolização, uma qualidade de prazer que vai sentindo em aprender com a experiência por meio de um vínculo relacional: tem assim, a possibilidade de sofrer suas dores reais; de aprender a lidar com o desprazer, com a ausência; de conseguir postergar uma realização, enfim, adquire condições de pensar em saídas possíveis para sua vida, baseado no princípio da realidade, e isso gera prazer, pois, resultante do processo do pensar, vem a decisão, e desta a ação.

Entendo que um processo analítico não seja para gratificação de desejos primários, e sim para possibilitar desejos reais: uma melhor adequação à realidade, inclusive de seus desejos possíveis e impossíveis.

"Tudo que é empregado falsamente como substituto para o que é real fica transformado, por consequência, em um veneno para a mente" (Bion, 1968, p. 308).

O prazer no pensar, na clínica...

Ana Clara chegou a meu consultório para a primeira entrevista em janeiro de 1991, aceitando prontamente iniciar o trabalho três vezes por semana.

Ela havia feito terapia por três anos, quando percebeu que estava na hora de parar, pois a terapeuta se tornou "*sua amiga*": contava-lhe sobre sua vida pessoal, e Ana, segundo me disse, se deu conta de uma mistura e percebeu não estar lhe fazendo bem.

Sua queixa principal foi que se sentia deprimida, sem ânimo para cuidar de sua casa, e que tinha, depois de oito anos sem terapia, pensado em "*se tratar*", por não aguentar mais conviver com sua mãe, e me disse: *Sinto que tudo o que acontece com minha mãe, acaba acontecendo comigo.*

Entendo que Ana Clara chega desejando uma análise – *Ser* ela mesma.

Ana Clara me contou que era casada, tinha um filho pequeno e o deixava na escola em período integral, dedicando muito tempo ao trabalho. Disse-me que esse trabalhar excessivamente era por sentir que precisava fugir de problemas que nem mesmo ela sabia ao certo quais eram, mas que a deixavam muito deprimida, e me disse: *Para que comer, para que cozinhar?*

No início do nosso trabalho, entendo que Ana Clara apresentava uma indiscriminação de seus objetos internos, me dizendo que havia uma "mistura", levando-a a um aprisionamento de suas capacidades mais evoluídas e a uma desvitalização. Parecia-me o "ter que" repetir a história dos pais sem uma saída própria e criativa. Falava sem parar nas sessões: uma fala emendada na outra, sobre seu trabalho, sobre os problemas dos pais ou sobre o cotidiano, no sentido de queixas objetivas, mas com muita dificuldade de fazer associações livres, e não conseguia sonhar.

Suscitava-me que não tinha direito a existir. Ao mesmo tempo revela-me uma busca por intimidade, no sentido de busca por uma mente que a ajudasse a se singularizar. Penso que buscava uma saída de uma situação simbiótica, pois lhe faltava uma individuação.

Psicanálise tem a ver com a vida...

Aos poucos, ela começa a se discriminar e a se responsabilizar por seus sentimentos, abarcando em sua personalidade aspectos antes cindidos e projetados principalmente nas figuras dos pais e do marido. Sua mente mais expandida consegue associar e sonhar, e a escuta de si mesma começa a apresentar seus frutos.

Os frutos gerados pelas experiências emocionais vividas no trabalho analítico começam a se expandir também no mundo externo: depois de um ano e meio de análise, engravida de seu segundo filho, e pudemos, juntas, acompanhar a gestação; o marido constrói uma empresa própria com o seu incentivo e apoio, e o casal começa a se relacionar de forma mais afetiva.

Ana tira o primeiro filho do horário integral da escola e o coloca apenas em um período, já podendo proporcionar cuidados a ele, não só materiais, mas também sua presença, modificando também os horários em seu trabalho.

Ana Clara me diz: Estou começando a me sentir mãe dos meus dois filhos, me sinto melhor cuidando de minha casa.

Considero que psicanálise tem a ver com a vida, como nos diz Bion (1964/1985): "a única coisa que deveria nos interessar, e que sempre me interessou, é que possamos ter um conhecimento de nós e dos outros, que nos torne capazes de tirar o máximo proveito daquilo que a vida nos reserva", e que, para conseguir isso, "é preciso experimentar e aprender por si mesmo" (pp. 179-180).

Por isso trago como referência essa expansão de Ana Clara no mundo externo, pois entendo que suas conquistas internas (os processos do pensar) foram gradativamente se refletindo em sua visão de mundo externo por meio de decisões/atitudes.

Com o passar do tempo na análise (mais de dez anos)...

Ana Clara me faz pensar sobre o que me suscitou logo nas primeiras entrevistas: que estaria em busca por mais intimidade, e que essa especificidade se fazia cada vez mais presente no vínculo.

Em uma oportunidade, Ana Clara viaja com a família e, quando vê seu filho com a namorada de "mãos dadas" e fazendo os horários e programas deles, começa a se sentir mal: perde o apetite, tem calafrios e perde a noção de tempo. Ana chama esse episódio de sua vida de: *O Bum da Viagem*. Chegando a sua cidade me liga, contando-me que não está bem, e me pede mais sessões. Fazemos cinco vezes por semana durante seis meses; depois desse período, passamos para quatro sessões e permanecemos em três vezes até os dias de hoje.

Ana Clara me diz: Acho que o Bum da Viagem significou a minha dificuldade de ser amável comigo mesma, o quanto eu deixei de dar as mãos a mim mesma. Mesmo na época eu percebi que o problema não estava no meu filho estar namorando, eu até gostava da moça, mas acho que me dei conta do quanto eu me judio nesta vida.

Podemos lembrar nesse sentido em um não acolhimento anterior de Ana Clara, de suas próprias características, devido a uma carência afetiva e/ou carência de função alfa, mas que, com *insight* e depressão (PD), pode já estar percebendo que se judia e não aproveita melhor a vida, sua capacidade de se dar conta da realidade de sua existência e da vida está mais adequada.

Quando a realidade "só causa dor", não se aprende...

Ana Clara me conta sobre uma dor quando ainda não se é singularizada, e que só com dor não se aprende: *Hoje aconteceu uma coisa no prédio vizinho que me deu uma tristeza muito grande: escutei uma mãe batendo na filha, e lembrei-me de quando era pequena, e quando pensei na atitude de minha mãe, doeu novamente, mas me acalmei depois. Sofri por lembrar que quando eu morava junto com meus avós, não na mesma casa, era um sobrado, como uma sobreposta de hoje em dia; eu e meus pais morávamos na parte de cima, e meus avós paternos e uma tia, oito anos mais velha que eu, moravam na casa de baixo. Eu gostava dos meus avós, mas minha tia, toda vez que eu descia, ela me arreliava: ela me mostrava um brinquedo e, quando eu ia pegá-lo, ela tirava. Eu não me conformava dela fazer isso comigo, e eu chorava muito e subia para minha casa. Minha mãe, com paciência, me dizia: não vai lá, fique aqui com a mamãe, você tem os seus brinquedos aqui! Mas eu voltava e chorava, e assim por muitas vezes. Até que um dia, quando subi chorando, acho que minha mãe não aguentou mais, me deu uma surra imensa, foi a primeira e única vez que me bateu, foi horrível, até hoje lembro como eu soluçava de sentida com minha mãe. No dia seguinte minha mãe me colocou na escola, pois não queria que eu continuasse com aquele comportamento. Eu adorei a escola! Não voltei mais lá para ela judiar de mim!*

O que me acalma agora é pensar que minha mãe errou em me dar uma surra, mas depois ela tomou uma atitude em minha proteção, e ainda por cima me incentivou mostrando que havia uma saída: era em aprender, e conviver com crianças.

Respondo-lhe que ela sente que eu "corto" esse ciclo de não se possibilitar as coisas em sua vida, de não chegar a lugar nenhum. Ao mesmo tempo, que a sinto reconhecida por esta análise/escola da vida, análise/escola de si mesma e que sai de situações desvantajosas, masoquistas – parece estar gostando da escola de enfrentar a realidade.

Percebo Ana Clara com uma escuta atenta, e a seguir ela completa: Eu não me conformava de minha tia me tratar assim, por isso eu voltava lá, não eram os brinquedos que eu queria...

Considerações

Podemos pensar, inicialmente, em uma relação tantalizante (mito de Tântalo) e o inalcançável, mas a analisanda, penso que de posse do *objeto transformador*, internalizado agora por meio do vínculo com a analista, experiencia uma destantilização em seu mundo interno.

Essa vivência de Ana Clara não me sugere um prazer (de descarga) na dor, por insistir novamente com sua tia, e sim uma fascinação por algo que queria alcançar, realizar. Segundo suas palavras: *Não me conformava de minha tia me tratar assim, por isso eu voltava lá, não eram os brinquedos que eu queria.*

Parece que Ana Clara não aprendia com a realidade que causava "só dor" (voltava na tia), pois talvez desejasse outra realidade: queria que a tia (ela própria) mudasse, e se transformasse. A mãe apresenta uma realidade diferente, a escola, em que ela pôde aprender e conviver com outras crianças, e ela aceita e gosta da escola. Podemos intuir uma saída por meio do aprendizado e desenvolvimento, pelo *processo do pensar*.

Digo a Ana Clara que possivelmente ela desejava uma relação amorosa ao invés de uma relação perversa, e que sente, por meio de sua análise, uma possibilidade de existir, pelo conhecimento de si mesmo e pela relação comigo.

Quando a mãe toma uma atitude e a coloca na escola, há separação: há a presença de uma mãe suficientemente boa. Ana Clara, apesar de perceber uma raiva em sua mãe, parece-me que considera uma raiva afetiva e "quente" que a protege da tia, ou de si mesma.

Bion (1965/1991) escreve em *Transformações*: "Visto que psicanálise não visa dirigir a vida do paciente, mas sim capacitá-lo a dirigi-la conforme suas próprias luzes e, portanto, saber quais são as suas próprias luzes" (cap. 4, p. 37). Ana Clara vai se conduzindo por suas próprias luzes.

Penso que ao analista cabe apresentar as diversas situações que vai percebendo no contato com a experiência emocional ao analisando, que entendo ser o mesmo que Bion nos fala sobre apresentar pensamentos a serem pensados (Bion, 1962-1963/1991). Esta apresentação possibilita ao analisando a expansão de sua mente, ao deparar com esses "novos" pensamentos, e daí, sim, chegar às suas próprias decisões. Por essa expansão, considero que exista o *prazer no pensar* – um prazer de realização e que conceituo de prazer/secundário, que traz alívio pelo autoconhecimento e desenvolvimento de capacidades para que a própria pessoa possa conter essas novas aquisições.

As palavras com *sentido* (significados) vão tecendo a realidade interna, no aprender com a experiência. E, assim, cada lembrança é construída, é modificada e ampliada a partir do momento presente, podendo gerar novas redes de significados e proporcionar mudanças psíquicas, assim como nos conta Ana Clara nesta sessão. Ela pôde entrar em contato com a dor e sofrer a dor, pode agora lembrar, portanto, ela pode elaborar uma saída mais atual, pode agora decidir e escolher.

Sonho: análise como guardiã da mente...

Apesar dos longos anos de trabalho analítico, sinto Ana Clara como uma pessoa ainda curiosa e interessada por descobrir-se, em continuar a desvendar e experienciar os mistérios que abriga dentro de si, na relação com a analista.

Penso que ela pôde incorporar um objeto analítico, desenvolvendo uma capacidade de auto-observação. Que, apesar da tessitura de tantas coisas experienciadas juntas, por meio do vínculo analítico, há ainda muita vitalidade, e prosseguimos com o prazer que conjeturo advir do processo do *pensar*. Para ilustrar, trago um sonho de Ana Clara, como uma referência da análise como guardiã da mente: *Tive um sonho hoje, que me fez sentir bem, mas fiquei curiosa para entender o que significa, pensei em algumas coisas...*

Sonhei que estava aqui com você, na minha análise, eu deitada e você em seu lugar, quando percebi umas marcas de pés no teto, nesta direção que eu estou no divã. Pensei: é algo invisível, mas que, mesmo sendo invisível, vai deixando as marcas dos pés, de preto no teto. Depois tinha uma mesa aqui dentro, grande, de madeira nobre, estava eu, você e meu filho maior, ele era criança, mas estava fazendo lição, e ficava prestando atenção em nós duas, aprendendo também.

Confiando em suas associações, digo-lhe que me parece um sonho bastante complexo, e que nos disse que pensou em algumas coisas... Espero por ela...

Lembrei primeiro do Gasparzinho, o fantasminha camarada, que era invisível, mas que sempre dava um jeito para ser enxergado porque queria a amizade das pessoas, se sentia muito na solidão. Ele enfrentava muitas situações difíceis para chegar perto de alguém que merecesse sua confiança, mas era justo, era esperto, não se enganava com quem era fingido. Depois pensei em mim nesta análise, e você como meu anjo de guarda, me acompanhando. E meu filho aproveitando disto tudo, pois está bem em sua análise também.

Conversando com ela, digo-lhe que podemos pensar também em coisas que permanecem invisíveis, até serem vistas, mas que ficam cutucando para serem enxergadas. Daí, quando nos aproximamos delas, começam a aparecer os significados, as marcas dos pés pretos, e que nós duas vamos fazendo isso, em cada sessão, de um jeito ou de outro. Pensei nas marcas de pés pretos, como os conflitos e perdas que também vão ficando visíveis e, portanto, mais claros, "e você os aguentando. Você me inclui como seu anjo da guarda, mas você tem sido o seu também, descobrindo o seu

Gasparzinho que percebe melhor o que está acontecendo e o que ele quer".

Ana Clara me responde: É, não gosto mais de coisas escondidas, mesmo que deem muito trabalho.

Trabalho da dupla

Conjeturo que esta conversa nos revela que o trabalho analítico está atingindo, ao mesmo tempo, vários níveis psíquicos: o Gasparzinho como sendo sua parte escondida e que precisa de cuidados, assim como continuar com um diálogo psíquico, que a afaste da solidão; revela-nos também sua resiliência e força, para enfrentar situações difíceis – prefere não mais fingir, pois sente que engana a si mesma, e que já provou desse veneno. Sustenta o desejo de ser amada, revelando intimidade e seu desejo de deixar marcas em mim; ao mesmo tempo, me pergunta se eu aguento suas marcas pretas, refletindo sobre essas marcas. Entendo que Ana Clara se mostra sincera, e exige a sinceridade do outro.

Parece que Ana está discriminando melhor o que é real e verdadeiro do que é ilusão e falso, após ter passado por uma "mistura", confusão e desorganização, fazendo-a sentir só dor, e penso que nos revela que dessa maneira não conseguia aprender.

Em um processo de análise, quando há uma conversa e se escuta o outro, há a triangulação – situação edípica se realizando na sessão, em que o outro tem espaço para pensamentos próprios.

Penso que, com a existência do vínculo entre nós, vai se constituindo a instalação de um *objeto transformador*, que a protege e a acompanha, mas também conjecturo a possibilidade de que esse objeto transformador já existia primariamente (pré-concepção), como uma capacidade de seu verdadeiro *self* (Winnicott, 1965[1960]).

Sinto a psicanálise como um processo inesgotável de autoconhecimento, de enriquecimento, de "guardiã da mente", pois nos dá a oportunidade de nos tornarmos, a cada dia, quem somos com o processo do *pensar*.

Muitos autores escreveram sobre identidade, mas destaco León e Rebeca Grinberg (1971). Eles dizem:

> *Assumir em forma madura uma identidade, baseada numa ideologia progressiva que tende ao conhecimento e permite a mudança, pressupõe um luto, porque implica na ruptura de estruturas estabelecidas e identidades prévias, para logo reintegrar-se de uma maneira diferente. Constitui um verdadeiro processo revolucionário interno, porque o indivíduo tem que passar pela experiência caótica de períodos, ainda que transitórios, de desorganização e dissolução de sistemas psíquicos, valores estabelecidos e vínculos objetais, para integrar-se numa reorganização que o leva a configurar uma nova identidade. Cremos que tais experiências são verdadeiros momentos criativos, que resgatam o autêntico de cada um e enriquecem a condição de ser "si mesmo" para si e para os demais.* (p. 153)

Reflexões sobre o processo do pensar para: Freud, Klein, Winnicott, Bion e outros autores...

Entendo que, para Freud (1915/1974), os processos do pensamento se dão quando: "os atos de catexia que se acham relativamente distantes da percepção, são em si mesmos destituídos de qualidade e inconscientes, e só atingem sua capacidade para se tornarem conscientes através de ligação com os resíduos de percepções de palavras" (p. 230). Ele prossegue dizendo que as apresentações da palavra (processo secundário) se originam das percepções sensoriais, que são as experiências emocionais, as apresentações da coisa (processo primário). Ele levanta a questão do porquê de as apresentações de objeto não poderem tornar-se conscientes por intermédio de seus *próprios* resíduos perceptivos. E diz: "o pensamento prossegue em sistemas tão distantes dos resíduos perceptivos originais, que já não retêm coisa alguma das qualidades desses resíduos, e, para se tornarem conscientes, precisam ser reforçados por novas qualidades" (p. 231).

Freud (1911/1974) coloca sobre o pensar: "originalmente inconsciente, na medida em que ultrapassava simples apresentações ideativas e era dirigido para as relações entre impressões de objetos, e que não adquiriu outras qualidades perceptíveis à consciência até haver-se ligado a resíduos verbais" (p. 281).

Assim, o pensar se realiza quando se encontra o sentido entre uma ideia e sua representação, apresentação da coisa ligada à apresentação da palavra (Freud, 1915/1974), ou quando se encontra o sentido daquilo que se sente. Mas continua ele: "estar ligado às apresentações da palavra ainda não é a mesma coisa que tornar-se consciente, mas limita-se a possibilitar que isso aconteça; é, portanto, algo característico do sistema Pcs., e somente desse sistema" (p. 231).

Suponho, então, que o tornar consciente só é possível por meio de "ligação", de vinculação, e, referindo-me ao processo analítico, só é possível por meio do vínculo relacional – consequentemente, inclui-se a vida afetiva do analista, a mente do analista, para que os analisandos possam ser levados a novas qualidades, dos afetos originais. Nesse sentido, lembro-me do artigo de Winnicott sobre o "medo do colapso", em que diz que o colapso já aconteceu, e não pode ser "lembrado", porque o indivíduo não estava lá no momento. Somente poderá lembrar, junto com o analista, no momento atual da sessão, por estar adquirindo uma mente para pensar, daí pode vencer a repressão, ou buscar a "lembrança" no Inconsciente (reprimido). Pensei também no Inconsciente que Isaias Melsohn diz que não existe nesse sentido, mas só depois que se experiencia pode-se buscar no Inconsciente - antes "não estava" no inconsciente (reprimido).

Voltando-me para Freud, penso que, quando um impulso afetivo é hipercatexizado por meio da ligação com a apresentação da palavra, há uma nomeação do afeto mais a vivência experienciada ou lembrança do momento passado, no aqui e agora da sessão, por exemplo, o afeto[3] se transforma em sentimento e se torna, então, consciente ou consciência discursiva (Melsohn, 1981), processando-se o pensar.

Bion, em "Volviendo a pensar", refere-se às perturbações do pensar, ao fracasso da relação mãe/bebê em estabelecer uma identificação projetiva normal, impedindo o desenvolvimento da função alfa e, portanto, de uma diferenciação entre os elementos conscientes e inconscientes. A função alfa converte os dados dos sentidos em elementos alfa e, assim, proporciona à mente o material necessário para os pensamentos e para os sonhos, para o consciente e inconsciente. Ele diz: "De acordo com esta teoria, a consciência depende da função *alfa* e é uma lógica supor a necessidade que esta função exista se vamos supor que o *self* pode ter consciência de si

---

[3] Considero afeto o componente da pulsão, que, quando ligado à representação, se transforma em sentimento.

mesmo no sentido de que só se conhece a si mesmo por haver experimentado a si mesmo" (p. 215).

Bion (1961/1991) também enfatiza a importância do vínculo relacional, da capacidade de *rêverie* da mãe, na formação do processo do pensar:

> *A personalidade da criança por si mesma é incapaz de utilizar os dados dos sentidos, e tem que evacuar esses elementos em sua mãe, e confiar nela para fazer tudo o quanto seja necessário para convertê-los em uma forma adequada que permita utilizá-los como elementos.* (p. 215)

Considero que a capacidade de pensar seja constitutiva, mas que se desenvolve por meio da ligação com o outro. Meltzer (1984/1986) nos diz:

> *Esta concepção sobre o desenvolvimento da capacidade de pensar do bebê implica que esta capacidade não é somente dependente da capacidade de rêverie da mãe para pôr em ordem sua experiência caótica, mas também em sua disponibilidade como um objeto de internalização.* (p. 43)

Relembrando o trabalho de Esther Bick, em que fala de uma fase ainda mais primitiva no desenvolvimento do bebê, que é anterior à posição esquizoparanoide desenvolvida por Melanie Klein. Ela propõe a existência de experiências de não diferenciação entre o ego incipiente e o objeto, anteriores às experiências de cisão primária da posição PS. Portanto, no início da vida, relacionado a esse período de não diferenciação, se pressupõe que a personalidade não existe como um todo. A experiência desse período é vivida pelo bebê como partes não conectadas entre si e, por isso, algo tem que as manter unidas, algo que exerça essa função. Esther Bick nomeia de pele, "pele psíquica", sentida como determinando este limite. Ela diz:

> *Mas esta função interna de conter as partes do self depende, inicialmente, da introjeção de um objeto interno, sentido como capaz de cumprir esta função. Mais tarde, a identificação com esta função do objeto substitui o estado não integrado e dá origem à fantasia de espaços internos e externos.* (Bick, 1948/1967)

Ela propõe que essas experiências entre mãe/bebê, são experiências sensoriais que facilitarão o processo de introjeção dessa função continente, a qual é sentida concretamente como uma pele que irá conter o ego e o objeto. Como exemplo, podemos pensar na amamentação: como a mãe segura o bebê, o jeito que fala com ele e o cheiro familiar.

Thomas Ogden (1989) também fala de uma posição anterior à PS, que chama de posição autística-contígua, que consiste em uma organização psicológica mais primitiva. Ele refere: "O modo autístico-contíguo é um modo pré-simbólico de gerar experiência, preponderantemente sensorial, que provê um bom grau de vinculação da experiência humana e o início do sentimento de lugar onde se produz essa experiência" (p. 341). Ou seja, este conceito de posição autística-contígua implica pensarmos sobre algum tipo de relacionamento desde o início. E, portanto, essas experiências sensoriais de contiguidade da superfície da pele produzem os rudimentos de experiência do *self*, por exemplo, da face do bebê ao tocar o seio da mãe. Essas experiências sensoriais são preparatórias para a criação de símbolos (p. 348).

Melanie Klein (1930) afirma que os processos simbólicos estão presentes em todas as atividades expressivas humanas e nos fundamentos da criatividade e sublimação. Os processos simbólicos são compreendidos como fundamentais para a emergência do pensamento verbal, da linguagem, bem como de todas as manifestações artísticas e científicas.

O prazer no pensar: qual nível psíquico sofre com a análise e pode aproveitá-la

O nível psíquico que sofre com a análise é o nível que tem a condição de poder suportar, tolerar, ser capaz de conter dentro do espaço psíquico, as próprias experiências traumáticas. Há a distinção entre *dor*, por exemplo, a dor corporal ou dor como existência da falha de representação, e que não se aprisiona apenas no corpo, e sim pertencendo ao existencial, do indivíduo como um todo.

Tanto a capacidade de lidar com a *dor* (processo primário: reação automática/sem pensar) quanto a de *sofrer a dor* (processo secundário: sentir e saber que sente) depende da estruturação psíquica de cada pessoa, assim como a capacidade de *sentir prazer* e aproveitar o que a análise pode proporcionar.

O processo de análise não desenvolve o ser capaz de *sentir prazer*, apenas liberta o indivíduo de seu aprisionamento, mas apenas se ele possuir essa característica intrínseca inata. Nesse processo, o mesmo cabe ao analista, inclusive sua disposição inata a sentir prazer poderá interferir, pois também participa desse "sofrer e aproveitar", na relação vincular, como pessoa singular.

Lembrando-me de Bion (1965/1991), em *Transformações*, ao se referir à realidade, ele diz: "Mas a realidade que é odiada é a realidade de um aspecto da personalidade do paciente". Conjecturo então que, quando há o aparato emocional/psíquico e este indivíduo já não mais se satisfaz por meio de alucinação, ou só por meio de descargas, pois um desapontamento maior vai se impondo, o próprio indivíduo se empenha por efetuar uma alteração mais adequada à realidade e busca o *prazer*, onde a realidade está inserida agora, busca uma qualidade de prazer, à que me refiro como sendo um prazer secundário, em que os dois princípios do funcionamento mental estão em relação.

Sobre as perturbações do pensar, Bion (1965/1991) enfatiza estados extremos de inabilidade da mãe, tanto em não aceitar as identificações projetivas do bebê quanto em aceitá-las de forma exagerada. Eu acrescento inabilidade também do analista, e essa inabilidade pode incrementar a dificuldade ao enfrentar a perda "de um estado idílico por uma nova fase e supressão da nova fase porque ela envolve dor" (p. 81). Esse "bem-estar" ou pseudo bem-estar é mantido por uma crença que acrescenta força ao medo e ódio de pensamentos, e "há um apego a um estado de mente doloroso, incluindo depressão, porque a alternativa é sentida como sendo pior, isto é, que pensamento e pensar significam que um seio quase perfeito foi destruído" (p. 81).

Falando de outra forma, podemos pensar que, quando um analisando vem para análise, geralmente a parte psicótica de sua personalidade quer que o analista faça o papel que ele tem introjetado dentro de si, que o analista seja como ele o está projetando, pois o paciente o vê assim: como uma mãe que não contém, por exemplo, e sua parte não psicótica tem esperança de que ele exerça sua função de analista e transforme seus afetos em palavras com sentido, para que possam ser pensadas. Refletindo, penso que quando a parte psicótica do analisando e os aspectos psicóticos da personalidade do analista vencem, a análise e a relação vincular perdem nesse momento, e sugiro que, assim sendo, estamos falando em *dor* ou que está havendo apenas descargas para evitação de um *sofrer a dor*, da dupla, e, portanto, só há o prazer de descargas (uma fuga do desprazer), que se refere ao princípio do prazer/desprazer.

Em uma análise bem-sucedida, incluindo analisando/analista, tenho enfatizado em outros trabalhos (Nunez, 2008, 2011a, 2011b) que a análise do analista vai além do período em que ele fez sua própria análise: cada processo de análise de um analisando provoca no analista a necessidade do analista de ir se desenvolvendo, processo contínuo, e se adequando a aspectos de sua personalidade que ainda não foram explorados e expandidos. Em uma análise bem-sucedida, também o analista precisa ter disponibilidade para mudanças e a capacidade de sentir essa qualidade de *prazer*.

Nesse sentido, o prazer/secundário estaria inserido no processo analítico com cada analisando. Em termos de descargas, podemos refletir quando a descarga acontece como uma forma de comunicação: o analista é englobado, participa ativamente, entende esse englobar e se separa como pessoa, pois é capaz tanto de sonhar os sonhos do analisando quanto ir sonhando os seus próprios durante o processo.

Talvez essa disponibilidade de mudanças no analista seja também uma especificidade em análises duradouras: quando a dupla se mantém viva, por meio do prazer/secundário no *processo do pensar*.

O prazer/secundário pode ser estimulado desde a relação primária com a mãe, quando ela mesma tem essa capacidade de sentir essa qualidade de prazer: de estar psiquicamente ligada ao bebê e de enxergá-lo como uma pessoa singular. O mesmo acontece em análises, quando o analista é capaz também de sentir essa qualidade de prazer, abrangendo uma identificação empática e um olhar singular pelo analisando. A mãe/analista está tão próxima da compreensão do que o outro pode estar sentindo que o *insight* promove não só esse prazer/secundário, mas também o prazer do princípio do prazer/desprazer em que está inserido.

A mãe, assim como o analista, não põe "coisas" dentro do bebê ou do analisando, e sim o contato entre duas mentes é que poderá favorecer uma expansão, tanto em um como no outro.

Nesse sentido, o prazer/secundário refere-se a relações com objetos totais, ligado à posição depressiva e aos conflitos edípicos, e podemos conjecturar a existência de comunicação inter e intrapsíquica da ordem do simbólico.

Quando há falhas de vinculação (Alvarez, 1996/1997), podemos pensar, então, que o indivíduo busca uma felicidade ilusória, com a evitação do sofrer a dor e o desprazer; em contrapartida, para experimentar sensações de prazer/descarga, nega a realidade como defesa, idealizando situações falseadas, imaginando que seria a única forma de obter "prazer", vendo a realidade muitas vezes como inimiga e como causadora de todo o seu sofrimento. Busca fora e/ou dentro de si (busca alucinatória do prazer) qualquer coisa que preencha essa ilusão (princípio do prazer/desprazer no sentido de descarga).

Prazer do princípio do prazer/desprazer e prazer/secundário...

O prazer do princípio do prazer "destina-se, segundo Freud, a livrar a personalidade dos acréscimos de estímulos e não a efetuar modificações no ambiente" (Bion, 1962-1963/1996, p. 29). Seriam, por exemplo, os movimentos da musculatura, das mudanças de semblante, como sendo "o esforço para escapar à experiência de contato com os objetos vivos, pela destruição da função-alfa, deixando a personalidade incapaz de se relacionar com qualquer aspecto seu que não se assemelhe a um autômato" (p. 29). Diz ele: "Um movimento muscular, um sorriso, deve ter uma interpretação diferente do sorriso da personalidade não psicótica" (p. 29).

Suponho, então, que podemos considerar convergências entre o prazer do princípio do prazer com os elementos beta que não são memória, e sim fatos não digeridos. Diz Bion (1962-1963/1996):

> *Os elementos beta não se prestam à utilização como pensamentos oníricos, mas são passíveis de emprego na identificação projetiva. Têm importância na produção de atuações. São objetos que se evacuam ou se usam para certo tipo de pensar que depende da manipulação do que sente como coisas em si, nas condições em que se substitui tal manipulação por palavras ou ideias.* (pp. 22-23)

Se a função alfa tem êxito sobre as impressões sensoriais e sobre as emoções que o analisando percebe, os elementos beta se transformam em elementos alfa; se é perturbada, as impressões e emoções permanecem inalteradas. Somente os elementos beta digeridos pela função alfa (elementos alfa) se tornam utilizáveis pelo pensamento. Quando se dá a digestão por meio da experiência emocional, podemos falar em prazer/secundário, uma qualidade de prazer em que o indivíduo pôde sonhar seus sonhos.

Portanto, por meio do percurso analítico, podemos pensar em um resgate dessa qualidade de prazer, prazer/secundário, pois não só há a dejeção dos elementos beta por meio da identificação projetiva, mas há também a experiência de contato que se materializa pelo processo do pensar, tanto no analisando quanto no analista, pois entendo que esse resgate acontece pelo resgate de si próprio e do outro. O transformar descargas em símbolos, e aproveitá-los na realidade da própria vida, propicia essa qualidade de prazer/secundário.

Referindo-me à analisanda Ana Clara, ela chega para análise vivendo um horror ao perceber sua indiscriminação com seus objetos interno/externos, e pede que eu não repita cegamente com ela sua história, de ausência de intimidade e autonomia.

Nesse sentido, é pertinente então falarmos que: a compulsão à repetição psicótica busca o prazer apenas como descargas, e a compulsão à repetição, no sentido de tentativas de elaboração, busca uma qualidade de prazer.

Freud (1920/1974), em *Além do princípio do prazer*, diz:

> *Sabemos que o princípio de prazer é próprio de um método primário de funcionamento por parte do aparelho mental, mas que, do ponto de vista da autopreservação do organismo entre as dificuldades do mundo externo, ele é, desde o início, ineficaz e até mesmo altamente perigoso. Sob a influência dos instintos de autopreservação do ego, o princípio de prazer é substituído pelo princípio de realidade.*
>
> Este último princípio não abandona a intenção de fundamentalmente obter prazer; *não obstante, exige e efetua o adiamento da satisfação, o abandono de uma série de possibilidades de obtê-la,* e a tolerância temporária do desprazer como uma etapa no longo e indireto caminho para o prazer. (p. 20, grifos meus)

Continua ele:

> *Outra ocasião de liberação do desprazer, que ocorre com não menor regularidade, pode ser encontrada nos conflitos e*

> *dissensões que se efetuam no aparelho mental* enquanto o ego está passando por seu desenvolvimento para organizações mais altamente compostas. *Quase toda a energia com que o aparelho se abastece, origina-se de seus impulsos instintuais inatos, mas não é a todos estes que se permite atingir as mesmas fases de desenvolvimento.* (Freud, 1920/1974, p. 21, grifo meu)

Concluo então que o que traz *dor* e desprazer se refere: ao acúmulo de tensão da mente, a uma incapacidade ou falha de desenvolvimento do ego para lidar com uma quantidade de excitação (catexia), com o excesso, como os *S (estímulos)* do mundo externo, ou quando surgem impulsos (do interior do organismo) e/ou o superego se apresenta rígido e cruel.

Sentir prazer/secundário seria o *self* dar conta de catexias, do excesso, e poder adequá-las ao real possível, levando o organismo a uma homeostase para logo em seguida se instaurar um novo desafio – diferente do princípio do nirvana. O desejar sempre, não com o significado de que o *self* nunca se satisfaz: o *self* se satisfaz[4] em um determinado momento, e existem objetos que o satisfazem. Talvez o desejar sempre se refira ao desejo [5] de permanecer vivo, com vitalidade e expansão da mente, e à busca de algo sempre: é esse o processo que gera uma qualidade de prazer – quando há o encontro da pré-concepção com uma realização, conquistada por meio do processo do *pensar*.

Em minha experiência clínica, não observei nenhum analisando que quisesse voltar para a barriga da mãe (o paraíso

---

[4] Satisfação significando paz, contentamento, aplacamento de necessidades e das revindicações pulsionais, apaziguamento de um estado de inquietude (Hans, 1996).

[5] Desejo significando prazer e vontade; disposição de fazer algo; enfatiza sensação extraída da atividade (Hans, 1996).

perdido), nem que quisesse voltar ao estado inorgânico, muito pelo contrário: querem prosseguir, mesmo sabendo que um dia encontrarão a morte, mas, nesse sentido, a morte da mente/corpo como sendo algo inevitável, e como uma realidade da vida, que só nos resta aceitar. Os que "querem" esse paraíso ilusório e idealizado não procuram e permanecem em uma análise, e sim apresentam muitas dificuldades em fazer lutos tão indispensáveis ao amadurecimento.

Análise consiste em *insights*, capacidade de enxergar a realidade, e adquirir capacidade de decisão: o todo por inteiro. Mas algo mais se incrementa: para alimentar a mente do que a análise pode desenvolver, o analisando tem que se sentir digno de receber (ao analista a mesma referência). A valorização e dignidade sobre si e sobre o outro são aspectos indispensáveis nesse desenvolvimento.

A analisanda a que me refiro, Ana Clara, nos conta que não foi se desenvolvendo para ser melhor, valorizando um resultado, e sim que ela foi *sendo* a pessoa que ela é. Foi adquirindo certa firmeza e confiança por meio da paciência, de experienciar seu percurso analítico até os dias de hoje.

Vinheta clínica: o prazer no pensar no percurso de Ana Clara... Um trabalho que possibilitou esse prazer/secundário, depois de tantos anos...

Ana Clara chega dez minutos atrasada, e nos conta que organizou suas coisas em casa para poder vir para a análise e seguir depois para o trabalho. Diz que teve aula de violino no sábado e o professor chegou atrasado. Neste momento sinto curiosidade em saber qual o real motivo do atraso. Ela diz: *Ele se atrasou porque dá aulas em outras escolas; tem compromissos com a Sinfônica. Eu fiquei estudando enquanto isso – foi bom.*

Quando ele chegou, me deu uma música nova, em tom de Sol, cheguei a me emocionar. Daí ele me disse: "nossa se você se emocionou com esse tom, você vai gostar de tocar viola! Eu não dou aula de viola, mas, se você quiser, terá que ter outro professor".

Primeiro lhe digo que o que me passou foi uma conversa com intimidade, com confiança e liberdade. Ela reconhecendo que o professor tem uma vida própria, com seus compromissos, respeitando-o e não se sentindo rejeitada devido ao atraso. Ele mostrando outras possibilidades a ela, sem ter medo de perder sua aluna.

Conversamos sobre nós duas, e sobre o trabalho analítico.

Novos tons de experiências

Sensibilizada por estar entrando em contato com novos instrumentos internos, que antes estavam fora de seu alcance, vai fazendo face a novos tons de experiências, e parece sentir-se grata. Ana Clara se atualiza e continua atualizando a analista.

A análise, mesmo depois de muitos anos, vai ampliando sua vida mental: há qualidade estética (Likierman, 1989) e possivelmente vai desenvolvendo sua capacidade estética pela aproximação de si mesma.

Um "professor"-analista que não prende permite que o aluno-paciente cresça e, sentindo-se seguro, dá mostras de uma análise que não sufoca, mas liberta; dá mostras de uma mãe com *rêverie* e contenção tanto para seu bebê quanto para si mesma.

Por isso naturalmente é indispensável
ver o mais claro possível em si mesmo,
iluminar os recônditos mais ocultos do seu ser!
Ter a imagem de sua própria natureza.
Não se permitir desgarrar.
Sim, eis o que deveria ser
a prece diária de cada homem honesto:
Que eu permaneça fiel a mim mesmo.
Arthur Schnitzler (citado por Chemouni, 1992)

Referências

Alvarez, A. (1996/1997). Falhas na vinculação: ataques ou deficiências? In M. O. França (Org.), *Bion em São Paulo: Ressonâncias*. São Paulo: Imprensa Oficial do Estado.

Bick, E. (1948/1967). Notas sobre la observación de lactantes en la enseñanza del psicoanálisis. *Rev. Psicoanal*, *24*(1), 97-115.

Bick, E. (1968/1991). A experiência da pele em relação aos objetos arcaicos. In: *Melanie Klein hoje: desenvolvimentos da teoria e da técnica. Artigos predominantemente* teóricos (Vol. 1, pp. 194-198). Rio de Janeiro: Imago.

Bick, E. (1986). Considerações adicionais sobre a função da pele nas relações objetais iniciais. *British Journal of Psychoterapy*, *2*(4).

Bion, W. R. (1961/1991). Uma teoria do pensar. In *Melanie Klein hoje* (Vol. 1). Rio de Janeiro: Imago.

Bion, W. R. (1962a/1977). Una teoria del pensamiento. In *Volviendo a pensar*. Buenos Aires: Editorial Paidos.

Bion, W. R. (1962-1963/1996). O aprender com a experiência. In Os elementos da psicanálise. Rio de Janeiro: Zahar.

Bion, W. R. (1964/1985). All my sins remembered: Another part of a life and The other side of genius: Family letters (F. Bion, ed., pp. 179-180). London: Karnac Books.

Bion, W. R. (1965/1991). Transformações: a mudança do aprender para o crescer. Rio de Janeiro: Imago.

Bion, W. R. (1968). *Lectures and seminars in APA*. Buenos Aires, Argentina.

Bion, W. R. (1967/2000). *Cogitações*. Rio de Janeiro: Imago.

Chemouni, J. (1992). Freud e o sionismo - terra psicanalítica - terra prometida. Rio de Janeiro: Imago.

Freud, S. (1911/1974). Formulação sobre os dois princípios do funcionamento mental. In *Edição Standard Brasileira das Obras Psicológicas Completas de Sigmund Freud* (Vol. XII). Rio de Janeiro: Imago.

Freud, S. (1914a/1974). Recordar, repetir e elaborar. In *Edição Standard Brasileira das Obras Psicológicas Completas de Sigmund Freud* (Vol. XII). Rio de Janeiro: Imago.

Freud, S. (1914b/1974). Sobre o narcisismo. In *Edição Standard Brasileira das Obras Psicológicas Completas de Sigmund Freud* (Vol. XIV). Rio de Janeiro: Imago.

Freud, S. (1915/1974). O inconsciente. In *Edição Standard Brasileira das Obras Psicológicas Completas de Sigmund Freud* (Vol. XIV). Rio de Janeiro: Imago.

Freud, S. (1919/1974). O 'estranho'. In Edição Standard Brasileira das Obras Psicológicas Completas de Sigmund Freud (Vol. XVII). Rio de Janeiro: Imago.

Freud, S. (1920/1974). Além do princípio do prazer. In *Edição Standard Brasileira das Obras Psicológicas Completas de Sigmund Freud* (Vol. XVIII). Rio de Janeiro: Imago.

Freud, S. (1937/1974). Análise terminável e interminável. In *Edição Standard Brasileira das Obras Psicológicas Completas de Sigmund Freud* (Vol. XXIII). Rio de Janeiro: Imago.

Grinberg, L. (1978). *Teoria de la identificación.* Buenos Aires: Paidós.

Grinberg, L., & Grinberg, R. (1971). *Identidad y cambio.* Buenos Aires: Kargieman.

Hans, L. A. (1996). *Dicionário comentado do alemão de Freud.* Rio de Janeiro: Imago.

Henri, P. (2010). Resilience. In Salman Akhtar (Ed.), *Good Feelings: Psychoanalytic reflections on positive emotions and attitudes* (p. 329). London: International Psichoanalytical Association.

Klein, M. (1923/1975). El papel de la escuela en el desarollo libidinosos del niño. In *Obras completas de Melanie Klein* (Vol. 2). Buenos Aires: Paidós. Buenos Aires.

Klein, M. (1930). A importância da formação de símbolos no desenvolvimento do ego. *In Amor culpa e reparação: e outros trabalhos (1921-1945)* (Obras Completas de Melanie Klein, v. l). Rio de Janeiro: Imago, 1996. p. 249-264.

Klein, M. (1950/1991). Sobre os critérios para o término de uma psicanálise. In: *Inveja e gratidão e outros trabalhos: 1946-1963* (Vol. 3, pp. 64-69). Rio de Janeiro: Imago.

Likierman, M. (1989). Significado clínico da experiência estética. *Int. Rev. Psycho-Anal., 16*, 133.

Melsohn, I. (1981). Sentido, significação, sonho e linguagem – Reflexões sobre as formas de consciência no processo analítico. *Boletim de Psiquiatria*, *XIV*(2), 45-100.

Meltzer, D. (1984/1986). What is na emocional experience? In *Studies in extended methapsychology*. London: Clunie Press.

Meltzer, D. (1987). *Vida onírica:* una revisión de la teoría y de la técnica psicoanalítica. Madrid: Tecnipublicaciones.

Nunez, W. P. S. (2008). Dores intestinais substituindo dores psíquicas. *Revista Construções/Associação Brasileira de Candidatos.*

Nunez, W. P. S. (2011a). A trajetória da busca de um olhar de reconhecimento. In 47° Congress of the International Psychoanalytical Association (IPA) (IPSO). Mexico City, 2011; XXIII Congresso Brasileiro de Psicanálise. Ribeirão Preto, 2011; e VII Congreso de la Asociación Psicoanalítica del Uruguay, 2012.

Nunez, W. P. S. (2011b). Analisabilidade: limites do analisando, do analista e do método. In *XXIII Congresso Brasileiro de Psicanálise*. Ribeirão Preto.

Ogden, T. H. (1986/1989). La matriz de la mente: las relaciones de objeto y el diálogopsicoanalítico. Madrid: Tecnipublicaciones.

Ogden, T. H. (1989). On the concept of na autistic-contiguous position. *Int. J. Psychoanal.*, *70*, 127-140.

Ogden, T. H. (1995). Analisando formas de vitalidade e desvitalização da transferência-contratransferência. In *Livro Anual de Psicanálise* (pp. 175-188). São Paulo: Escuta.

Rank, O. (1924). *El trauma del nascimiento*. Buenos Aires: Paidós.

Rosenfeld, H. (1987). Impasse e interpretação: fatores terapêuticos e anti terapêuticos no tratamento psicoanalítico de pacientes neuróticos, psicóticos e fronteiriços. Rio de Janeiro: Imago.

Winnicott, D. W. (1958). A capacidade para estar só. In *O ambiente e os processos de maturação.* Porto Alegre: Artmed.

Winnicott, D. W. (1963/1994). O medo do colapso. In C. Winnicott, R. Shepherd, & M. Davis, *Explorações psicanalíticas.* Porto Alegre: Artes Médicas.

Winnicott, D. W. (1965/1960). Distorção do ego em termos de falso e verdadeiro *self. In O ambiente e os processos de maturação.* Porto Alegre: Artmed.

O velado, o sentido, o experienciado: o percurso de seu próprio Édipo[1]

las historias que nos contamos construyen la realidad. Llámense mitos, parábolas, paradigmas o credos, siempre han sido las historias las encargadas de dotar de sentido a nuestra existencia.
(Javier Argüello, 2011)

[1] Trabalho original apresentado em reunião científica da SBPSP. Comentários de Plinio Montagna (jun. 2014); apresentado no 30º Congreso Latinoamericano de Psicoanalisis de Fepal, "Realidades y Ficciones", Buenos Aires, Argentina (set. 2014).

¿Yo me pregunto: quién nos cuenta? ¿El inconsciente de mamá o de papá? ¿Nuestras pulsiones?

As crenças/mitos, quando se tornam conscientes e testadas na realidade (sentidas/experienciadas/pensadas), têm a possibilidade de promover atualização e desenvolvimento do *self*. Não são mantidas como certezas, e sim como probabilidades possíveis. Não aprisionam o sujeito. Essas crenças me parecem ser crenças catástrofes (mudanças), em que há o recurso de *sofrer dor mental* pela perda do conhecido e, portanto, discriminadas de crenças tragédias, em que o pensar e o transformar estão impedidos sob a égide de um superego cruel. Entendo que essas crenças possam ser modificadas de trágicas para catastróficas, mas essa condição depende de o sujeito poder primeiro se tornar sujeito de sua própria história, por meio de elaboração e luto primário. Nesse sentido, penso que se realiza o Édipo como um processo de genuinidade do *self*, pela triangulação (o aspecto mãe como aquela que contém; pai como representante simbólico; bebê como o inato e com possibilidades de vir a ser desenvolvido), mas sempre por aproximações e de forma contínua.

Considero crenças como um repertório pulsional que se originam do *id*, com possibilidades de permanecerem inconscientes, de se tornarem conscientes, ou se tornarem inconscientes novamente (inconsciente reprimido).

Crença pode ser considerada como leio em Freud (1927/1950-1974): "chamamos crença a uma ilusão quando uma satisfação de desejo for um fator proeminente na sua motivação" (p. 31). Ou quando ele escreve: "A realidade psíquica é uma forma particular de existência que não deve ser confundida com a realidade material"

(Freud, 1900/1950-1974, p. 620). Pode ser considerada dessa forma, mas eu acrescento satisfação de desejo imediata sem conexão com a realidade objetiva de ilusão, ou de "confusão". Assim sendo, penso nesse tipo de crença pertencente a um funcionamento da PS. Em contrapartida, quando a crença pode ser testada na realidade, ou quando é possível haver uma integração da satisfação do desejo com realidade externa, aí estamos falando de um funcionamento da PD, e "Se após a conclusão do ato do pensamento a indicação de realidade atinge a percepção, então um julgamento de realidade, uma crença foi alcançada" (Freud, 1895/1950-1974, p. 313) e pode ou não ser uma verdade genuína.

Uma crença pode significar um aprisionamento do sujeito, como pode ser fruto de um processo de desenvolvimento e amadurecimento da vida mental, incluindo elaboração e luto primário. Nesse sentido, a crença ou mito individual vai se transformando num novo vínculo intrapsíquico. Por exemplo, quando o analista ou mesmo o analisando se deparam com suas crenças (aqui no sentido de ilusão) ou onde estão estruturadas as suas dificuldades, poderá ocorrer, nesse momento, até esperança de um novo vínculo intersubjetivo, atualizando essas crenças antigas, mas caberá ao analista a responsabilidade de percepção, tanto em relação a si próprio quanto em relação ao paciente - contribuindo, portanto, para o prosseguimento da análise (da dupla).

No trajeto que percorro com meus analisandos, penso que também estão inseridos meus limites (e crenças) como pessoa e, portanto, como analista. Sem os analisandos, eu não teria me desenvolvido também em muitos aspectos de minha personalidade. A maneira como cada sessão vai sendo construída, a maneira como eu converso com eles (construção/interpretação) tem a ver também com como eu sou (Nunez, 2011, p. 2). Acredito que o analista não precise contar ao analisando sobre si mesmo, pois o analisando "percebe", ele convive conosco. Ele também nos mostra como somos, mesmo que de maneira deformada. O processo é a dois. Os dois precisam se colocar à disposição para sentir e mudar, pois penso que, se não for dessa forma, não há análise. É de suma importância que cada um de nós se questione sobre nossas supostas certezas (p. 2). E, acrescento, nos questionarmos e refletir sempre sobre nossas "crenças".

Assim se sucede com as histórias que nos contam nossos analisandos; elas precisam ser testadas, sentidas, experienciadas na relação de análise, no "conviver" da dupla.

As crenças interferem na nossa visão de realidade, provocam sentimentos, influenciam nossas percepções de mundo, influenciam nossas atuações, como também promovem nossas atitudes. Agem em nossos subterrâneos e são capazes de produzir sintomas.

Muitas vezes sentimos e agimos sem saber qual o motivo que nos impulsiona. Vamos seguindo como se "farejando um caminho", que nem nós sabemos que já o sabemos.[2]

É nesse sentido que me veio à mente o título deste artigo: "O velado, o sentido, o experienciado: o percurso de seu próprio Édipo", pois entendo ser o percurso de todo sujeito que deseja se alimentar do *pensar*, por meio da busca de si mesmo, se aproximando de uma maior liberdade e genuinidade de seu *self*.

O mito de Édipo, em Colono, é lembrado neste trabalho como analogia no sentido de busca de relação triangular (sentir/experienciar/pensar).

No meu entender, existem as crenças catástrofes e crenças tragédias, que se diferenciam pelo significado como leio Bion se

---

[2] Freud (1893-1895/1950-1974), em *Estudos sobre a histeria*, diz: "cegueira do olho que vê", no qual "se sabe e não se sabe uma coisa ao mesmo tempo" (p. 117).

referindo ao Conter: as crenças catástrofes se referem a mudanças (mudanças catastróficas; ver Bion, 1966), há nelas a possibilidade de transformar significados ou capacidade de transformar pressão pulsional em representação mental, enquanto nas crenças tragédias há impedimentos para haver mudanças e, portanto, não há contenção.

As crenças catástrofes como aquelas que se estruturam em possibilidades, em aproximações de verdades mais genuínas (próprias, discriminadas), e que podem ser aprofundadas em um momento seguinte e, portanto, desfeitas para dar lugar a uma mais adequada. Esse tipo de crença gera um *sofrer a dor mental* pela perda de certezas, e são crenças que envolvem elaboração e luto. É como um cristal que se quebra em muitos pedaços, mas com chances de uma nova forma, como o caleidoscópio, que traz a possibilidade de o sujeito nomear e pensar a experiência vivenciada por ele, "prazer secundário" (Nunez, 2013), para poder ser quem ele é.

Já as crenças tragédias, ao contrário, envolvem apenas *dor mental*, são aquelas enraizadas em certezas, em impossibilidades de transformações, e que se sustentam pelo ódio ao *pensar*, aprisionando o sujeito em si mesmo.

Neste momento cabe uma reflexão: qual a crença a que o paciente e o analista estão submetidos ou apenas podem suportar no momento do encontro analítico?

Penso que nossas crenças (inconscientes) agem ora como um "parceiro protetor", as quais, por meio de nossos recursos, vamos tornando conscientes a cada passo que suportamos, ora agem como inimigo, enquanto não são possíveis de serem pensadas.

López-Corvo (2006), em *Wild thoughts*, fala em dois *falsos self* um complacente (obediente ao esperado, dedicado ao agradar ou a enganar o castrador imaginário-ligado à dependência absoluta) e um negativista (escondido, vingativo, organizador sádico-anal), equiparado à PS e fala do *verdadeiro self*, ligado a atitudes, com capacidade de conter a verdade interna e impedir mentiras, em que o sujeito vai sendo sempre, vai se tornando, equiparado à PD.

Tenho a impressão de que Corvo diz, em relação ao verdadeiro *self*, ser uma presença em negativo, algo a ser construído ou que permanece até surgir com a ajuda de *insights*. E, como leio Winnicott (1965 [1960]), há uma possibilidade de surgir o verdadeiro *self*, na relação com o outro. Particularmente, penso que os dois autores se complementam.

Provavelmente as crenças estão interligadas ao falso *self* (repressão, superego cruel) ou ao verdadeiro *self* (genuinidade, superego cuidador); ao "não sujeito" ou ao "sujeito". Nesse sentido, considero "sujeito" o indivíduo discriminado de seus objetos internos primários e, portanto, já separado deles, tendo elaborado e feito o luto primário, mas essa discriminação, elaboração e luto a partir daí, sempre acontecendo num processo contínuo.

As histórias que nos contam, os mitos, são arquivos vivos, que vão se modificando e com possibilidades de irem se modificando cada vez que o sujeito entra em contato consigo mesmo ou, dizendo de outra forma, quando há uma experiência emocional. Considero experiência emocional como um "tocar" relacional intrapsíquico e/ou intersubjetivo e que sempre envolve um *sofrer* para que aconteça uma mudança. O prazer advém como resultado dessas mudanças – realizações.

O processo analítico favorece a atualização dessas histórias/memórias que estão guardadas, veladas e escondidas, mas que clamam por serem experienciadas para assim poderem ser pensadas e atualizadas.

Quando uma crença é uma realidade interna (sentida, experienciada) e que se materializa sob o teste de realidade (objetiva), e procede o pensar, entendo que se fez o Édipo.

Experiência clínica

Descrevo uma "história" contada por uma analisanda, a Sr.ª A, sobre o mito que tem a seu próprio respeito: de como foi o início de sua vida. A mãe da Sr.ª A, ao saber que estava grávida, conta a seu marido e a sua sogra, recebendo deles uma reação de "você não será capaz de aguentar a gestação, por ser frágil e muito magra". A sugestão dada foi que ela teria que abortar o bebê e aquela "gestação". E assim aconteceu: a mãe da Sr.ª A foi levada pela sogra a uma farmácia onde o farmacêutico era de confiança da família, para que tomasse injeção abortiva por três vezes.

Mas um detalhe surpreendente me foi revelado: a mãe de minha analisanda, ao sair de casa para tomar as injeções para abortar, se percebeu rezando para "Nossa Senhora de Aparecida" para que as injeções não fizessem efeito e não prejudicassem o bebê.

Como mencionei, três tentativas de aborto aconteceram, mas o bebê suportou. Quando a mãe da Sr.ª A passa por uma consulta no obstetra, este diz a ela e ao marido: "Podem preparar o enxoval, pois este bebê está muito agarrado em seu útero, ele está forte como uma rocha".

A avó materna teve uma postura diferente quando soube das tentativas de aborto: fica triste e dá apoio à filha, lhe dizendo que confiava que ela teria, sim, possibilidades de se tornar mãe.

Por muitos anos, a relação entre a mãe e minha analisanda, me conta ela, foi de difícil convivência, não havia confiança e uma disputa velada pairava entre elas, sugerindo que ambas buscavam uma continência afetiva. Parece-me, de início, uma mãe desamparada psiquicamente, mas que teve, paradoxalmente, forças para não sucumbir: rejeição e não continência, de um lado, e esperança de possuir recursos para levar a termo a gestação, de outro.

No início da análise da Sr.ª A, as queixas sempre se dirigiam à falta de amor de sua mãe por ela, e, em troca, não podia sentir amor pela mãe. Diz ela em uma sessão: *Uma mágoa profunda paira entre nós duas.*

Lembra-se de um "grude" em sua infância por sua mãe, mas não consegue descrever esse grude, nem para mim nem para si mesma – essa impossibilidade lembra-me fatos indigestos que não podem ainda ser pensados. Na adolescência, não se sentia com intimidade para lhe contar suas coisas, recorrendo à avó paterna para fazer suas confidências. A mãe se ressentia por essa aproximação de minha analisanda com a avó paterna, provavelmente porque era a mesma avó que sugeriu as "injeções abortivas".

Nas sessões, trazia situações se referindo a uma relação, que sempre dava o máximo de si, de que gostava de ser sincera com a outra pessoa, mas que desconfiava que o outro não fosse capaz de assim o ser.

Transferencialmente, no início, a nossa relação se apresentava desta forma: eu a sentia colaborando muito com o trabalho, considerando a mim, a relação, mas, ao mesmo tempo, muito desconfiada de que eu não fosse capaz de acompanhá-la em seu desenvolvimento, ou de que eu não fosse totalmente sincera com ela. Muitas vezes a senti com medo de que eu fosse abandoná-la, e também senti ameaças de que ela poderia fazer o mesmo comigo, ou com o trabalho. Faço suposições de que ela não me sentia a rejeitando, e sim medo de que eu não fosse aguentar o que surgia de nossa relação; em contrapartida, me instigava a crescer como pessoa/analista.

Ela me diz: Você tem sua vida própria, tem outros interesses...

Depois de alguns anos de trabalho analítico, postulo que minha analisanda conseguia me ver como ser humano, além de sua analista. Essa postulação é fruto de algumas reflexões que fiz durante esses anos. Por exemplo, em uma sessão ela me diz: *Não idealizo ninguém, não consigo supervalorizar uma pessoa, posso admirar como ela é, ou como conseguiu realizar seus sonhos, mas sei que não deixa de ser gente.*

Em outra sessão, referindo-se ao mesmo assunto, mas já com outras transformações: Talvez meu pai tenha contribuído para isso, pois ele me dizia que, se um dia eu tivesse medo de me aproximar de alguém, que eu lembrasse que essa mesma pessoa poderia estar usando uma cueca vermelha de bolinhas brancas no momento de eu me aproximar. E, continuando, ela me diz: Acho que meu pai quis me passar que todos nós temos nosso lado humano e, portanto, frágil.

Percebo nela uma capacidade intuitiva, e esse recurso dela me instiga a escutá-la com atenção e cuidado. Minha percepção me fazia crer que ela por muitas vezes rejeita algumas de suas intuições, não acreditando em suas próprias potencialidades. Parece-me que tem uma crença, e que se percebe testando: a consciência de uma ignorância de si mesma, e que essa ignorância não só a coloca em situações de "*grande dor*", mas que suspeita que possivelmente busque essa grande dor em algumas situações que vive "*como um imã*", ora como uma experiência para que possa aprender, ora acredita possuir um aspecto de sua personalidade perverso.

Na transferência teme que eu seja uma analista sem condições, que a faça sofrer com nossas conversas, "*sem que algo positivo possa resultar*", teme que eu não possa ter por ela um olhar e escuta sincera, que eu não tenha consideração por ela, ou que eu não tenha recursos para atendê-la. Muitas vezes senti que provoca em mim um não suportar ficar com ela, no sentido de que ela possa me destruir, por mostrar minha fragilidade. Assim, revive a crença de seu quase abortamento, em que a mãe se submeteu ao desejo da avó, aceitando tomar as injeções. Teme que a analista não lute por ela.

Nossos encontros despertam em mim uma sensação de que ela não só se observa, mas que me observa e me sente também e, portanto, espera de mim que eu a ajude a se separar, a se discriminar de seus objetos primários terroríficos, no sentido de ser quem ela é. Ao mesmo tempo, sinto um apelo, para que haja discriminação entre nós duas. Entendo que deseja intimidade e confiança no vínculo.

Em nossas construções, quase sempre a senti "forte", como nas palavras do obstetra: "forte como uma rocha", qualquer que fosse a profundidade da descoberta, mesmo as descobertas mais difíceis de tolerar e as que provocassem muito sofrimento a ela. Lembro-me da sessão que traz a morte de seu pai, e a imagem que me veio à mente enquanto ela falava: de uma lápide e nós duas abrindo o caixão para nos deparar com o que estivesse ali.

Conto a ela minha imagem, e em resposta me diz: Nossa, foi me dando um frio, senti arrepios, um medo apavorante de que eu fosse ficar presa ali. Que bom que você pôde me levar lá, você também teve coragem, você não fugiu, me acompanhou.

Com cuidado eu lhe digo: "Não fomos lá, no cemitério, experimentamos uma dor aqui, dentro de cada uma de nós, os destroços estão aqui para cuidarmos juntas. Acho que você me diz quando precisa se aceitar ser frágil e aceitar ser merecedora de ter alguém junto com você".

Ela me responde: Estou aprendendo que ser frágil não é desistir, e aprendendo que ser forte é se permitir ser coerente consigo mesmo.

Um sonho surpreendente de mudança?

A Sr.ª A me diz: *Walkiria, eu tive um sonho hoje que senti como sendo um sonho muito importante, que diz algo de profundo, de minhas entranhas, surpreendente... Sonhei com uma casa, não com paredes divididas em quarto, sala, cozinha, era grande como um galpão, mas feita de barro, tijolos vermelhos. Eu andava dentro dela passando por obstáculos, conseguindo ultrapassá-los, até que vi um obstáculo grande em minha frente, homens me ajudam e este obstáculo "quadrado como um bloco" é quebrado. Depois do caminho livre, vejo uma mulher com um bebê nu em seus braços; ele chorava muito, muito e ela não o ouvia. Senti angústia, eu olhava triste para a mãe e o bebê, mas depois de um tempo uma porta se abre com claridade e saí daquele lugar.*

Não é meu intuito, neste artigo, comentar sobre as construções conseguidas com minha analisanda em relação a este sonho, e sim deixar em aberto para que os leitores possam sonhar seus próprios sonhos por meio dessa vinheta/sonho. Atrevo-me com pretensão de que eu possa instigar lembranças de histórias que cada leitor possa buscar internamente. Apenas comento o que me suscitou o sonho trazendo um trecho de Fernando Pessoa:

> *Há um tempo em que é preciso abandonar as roupas usadas que já têm a forma do nosso corpo, e esquecer os nossos*

caminhos, que nos levam sempre aos mesmos lugares. É o tempo da travessia: e se não ousamos fazê-la, teremos ficado, para sempre, à margem de nós mesmos.

Uma catástrofe (mudança) se apresenta, no lugar da tragédia vivida por anos: o que era antes velado, mas sentido, torna-se experienciado e atualizado

Quando a Sr.ª A engravida, sua mãe se afasta dela drasticamente, não a visita nem acompanha sua gravidez. Somente quando é informada de que a filha tinha ido para o hospital já em trabalho de parto é que toma a iniciativa de visitá-la. No encontro com a filha e sua netinha nascida, se "desarma de sua couraça defensora", abraça a filha e lhe pede perdão por todo seu afastamento.

Minha analisanda, a Sr.ª A, conta-me sobre uma crença tragédia que carrega sobre si durante muitos anos: a crença de que sua presença provoca medo, abandono e destruição no outro. Penso que ela a transforma em uma crença catástrofe, em que o medo e destrutividade também podem pertencer ao outro, independente de si. A antiga crença foi sentida, experienciada na relação com a analista, *pensada* e, portanto, transformada em uma mais adequada.

Acredito que ela teste a veracidade sempre que possível, não só dessa crença, mas de tantas outras que possui.

A analista continua também testando suas crenças/mitos no trabalho com seus analisandos, que inclui sua vida como pessoa.

Crença tragédia lembra-me *Édipo Rei* (Sophocles, 1967a), que acredita na profecia do Oráculo, acreditando ser a única, mas não a mais genuína de si e, assim, traça sua própria sorte sob a égide de um superego cruel. Certeza e arrogância características, de como leio transformações em alucinose (Bion, 1965/1991). As crenças tragédias impossibilitam o *pensar*.

O analista se ilude ou se cega de forma crônica,[3] quando não se discrimina de seu analisando tentando dar respostas às suas questões, ou lhe dizendo o que será melhor para sua vida, e principalmente quando considera apenas o que ele conta, deixando de observar o que acontece entre ele e seu analisando, como se apresentam na relação. A cegueira acontece, mas, se passageira,[4] deve contribuir para o conhecimento, que se estabelece apenas por aproximações e sempre transitório.

Crença catástrofe lembra-me Édipo em Colono: "Quando eu não sou mais, é aí que passo a ser um homem?". Novamente se apresenta um enigma, mas onde há lugar para o não saber, onde há condições de humildade ou sabedoria, um espaço para o não definitivo.

Concordo com Britton (1998/2003) quando diz: "A percepção de que é uma crença, é um processo secundário que depende da possibilidade de ver a crença de fora do sistema da própria crença". Entendo sobre o que ele diz que, se eu tenho uma crença, se a percebo, eu acredito que ela seja uma verdade, ou a coloco em dúvida, e esse processo refere-se ao processo secundário. Acrescento eu que toda crença precisa ser testada, precisa ser colocada em dúvida, quando tornada consciente. Precisa ser pensada em relação a sua veracidade, e assim atualizada, mas baseada na realidade

---

[3] *Enactment* crônico (analista atuando na sessão, impedido de sonhar os sonhos de seu paciente).

[4] *Enactment* agudo (quando o analista se sente em condições de sonhar os sonhos do paciente: permite-se "sentir" e evoluir para representações psíquicas, devolvendo-os metabolizados e transformados ao paciente – sonhos a dois).

interna e objetiva. E continua ele: "Isto depende da internalização e da tolerância da situação edípica" (p. 24).

Assim, acredito ser a psicanálise e a relação analista/analisando um espaço criado para a possibilidade de tornar conscientes crenças, guardadas nos subterrâneos que impossibilitam um pensar e um viver criativo e singular. Espaço este para suportar e conter o não saber e o saber por meio da experiência emocional.

Considero que a capacidade de sofrer dor mental seja um recurso importantíssimo para poder abdicar de crenças antigas e prejudiciais, assim como poder suportar ser sozinho, mas com uma presença que envolve amor e compaixão. "A abolição da capacidade de crer produz uma perda de senso de realidade psíquica" (Britton, 1998/2003, p. 32).

Escrever sobre "O velado, o sentido o experienciado: o percurso de seu próprio Édipo" possibilitou-me reflexões sobre minhas crenças, aproximar-me das possíveis, mas deixo um espaço para as dúvidas e para o não saber, que irão me acompanhar sempre...

Referências

Bion, W. R. (1965/1991). Transformações: a mudança do aprender para o crescer. Rio de Janeiro: Imago.

Bion, W. R. (1966). Catastrophic change. *Bull. Brit. Psycho-Anal. Soc., 5.*

Britton, R. (1998/2003). Crença e imaginação. In *Explorações em psicanálise.* Rio de Janeiro: Imago.

Freud, S. (1893-1895/1950-1974). Studies on hysteria (by Josef Breuer and Sigmund Freud). In *The Standard Edition of the*

Complete Works of Sigmund Freud (Vol. II). London: Hogarth Press.

Freud, S. (1895/1950-1974). Project for a scientific psychology (1950) [1895]. In *The Standard Edition of the Complete Works of Sigmund Freud* (Vol. I). London: Hogarth Press.

Freud, S. (1900/1950-1974). The interpretation of dreams. In *The Standard Edition of the Complete Works of Sigmund Freud* (Vol. X). London: Hogarth Press.

Freud, S. (1927/1950-1974). The future of an illusion. In *The Standard Edition of the Complete Works of Sigmund Freud* (Vol. XXI). London: Hogarth Press.

Freud, S. (1933[1932]/1974). Conf. XXXI – A dissecção da personalidade psíquica. Novas Conferências Introdutórias sobre Psicanálise. In *Edição Standard Brasileira das Obras Completas de Sigmund Freud* (Vol. XXII). Rio de Janeiro: Imago.

López-Corvo, R. E. (2006). Wild thoughts searching for a thinker: a clinical application of W.R. Bion's theories. London: Karnac.

Nunez, W. (2011). Analisabilidade: limites do analisando, do analista e do método. In *XXIII Congresso Brasileiro de Psicanálise: Limites, Prazer e Realidade*. Ribeirão Preto.

Nunez, W. (2013). O Prazer no Pensar: análises duradouras. In *XXIV Congresso Brasileiro de Psicanálise: Ser Contemporâneo: Medo e Paixão*. Campo Grande, MS.

Sophocles (1967a). Oedipus at Colonus. In M. Hadas (Ed.), *The complete plays of Sophocles* (pp. 219-261). New York: Batam Books.

Sophocles (1967b). Oedipus The King. In M. Hadas (Ed.), *The complete plays of Sophocles* (pp. 75-114). New York: Batam Books.

Winnicott, D. W. (1965[1960]). Distorção do ego em termos de falso e verdadeiro *self*. In *O ambiente e os processos de maturação*. Porto Alegre: Artmed.

Memória biológica: sensações conscientes pertencentes ao não verbal que se manifestam...[1]

Neste artigo arrisco-me a falar de um tipo de memória que não se refere a uma memória representativa, e sim a uma "memória biológica" – trata-se de registros implícitos na estruturação do *Ser*. Neste intuito investigo a teoria já existente para embasar a experiência. Clínica e teoria estarão fornecendo, então, subsídios para uma reflexão mais profunda. Mark Solms e Oliver Turnbull (2002) falam sobre memória:

> *El término "memoria" cubre muchas funciones mentales diferentes. Algunas veces consideramos la memoria como el acto de recordar. Este aspecto de la memoria es la reminiscencia, el traer a la mente algún hecho aprendido con*

---

[1] Artigo original apresentado em reunião científica da SBPSP em 9 de maio de 2015. O material clínico aqui apresentado faz parte do artigo "*Self* desamparado: acolhimento no *setting* analítico", publicado como artigo do grupo de estudos da SBPSP no livro *Des-amparo e a mente do analista*, Blucher, 2018.

> *anterioridad o un suceso vivido. Otras veces, el término "memoria" se refiere no al proceso de traer conocimiento almacenado en sí. Este significado de "memoria" denota la parte de la mente que contiene rastros de influencia del pasado que persisten en el presente. El término "memoria" también se emplea en conexión con el proceso de adquirir conocimiento, es decir, el proceso de aprender o memorizar.*
>
> *Como la función de la memoria cubre tantos temas diferentes, lós científicos cognoscitivos de hoy la dividen en una variedad de funciones.* (p. 140)

Memória biológica são possíveis registros que vão sendo inscritos no *Eu* desde o início da vida da formação de um ser, e, portanto, registros estruturantes na constituição do *self*. Nesses registros, sensações conscientes fazem parte da consciência restringida[2] de Bion ou expressiva de Isaias Melsohn e outros,[3] que marcam a existência e que se manifestam durante todo o percurso da vida do indivíduo. Esses registros emergem e se manifestam por meio de sinais e sintomas crônicos, por exemplo, nas doenças psicossomáticas em momentos de desintegração; e/ou nas somatizações, em que os aspectos não integrados se manifestam por meio de sintomas agudos. As duas formas de expressão clamam por serem integradas na personalidade.

Tentarei dialogar com as teorias de Winnicott e Bion, no sentido de buscar em seus arcabouços teórico-clínicos as contribuições sobre a constituição da mente, assim como outros

---

[2] Em minha leitura, Bion coloca como sendo a sede dos elementos *beta*, mas que não podem ser usados como pensamentos oníricos.

[3] Edelman (1992/1995) fala em consciência primária (pp. 164 e 178); Damásio (1999/2000) fala em consciência central (p. 34).

autores: Pally, E. Gaddini, Solms, I. Melsohn etc., para embasar a memória biológica.

Como material clínico, trago a experiência analítica vivida com Sofia, uma jovem analisanda que, durante alguns anos de seu percurso de análise, me transmitiu um não *Eu*, uma não existência de sua singularidade, ora por meio de sinais (um "desplugamento" de si mesma), ora por meio de sintomas. Sinais e/ou sintomas se manifestaram no campo analítico como uma tentativa de comunicação, que podem evidenciar um aprisionamento do *self* ou talvez até se manifestassem como um apelo, para que juntas incentivássemos sua busca de autenticidade. Trabalho árduo, construído a quatro mãos por nove anos e seu sofrido processo interno de separação/individuação.

Introdução

Os diversos artigos que versam sobre a constituição do *self*, no meu entender, referem-se à possibilidade da existência de "relações vinculares", que incluem mãe/pai/bebê, na formação do corpo/mente. São escritos no sentido de se aproximar de uma integração do *self* do indivíduo como um todo.

Não se trata de um tema, em primeiro lugar, de fácil acesso, pois cada vez mais há a necessidade de um aprofundamento, já que estamos nos referindo ao íntimo de cada um de nós. No entanto, esse íntimo é extremamente pleno de complexidade, e aproximarmos dele requer cada vez mais recursos internos para essa aproximação. É importante também ressaltar a disponibilidade para dialogar com as ideias de diversos autores que se interessam há muito por esse início de constituição do *self*.

Dialogando entre as teorias de Winnicott e Bion

Winnicott (1949), referindo-se à função da mente, diz:

> *O estudo do conceito de mente deve ser sempre realizado em relação a um indivíduo, um indivíduo total, aí incluindo o desenvolvimento desse indivíduo desde o início de sua existência psicossomática. Aquele que aceita essa disciplina poderá, então, estudar a mente do indivíduo enquanto especialização da parte psíquica do psicossoma.* (p. 333)

Penso ser a psicanálise um campo fértil de Olhar, de Escuta e de reconhecimento dessas relações vinculares, por meio de observações, investigações e construções que acontecem no campo analítico. O psicanalista como um instrumento vivo para enfrentar essa demanda de descobrimentos tão ricos e misteriosos/enigmáticos.

Cada psicanalista, com suas experiências teórico-clínicas, inclui suas teorias implícitas, contribui com essa causa maior: a de ser descoberta, experienciada e contida, a singularidade de cada indivíduo, que advém de separação/discriminação, contenção, e não de um vazio absoluto. Para esse intuito, cada um de nós possui suas teorias e crenças (Nunez, 2014) implícitas e segue por um caminho. Esse aspecto pode ser considerado um enriquecimento, pois os vários campos de pesquisa surgem justamente por essa particularidade – teorias implícitas e experiências clínicas de diversos autores, e o respeito com o que outro autor tem a contribuir. Se nos fizer sentido a teoria, muito bom, lembrar-nos-emos dela, senão, ou falta-nos a condição de compreender, ou falta ao autor um tempo maior para compreensão. De qualquer forma, o trocar saberes e experiências faz com que os descobrimentos "possam nos falar" por meio das experiências: *"Pensamentos em busca de um pensador"* (Bion, 1962/1991).

Nesse mesmo sentido, fazendo referência às palavras de Winnicott (1954/1978a), quanto ao trabalho do analista:

> *A análise não é apenas um exercício técnico. É algo que nos tornamos capazes de fazer quando certo estádio na aquisição de uma técnica básica é atingido. O que nos tornamos capazes de fazer permite que cooperemos com o paciente no andamento do processo, aquilo que, para cada paciente, tem seu próprio ritmo e segue seu próprio curso.* (p. 459)

Penso o trabalho de análise como sendo realizado a quatro mãos, um trabalho em conjunto (analista/analisando), relacional/vincular, que depende de vários fatores e de potencialidades do paciente, ou seja, relembro quando Winnicott (1962/1983) diz que existem fases da análise e as descreve acontecendo em três fases. Ele diz:

> *Contamos com certa força do ego nos estádios iniciais da análise, pelo apoio que simplesmente damos ao ego por fazer análise padrão, e fazê-la bem. Isso corresponde ao apoio dado ao ego pela mãe que (na minha teoria) torna forte o ego da criança se, e somente se, é capaz de desempenhar sua parte especial nesta época. Isto é temporário e faz parte de uma fase especial.*
>
> *Segue-se então uma longa fase em que a confiança do paciente no processo analítico acarreta todo tipo de experimentação (por parte do paciente) em termos de independência do ego.*

> *Na terceira fase o ego do paciente, agora independente, começa a se revelar e afirmar suas características individuais, começando o paciente a ver como natural o sentimento de existir por si mesmo.* (p. 154)

A leitura que faço sobre essas três fases é que cabe ao analista, e à mente do analista como *setting* psíquico, representar o fenômeno transicional, que, por meio de construções não só interpretativas, vai constituindo um ambiente acolhedor e propício para o desenvolvimento e amadurecimento de potencialidades do paciente. E ressalta ele: "uma grande parte da comunicação que se dá de paciente para analista não é verbalizada" (Winnicott, 1968/1994, p. 163).

Assim, podemos referenciar os movimentos, expressões corporais, detalhes de comportamento alicerçados pela linguagem corporal (facial, das mãos, postura etc..), que nos mostram que algo está sendo comunicado. Da mesma forma, o analista também se comunica. E tudo o que ocorre no campo analítico é mister ser considerado, nesta construção que Winnicott menciona acima: "um sentimento que o analista tem de que foi feita uma comunicação que precisa ser reconhecida" (p. 164), assim como uma mãe da preocupação materna primária tentando apreender, reconhecer e conter a comunicação de seu bebê. É a mãe, abarcada por um companheiro afetivo (pai do bebê), com seu olhar amoroso, desejante, que nomeará o bebê. É ela quem pode despertar no bebê o desejo de ele, posteriormente, olhar para o seu interior, elaborar suas angústias, discriminar o que é seu e depois se separar rumo à sua individualidade.

Bion ressalta também a importância da relação vincular mãe/bebê, e sobre o amor da mãe pelo pai do bebê. Diz que o bebê necessita, desde o início da vida, de uma mãe com capacidade de *rêverie* (Bion, 1962/1991), que significa capacidade de acolher, metabolizar e devolver transformadas ao bebê as primitivas experiências afetivas. Quando tudo dá certo dessa forma, inicia-se um processo de introjeção desse objeto continente, e o desenvolvimento de uma personalidade sadia começa avançar, no sentido de que esse bebê acolhido e contido no futuro terá condições de *pensar*[4] suas experiências emocionais em vez de evadir-se delas; do contrário, essa introjeção ficará prejudicada e o futuro de seu psiquismo também.

Ressaltamos igualmente a importância dessa capacidade da mãe de percepção sensorial, dessa comunicação não verbal, característica desde o início da vida, entre ela e o bebê.

Para Winnicott, "o precursor do espelho é o rosto da mãe", no qual "o que vê é ele mesmo" (Winnicott, 1962/1975a), ou seja, a importância do olhar amoroso da mãe. A constituição do *Eu* com a correspondente noção de existir (como um indivíduo separado) está na mútua interação física e psíquica do bebê com o objeto mãe. Se não houver esse encontro, ou se não houve empatia, o bebê seguirá desamparado e carregará a desvalia de seu ser.

Experiência clínica com Sofia[5]

Sofia parece que não teve um rosto amoroso/desejante para ter como espelho. Sem cuidados iniciais essenciais que satisfizessem suas

---

[4] Esse *pensar* advém de um *processo de pensar* (Nunez, 2013).

[5] Caso clínico descrito no artigo "*Self* desamparado: acolhimento no *setting* psicanalítico", publicado em Mello e Nunez (2018).

necessidades, entendo que pode ter acontecido, entre outras, uma falha empática[6] importante em seu desenvolvimento.

No início de seu processo de análise, Sofia não tem a percepção do que sente – só reage. Apresenta um quadro de infecção urinária crônica, e só sabe da existência de sua doença por meio de altas taxas de infecção constatadas nos exames de laboratório; apresenta também várias somatizações esporádicas. A indiferença afetiva se fez presente por muito tempo em sua análise, sugerindo um *self* desamparado por *falha* de *rêverie* e continência primária.

Sofia parece carregar como memória biológica registros de um desamparo profundo na estruturação de seu *Ser*. Ela, muitas vezes, trouxe para a sessão que precisava tomar conta da mãe em momentos em que esta se encontrava muito deprimida, ficando impedida por alguns dias de ir à escola. Podemos intuir, portanto, que não teve uma mãe em condições psíquicas para recebê-la com disponibilidade, mas provavelmente essa mãe não pôde se doar, por carência de cuidados maternos também em sua infância. O pai de Sofia era considerado por ela um pai ausente. Diz que o relacionamento entre os pais era "esquisito e frio". Várias vezes ela disse: *Meu pai não dá conta de minha mãe, ele só cuida da parte financeira.* Parece-me que internalizou um casal parental sem vitalidade e amor.

Percurso na existência: corpo-mente/mente-corpo

As descobertas sobre a relação corpo-mente têm passado por transformações sugerindo integrações valiosas, um aprimoramento

---

[6] É na falha empática, que se estabelece a doença psicossomática: falha em atender primeiro uma necessidade do corpo e depois um desejo (Grotstein, 1983).

crescente nas conceituações teóricas desde a época de Freud, Klein, Bion, Winnicott etc.

Com essas descobertas, podemos levantar hipóteses e fazer reflexões com articulações teórico-clínicas sobre por que adoecemos e o que estamos nos querendo dizer com esse "adoecer", lembrando-me também de McDougall, em *Teatros do corpo* e outros trabalhos.

A diferenciação corpo-mente/mente-corpo pode nos inspirar e nos fazer sentido, quando refletimos sobre o início de vida de um ser, como um possível percurso: primeiro o corpo em formação gradativamente dá abrigo para a mente; depois a mente dará abrigo para o corpo e, a partir daí, se constitui uma troca contínua. "Quando um deles falha sobrecarrega o outro parceiro"! Ou podemos lembrar-nos de Klein se referindo a *PS*[7] e *PD*[8], no sentido de que há momentos em que a percepção corpo e mente é de que estão separados (*PS*), mas há momentos em que estão integrados (*PD*) e trabalham como parceiros.

Nesse percurso inicial, é necessária a junção de um espermatozoide e de um óvulo, portanto dois inteiros, que se tornam partes, formando um inteiro, o *ovo*. Entendo que estamos falando de um corpo físico, mas que, implicitamente, neste corpo físico, espermatozoide e óvulo, existe a genética característica, e nessa genética estará incluída a parte psíquica de "muitos envolvidos" – aspectos transgeracionais, contribuindo para a futura vida psíquica do bebê. Bion (1997, citado por Junqueira Filho, 2016) nos elucida bem esse aspecto:

> *Os embriologistas dizem que podemos detectar restos de uma cauda vestigial, fendas branquiais etc., parecendo apontar*

[7] Posição esquizoparanoide de Klein.
[8] Posição depressiva de Klein.

> *para uma origem píscea de um tipo muito primitivo, do qual nós humanos nos afastamos. Mas, se este é o caso fisicamente, acho que o mesmo possa ter ocorrido mentalmente: podem ainda existir traços na mente ou personalidade ou temperamento, no presente, de partículas que possuem uma longa história, de coisas que esperaríamos serem fundamentais, básicas, primordiais. Será que algumas destas "partículas sobreviventes" podem ser evidenciadas naquilo que se pode observar agora na fala humana da pessoa com quem estamos falando, bem como em nós mesmos que produzimos a fala? Esta me parece ser uma das descobertas fundamentais da psicanálise: estados mentais arcaicos, pensamentos e ideias arcaicas, padrões primitivos de comportamento, tudo isso pode ser detectável em pessoas mais civilizadas e cultas já que, em pessoas mais primitivas é de se esperar que estejam menos camufladas. Estes elementos arcaicos podem, hoje em dia, adquirir certa importância: suponha, por exemplo, que os restos de uma fenda branquial possam gerar um tumor de fenda branquial. Do mesmo modo, poderiam existir certos elementos arcaicos detectáveis em nossas mentes ou personalidades, que sejam realmente sobreviventes e que possam proliferar de um modo benéfico, ou então de um modo patológico, canceroso. Esta é a única razão pela qual me parece interessante receber um paciente hoje, amanhã, no futuro, ou seja, sempre que ele ou ela estiverem dispostos a se deixar observar.* (p. 53)

Seguindo nesse raciocínio, a memória biológica se constitui por todos esses *imprintings* iniciais, submetida a influências de muitas variáveis, constituindo uma memória, não a memória de representação, como já referida, e sim uma memória por registros que vão sendo impressos.

Winnicott (1949), sobre o desenvolvimento inicial, diz:

> *Tentemos, pois, pensar o desenvolvimento do indivíduo começando no início. Eis aqui um corpo, sendo que a psique e o soma não devem ser distinguidos um do outro, exceto quanto à direção desde a qual estivermos olhando. É possível olhar para o desenvolvimento do corpo ou da mente. Suponho que a palavra psique, aqui, significa elaboração imaginária (imaginative) dos elementos, sentimentos e funções somáticas, ou seja, da vitalidade física. Sabemos que essa elaboração imaginativa depende da existência de um cérebro saudável em funcionamento, especialmente de certas partes do mesmo. A psique, entretanto, não é sentida pelo indivíduo como localizando-se no cérebro, ou em outra parte qualquer.* (p. 333)

> *Gradualmente, os aspectos psíquico e somático do indivíduo em crescimento tornam-se envolvidos num processo de mútuo inter-relacionamento. Essa interação da psique com o soma constitui uma fase precoce do desenvolvimento individual.* (p. 334)

Mais de Sofia

Sofia, por alguns anos, ora apresentava nas sessões um silêncio demasiado, que chama, tempos depois, de "silêncio assombroso", ora faltava e mandava "mensagens" pelo celular explicando sua falta.

O desamparo de Sofia aparece marcado no corpo. Sua fisionomia triste, pálida, e suas olheiras chamam atenção, e o que vem como imagem na mente da analista é a de um "*zumbi*", vagando pelo mundo.

Os sinais e sintomas que Sofia apresentava despertam na analista a necessidade de observação e escuta de níveis psíquicos muito primitivos. Na transferência, observo-os como manifestações e retorno de possíveis vivências arcaicas não integradas na personalidade. Essas vivências teriam ocorrido antes da linguagem verbal; segundo Roussillon (2012), "precedem a aparição da linguagem verbal, elas retornam na linguagem da época de seu registro, linguagem do afeto, linguagem da sensório-motricidade, do ato, linguagem do corpo, contemplados como linguagem narrativas" (p. 16).

Diz ele que a escuta psicanalítica é a que poderá integrar as formas de linguagem não verbais às cadeias associativas verbais: "associações advindas das diferentes formas primárias de expressão apoiando-se no corpo, considerada como primeiras linguagens" (p. 17).

Sofia, em várias sessões, parece "evacuar" tudo o que pode receber de nosso contato, mostrando-se "liquefeita", "esparramada" – momentos de desintegração, provavelmente pela ameaça de "entrar" em contato com estímulos internos e externos que clamam para se tornarem conscientes e serem contidos. Sua defesa parece-me o "apegar-se" às suas doenças enquanto não se adapta à realidade que, no momento, é insuportável. O apego, de certa forma, também funciona como um regulador biológico. Existe apego entre o que acreditamos e de que forma nosso corpo funciona a essas crenças (Hofer, 1996: Schore, 1994).

Parece-nos que Sofia se sentia em um estado desconectado, desplugado, desamparado, não percebendo nem as próprias mensagens internas que o corpo lhe transmite. Em algumas sessões, repete o que acontece entre ela e o namorado: *Em meu celular recebo os "avisos" de mensagens que Fernando recebe, porque ele teve que comprar o celular dele no meu nome, mas não recebo o conteúdo das mensagens, não sei do que se trata.*

Sofia tem muita dificuldade em guardar na memória – memória representativa (lembranças), as experiências emocionais, somente registros de vivências passadas são possíveis. Nossa "comunicação" por muito tempo permaneceu prejudicada.

Na época de Sofia completar um ano e meio de análise, a mãe pede para falar comigo, reclamando que a filha está ficando diferente, e ela (a mãe) não está gostando. Para surpresa minha, as duas entram na sala no horário marcado apenas com a mãe. Sofia não conseguiu ter "voz", facilitando que a mãe não lhe permitisse se expressar, falando sem parar "de Sofia" como se ela não estivesse presente.

Vinheta clínica após dois anos

Assim que Sofia desponta na sala de espera do consultório, a analista a vê, e sua aparência lhe provoca uma sensação estranha. Está pálida e as profundas olheiras, que se fazem presentes como nunca antes, parecem denunciar que algo aconteceu.

Enquanto a analista a vê caminhar até a sala, a sensação estranha continua – é como se a analista fosse "murchando": percebe seus ombros caírem e uma sensação de fragilidade no corpo, que não consegue discriminar o que seja.

Após sentar-se e alguns minutos de silêncio, Sofia diz: Não tenho conseguido dormir direito, minha infecção urinária voltou com tudo, só soube que estava alta através do exame de laboratório;

estou à base de antibióticos e a infecção está difícil de ceder desta vez. Não transo com o Fernando já algum tempo. Parece que tenho medo que ele me machuque e é exatamente isso que acontece: quando não ligo para ele (telefonar) ele vem atrás de mim, mas quando dou atenção ele judia de mim.

Surge na mente da analista uma imagem de um desmoronamento acontecendo. Diz a Sofia que ela está lhe pedindo que compreenda um sentimento que "não passa" e que está insuportável: o sentimento de não ter importância para o namorado, para a analista. Mas que teme ser machucada mais ainda se não acontecer essa compreensão. (A analista percebe o quanto necessita ter uma escuta e comunicação acurada para não intensificar ainda mais a ferida narcísica de Sofia).

A analista então pode relacionar a sensação de estar murchando com o temor de não compreensão de sua dor, na necessidade de ter alguém que esteja disponível para compreendê-la, alguém que lhe diga algo que seja como uma "rega" para uma planta que quer viver, crescer...

Sofia aceita a penetração psíquica e diz para a analista: Como você conseguiu falar tão simples assim; como me percebeu e falou? Hoje acho que estava triste, pensava em não vir para a sessão; acho que estava desanimada, duvidando que me entendesse.

A analista responde: "Conseguimos com a sua ajuda".

Comentários

A analista se disponibiliza a "sentir" Sofia desde que desponta na sala de espera e a observa caminhar. Sente a si própria, observa-se "escutando" seus próprios pensamentos, percebendo seu corpo físico. Todas essas sensações produzem em sua mente confusão, desorganização, desamparo. Aceita se vincular na relação com Sofia, na medida em que, com paciência, "espera" Sofia se comunicar, tentando compreendê-la da maneira que consegue. Suporta também o não saber sobre o que se passa internamente com Sofia, para que, juntas, possam sentir e descobrir, na esperança de transformar alguma vivência dolorosa que ainda não se tornou uma experiência emocional significativa. Quando Sofia diz "*Não transo com o Fernando já algum tempo. Parece que tenho medo que ele me machuque e é exatamente isso que acontece: quando não ligo para ele (telefonar) ele vem atrás de mim, mas quando dou atenção ele judia de mim*", neste momento, surge na mente da analista uma pergunta: que mensagens não estão conseguindo tomar forma e que não alcançam seu conteúdo, tanto em Sofia quanto do nosso encontro? Sofia nos aponta uma *falha* de comunicação, de vinculação! Ela demonstra "estar em" relação dual intrapsíquica, sadomasoquista. No campo a dupla experiencia o desamparo, encarnado na dúvida se a analista seria ou não capaz de continência: receber, transformar as mensagens que Sofia trazia, desintoxicando-as. Ao mesmo tempo, experienciando juntas o desamparo, Sofia pode "usar" a analista para se expressar e ganhar compreensão de seu temor.

Muitas vezes a analista era sentida na transferência como a mãe-analista-fria que não a compreendia, outras vezes a analista era sentida como intrusiva: quando Sofia não conseguia ainda perceber o que sentia e acolher; ou quando não conseguia compartilhar algo de si. Podia sentir então que a analista estava judiando dela (como Fernando) com tentativas de penetração simbólica.

O desmoronamento sentido pela analista que aparece em imagem mental e a sensação dos ombros caídos podem ser devidos ao descongelamento da *falha*, ocorrendo e sendo revivida – dessa vez experienciada em um vínculo continente.

Sofia parece sentir a disponibilidade da analista, parece ter a esperança de que a analista não repita esse padrão *falho* de funcionamento com ela, em que não há direito a sua existência. Com a continência recebida, por meio da função alfa da analista, acontece a transformação para uma realidade tridimensional: Sofia se sente acolhida e respeitada e, assim, pode reconhecer a si própria e reconhecer a presença da analista em seu mundo mental.

Podemos nos referir aos "registros" que Sofia sentia como marcas mnêmicas que persistiam, que temia não existir para a analista como sentia não existindo para a mãe; eram vivências à espera de experiências emocionais significativas. Sofia se "espanta" de ser enxergada.

As vivências fazem parte da consciência expressiva, em que a função alfa ainda não exerceu seu trabalho no processo do *pensar*, enquanto as experiências emocionais significativas referem-se à consciência representativa (Melsohn, 2001, p. 274). A consciência representativa requer o trabalho da função alfa sobre os elementos beta e o *pensar* resultante possibilita ao indivíduo organizar a experiência presente.

Aos poucos Sofia vai percebendo-se discriminada de sua analista e começa a guardar na memória as experiências entre elas.

> *Formando uma dupla com seu paciente, o analista deverá também se dispor a aprender com a experiência entre eles e a investigar aspectos ainda desconhecidos dentro de si. Além da equipagem teórica, é preciso estar suficientemente crescido psiquicamente para dar conta de seu trabalho com seus analisandos.* (Nunez, 2011, p. 3)

Com acolhimento no *setting*,[9] Sofia enfrenta e experiencia seu sentimento de desamparo, podendo nomeá-lo, explorar seus significados, representando-os e internalizando-os com transformações.

Sofia pôde experienciar o sentimento de dependência no vínculo com a analista, por se sentir "amparada", e assim pôde aproximar-se de si, construiu privacidade e intimidade, distinguindo-se da frieza/distância afetiva de seus pais.

Seu processo de análise durou nove anos, podendo agora perceber o que sente, conter e sonhar.

Identificação empática

Baseando-me no trabalho com Sofia e com outros pacientes que apresentaram momentos intensos de não integração e/ou desintegração, percebi neles uma necessidade de estabelecer com a analista talvez "uma relação" que não pôde acontecer inicialmente com a mãe – essa relação baseando-se em uma identificação empática.

Por meio da identificação empática é que o analista conseguirá perceber as comunicações afetivas não abrangidas pelas palavras – somente por meio de empatia é que o analista pode sentir os afetos do paciente.

---

[9] Anne Alvarez (1994) sugere que o processo de contenção se constitui de quatro fases: "o estágio receptivo ou continente em que o material provoca seu impacto; o trabalho de transformação que se passa dentro do terapeuta; a terceira fase que seria o trabalho interpretativo e a quarta que seria o efeito da interpretação sobre o paciente, ou seja, como ele a ouve. O efeito pode ser diferente daquela que o terapeuta pretendia" (p. 4).

Existindo empatia, a boa unidade se estabelece entre mãe/bebê, e irá implicar na constituição futura de *eu corporal*, na constituição do *self*, ou seja, visto dessa maneira, a relação empática inicial entre mãe/bebê terá função integradora - integrar para depois poder separar/individualizar.

Nos primórdios do desenvolvimento "o objeto é o sujeito" (Winnicott, 1966), e essa "ilusão primária" é essencial para que se estabeleça a experiência de *ser*. Se não for possível essa boa relação inicial com a mãe, a vida do bebê poderá se tornar trágica.

Se tudo der certo com essa relação inicial, Winnicott (1966) acrescenta que: "Num estágio posterior o corpo vivo, com seus limites e com um interior e um exterior, é sentido pelo indivíduo como formando o cerne do eu imaginário".

No trabalho analítico, o analista "experiencia" (ou não), empatia em relação ao analisando, não para adquirir suas características, sintomas e desejos, e sim para se colocar no lugar dele, momentaneamente sentindo o que possivelmente o paciente poderá estar sentindo. O analista não perde sua identidade - a parte expressiva identifica-se com a do paciente e a outra, representativa, racional, fica como observador.

Comentários sobre nosso trabalho

Sofia necessita de uma mãe/analista que receba suas mensagens, seus conteúdos e traduza a ela o que ela está sentindo, ou seja, que a encoraje a receber suas próprias mensagens e depois as contenha. Mas por muito tempo temeu penetração, temeu que eu a machucasse!

Podemos refletir sobre quais mensagens, em nível biológico, são enviadas, mas sua mente não consegue receber? São mensagens sem conteúdos? Ou esses conteúdos, se tornados conscientes, a fariam sofrer muito mais que a infecção urinária? Do que se defendia e *reagia*? No entanto, sem infecção, poderia "transar com o seu aspecto namorado"! Talvez nos conte sobre uma imaturidade de sua capacidade de *pensar* (*prazer secundário*; ver Nunez, 2013). Talvez nos conte sobre o "terror" que sente em separar/individualizar, e ficar sozinha.

Sobre essas mensagens que são enviadas, mas que não chegam, podemos correlacionar a afetos [10] congelados (não são afetos reprimidos, mas congelados, como afetos paralisados, ou indigestos, os quais não conseguiram significados pela consciência representativa e, portanto, impedidos do processo do *pensar*). Penso que somente quando o *self* estiver apto para acolher esses afetos é que poderá haver o descongelamento. Talvez tenha sido o que a analista sentiu no início da sessão com Sofia – suas percepções psíquicas desmoronando seus ombros, e ficando caídos pela visão que teve de Sofia, como uma necessidade de que houvesse um "desmoronamento/descongelamento", ou que estivesse próximo a acontecer.

Sobre o "terror" de Sofia em se separar/individualizar, talvez esteja relacionado à falha empática e, assim, à falha de vida imaginativa e, portanto, imaturidade de sonhar seus próprios sonhos. Por muito tempo Sofia apresentou uma tendência de se livrar de problemas, não conseguindo entrar em conflitos enfrentando-os, a não ser por meio das somatizações. Não sabia o que sentia, apenas adoecia. Muito antes de iniciar sua análise

---

[10] Afetos são sempre conscientes: consciência expressiva e consciência representativa.

comigo, foi diagnosticada como anoréxica, por um período de três anos, mas não me conta quase nada sobre esse período.

Sensações do não verbal

Em relação às sensações do não verbal, é importante levantarmos uma questão: podemos dar nome ao que sentimos em nível corporal? Quantas vezes percebemos ou sentimos algo e, ao tentarmos traduzir em palavras, não conseguimos abarcar o sentido nem o significado, ou o significado não dá conta do que sentimos ou do que queremos expressar?

Sabemos da existência de níveis no interior do indivíduo que se manifestam: o nível corporal ou biológico e os níveis psíquicos, expressivo e representativo, que formam o *self* como um todo. Como essas manifestações serão sentidas, apreendidas, nomeadas, contidas, ou seja, tornadas conscientes e readaptadas na realidade, irá depender de uma condição interna do indivíduo.

Ter a condição ou adquirir a condição de perceber manifestações corpóreas/psíquicas, por meio do olhar e escuta entrando em contato íntimo, e investigando dentro de si (aproximando-se de um sentido), podemos dizer que seja característico da constituição de um *Eu*, que dependerá da existência de uma condição inata e de condições ambientais que proporcionem essa construção. "O Psicossoma inicial prossegue ao longo de uma certa linha de desenvolvimento, desde que esse continuar a ser não seja perturbado... e para isso é necessário um ambiente perfeito. No início essa necessidade é absoluta" (Winnicott, 1949, p. 334).

Ele diz que o ambiente perfeito é o que atende e se adapta às necessidades do "*recém-criado psicossoma*", ou seja, o bebê. Se for um ambiente ruim, Winnicott chama de "intrusão", e o psicossoma do bebê terá que *reagir*.

Campo analítico

O *reagir* de Sofia teve a possibilidade de expressão no campo analítico, como tentativas de que suas necessidades iniciais de olhar, de escuta e de reconhecimento fossem atendidas. Com a experiência dos nove anos de trabalho, pôde transformar ou suportar e conter rupturas intrapsíquicas benéficas e essenciais.

Nesse sentido, levanto a hipótese sobre os "sinais" e "sintomas" que se apresentam durante o percurso de análise: o analisando apresenta e passa por períodos de não integração e/ou desintegração quando "entra" em contato com ***S*** (estímulos) que clamam para se tornarem conscientes[11] e serem contidos. Rupturas necessárias estão prestes a acontecer: enquanto o *self* (organismo como um todo) não se adapta à realidade interna e externa, as doenças psicossomáticas e/ou somatizações ganham território. Estamos falando aqui também de apego de modo de funcionamento do indivíduo e desapego (Gaddini, 1987, p. 323) e as consequências emocionais provenientes desses dois fenômenos.

Ante o desapego, o organismo reagirá com comportamentos de angústia e desregulação fisiológica, e, se correlacionarmos ao psíquico, em dissociação. O apego funciona como um regulador biológico. Existe apego entre o que acreditamos e de que forma nosso corpo funciona a essas crenças (Hofer, 1996; Schore, 1994).

---

[11] Todos os estímulos são conscientes (consciência expressiva), mas não pensáveis, enquanto são beta.

Ante o novo, o consciente se manifestando (consciência expressiva) e fazendo-se presente (consciência representativa), haverá interferência nesse apego biológico/psíquico, com perda da homeostase. "Ao mesmo tempo, o desapego requer da mente passar de uma fase para outra funcional, especificamente de não integração a autonomia efetiva" (Gaddini, 1987, p. 323).

Função da consciência: integrar dois mundos

Como, sem a *consciência*, sabe[12] o ser humano como se sente? Mark Solms e Oliver Turnbull (2004) descrevem ser essa a função da consciência. É ela quem nos diz se algo é bom ou mau. Para isso existe a consciência expressiva: para sentir. A função evolutiva de nosso "estado" consciente tem suas raízes nas estruturas de monitorização visceral do centro cerebral. Essa função é, portanto, intrinsecamente biológica. Seu valor evolutivo de sobrevivência é óbvio: quanto tempo sobreviveríamos se não tivéssemos uma maneira de monitorizar a delicada economia do meio interno de nosso corpo? A função mais básica da consciência, então, é monitorizar o estado desses sistemas homeostáticos (temperatura, nível de açúcar no sangue etc.) e reportar se estão "satisfeitos" ou não (p. 91).

Mas, a automonitorização é a função mais básica da consciência. Todas nossas necessidades vitais interiores somente podem ser satisfeitas em conformidade com o mundo externo. Continuam eles (Solms & Turnbull, 2004): "O estado interno de consciência (é o que nos diz, acima de tudo, quais são nossas

[12] Saber/perceber faz parte da consciência representativa; sentir faz parte da consciência expressiva.

necessidades atuais), portanto, tem que estar conectado com o estado atual do mundo ao nosso redor" (p. 91).

É de suma importância ter a condição de nos dizermos: "Me sinto assim, por isso penso ser melhor...", "Não quero continuar desta forma porque me faz mal", ou seja, dar um valor ou um sentido para o que se entra em contato. Há, portanto, reconhecimento e discriminação de mundo interno e objetivo. Damásio (1999c) conclui sobre a consciência que:

> *a consciência está composta de algo mais que mero conhecimento de nossos estados internos, e sim está composta de acoplar, unir o estado atual do self com o estado atual do mundo objetivo. A consciência então está composta de sensações projetadas sobre o que ocorre a nosso redor. É ela quem está alerta ao que ocorre ao nosso redor, assegurando (ou garantindo) ao meio basal (metabolismo) o próprio conhecimento.* (p. 92)

Diz Damásio (1999c) que os diversos canais de consciência estão unidos pelo "estado" assegurador de consciência, o qual é em si mesmo o homúnculo; [13] a pessoazinha em nossa cabeça é literalmente uma projeção do nosso ser corporal. Damásio chama a este mecanismo de acoplamento "consciência central" (p. 93).

Há semelhanças entre o modelo de Freud e de Damásio; inclusive Damásio (1999a) fez comentário a respeito, dizendo: "Creio que podemos dizer que os discernimentos de Freud sobre a

---

[13] O homúnculo cortical representa as partes do cérebro que controlam as diversas partes do corpo – é o responsável pela nossa percepção, isto é, o estado de nosso sentimento interno. Coleta os dados da nossa representação corporal, seja sensorial ou motor. Foi descrito pela primeira vez pelo Dr. Wilder Penfield entre os anos 1940 e 1950, e ainda é aceito pela neurociência atual.

natureza da consciência concordam com os pontos de vista mais avançados da neurociência contemporânea" (p. 93).

Sensações do não verbal na clínica

Muitos analisandos chegaram para suas análises com uma demanda de que sabiam que algo acontecia com eles, mas que não sabiam precisar o que era, mas sempre relacionavam a um mal-estar sem motivos concretos. Outros até descreviam problemas relacionados ao cotidiano da vida, mas que sabiam que, no "fundo", não era o que os atormentava.

Durante os anos de clínica, vou percebendo que algumas pessoas provocam em mim sensações no meu corpo. Eu percebia: "Nossa que esquisito, eu não estava assim antes da sessão!". Sentia, mas não conseguia discriminar o que era. Outras vezes sentia sono, meus olhos pesados querendo fechar, ou então alguma sessão me causava dores no corpo. Havia sensações mais sofisticadas, sessões que provocavam em mim tristeza, medo ou alegria.

Às vezes também, em um final de semana, um analisando me vinha à mente, e eu não conseguia parar de pensar nele, entendia que algo havia ficado indigesto e que eu precisava de um processo de *pensar*, porque coisas se manifestaram na sessão e não conseguiram um sentido. Entendia que eu também precisava de trabalho interno para me aproximar do analisando.

Podemos então refletir sobre ***S*** (estímulos) que se manifestam no organismo como um todo, mas que se mostram, no início, isolados, como uma sensação ou dor física, por exemplo, para depois terem a possibilidade de serem integrados.

Algumas vezes o indivíduo percebe que algo está ocorrendo no corpo, outras vezes nem consegue perceber, como no caso de Sofia. Os sentimentos envolvidos nestas manifestações do corpo (do *self*), como tristeza, raiva, ódio, inveja, amor, alegria, esperança, são ainda mais difíceis, ou os mais sofisticados, de serem percebidos. Na experiência, constatamos que inclusive amor, alegria e esperança são sentimentos terroríficos para algumas pessoas com maior comprometimento suportar.

Ao indivíduo lhe cabe ser "hóspede de si mesmo"! Podemos citar um exemplo: quando os receptores detectam desequilíbrios homeostáticos nas vísceras, a atenção aos ***S*** internos torna-se maior que a atenção ao mundo externo (Svensson, 1987). Nesse sentido, seria como se o corpo gritasse para que o próprio indivíduo se olhe, se escute, contenha, para que ocorram transformações.

Outro exemplo, citando Pally: a partir da ligação entre as emoções e as respostas corporais hormonais, viscerais e da musculatura esquelética, fica claro como as emoções levam a mudanças *físicas* reais que podem contribuir para que surjam distúrbios psicossomáticos e somatizações (Pally, 2000). Para Pally, a função da emoção é coordenar mente e corpo. Diz ela: "As emoções organizam a percepção, o pensamento, a memória, a fisiologia, o comportamento e as interações sociais de modo a proporcionar um modo adequado de resolver a situação particular que gerou aquela determinada emoção" (p. 181).

Sistema de busca

Há um sistema de busca do organismo? A resposta não é simples, e sim complexa. Panksepp (1998) chama essa extensão do sistema de busca de sistema de Obsessão (p. 119). Esse sistema não parece "saber" o que busca em termos psicanalíticos – podemos dizer que "carece de objeto". Mas, provavelmente, esse sistema estará conectado com os *sistemas de registros e posteriormente de memória.* Esses sistemas oferecem as possíveis sensações no corpo (que se manifestam) e as possíveis representações futuras dos objetos – estarão implícitas as relações passadas entre o bebê e o outro organismo.

Uma das tarefas mais básicas que esses sistemas combinados, de registros e de memórias, têm de realizar é distinguir quais objetos no mundo exterior possuem a propriedade específica da qual o meio carece quando se "acende" um detector de necessidades em particular. Como qualquer sistema de aprendizagem, isso requer um mecanismo de gratificação – prazer de descarga e desprazer.

O sistema de busca de um recém-nascido se acende ativado por uma necessidade, sem o bebê "saber" o que necessita. Mas as experiências primevas de satisfação formam padrões de compreensão sobre como funciona a vida. Portanto, essa característica está totalmente ligada à qualidade de tratamentos recebidos por seus pais.

Nos tempos finais do trabalho analítico com Sofia

O trabalho de separação/individuação muito sofrido por Sofia foi tecido a quatro mãos. Trabalhamos aspectos de sua "mãe", trazidos por ela, que ora repetia cegamente, ora, aos poucos, foram podendo ser vistos por ela e discriminados de si mesma.

Na transferência, experienciamos como ela também via a analista não apta a receber e decodificar, transformando as mensagens que trazia. Muitas vezes, como mencionei anteriormente, eu era a mãe/analista fria que não a enxergava. Eu, analista intrusiva, quando ainda ela não estava preparada suficientemente para nos contar algo de si. Ou quando ela me sentia judiando dela, em tentativas de penetração simbólica.

Aos poucos Sofia nos conta sobre seus sonhos, começa a sentir que tem direitos em desejar. Tanto a "mãe" quanto seu "pai" passam por transformações em seu psiquismo – ela vai se tornando, gradativamente, uma pessoa individual com suas experiências dolorosas.

Sofia, aos poucos, admira como eu falo de assuntos difíceis sem me evadir deles, se constituindo um dos aspectos muito importante em nossa relação.

Quanto a seu trabalho profissional, sua compaixão pôde nascer, podendo perceber o sofrimento das pessoas, e passa a tratá-las de forma mais cuidadosa e de forma responsável. Não parece mais um zumbi. Ela termina o namoro com Fernando, e depois de um tempo conhece Mario, mais carinhoso e amadurecido, segundo suas palavras.

Até os últimos dias de suas sessões, continua a "socorrer" sua mãe sempre que se fez necessário, mas agora não é mais impedida nem mais se impede de prosseguir com sua vida.

Nos últimos tempos, muitas vezes traz para as sessões que está triste, preocupada com alguma situação, ou temerosa, sentindo e percebendo seus sentimentos. Já consegue distinguir seu modo de pensar do modo de pensar das outras pessoas de seu convívio pessoal, e planejar sua vida segundo suas próprias escolhas.

Percebo em Sofia que já aceita os limites da realidade interna e externa, e os ganhos que adquiriu por essa conquista.

Gradativamente está podendo ser criativa, podendo passo a passo dar significação a sua vida. Valoriza a si mesma, e valoriza a importância que as pessoas têm para ela, considerando-as.

Seu comportamento de submissão principalmente à mãe, ou mesmo de aspectos do cotidiano que tinha que aceitar, sem questionar ou refletir, se transforma em responsabilidades por suas atitudes.

Sofia se tornou uma pessoa muito querida; acho que nós duas sofremos a separação, mas ela precisava conseguir *ir*, assim como eu precisava deixá-la *ir* e terminar "aquele" processo de análise para dar prosseguimento a seu desenvolvimento. Sofia de tempos em tempos me liga colocando-me a par de suas conquistas. Prossegue bem.

Comentários finais

Freud (1920/1974) dá a base da memória e da compulsão à repetição, quando coloca:

> *O processo excitatório se torna consciente no sistema Cs., mas não deixa traço permanente atrás de si; a excitação, porém é transmitida aos sistemas que ficam a seguir, e é neles que seus traços são deixados. Podemos supor que, ao passar de determinado elemento para outro, a excitação tem de vencer uma resistência e que é a diminuição da resistência assim alcançada que deixa um traço permanente da excitação, isto é, uma facilitação. No sistema Cs., então, uma resistência dessa espécie à passagem de determinado elemento não mais existirá.*

Ou seja, um estímulo externo tende a seguir o mesmo circuito neuronal que já foi excitado anteriormente e, portanto, a produzir a mesma resposta.

No caso dos comportamentos inatos, essa facilitação já está configurada nos genes: por exemplo, quando tocamos o rosto do bebê, ele se vira e "procura" o seio, após seu nascimento. Podemos afirmar que o bebê não tem experiência prévia? O bebê não precisa pensar!

Atlan (1974/1978) diz que

> *A memória deve ser colocada no centro dos fenômenos de consciência. . . . A consciência diz respeito antes de tudo ao passado. Não pode haver em nós nenhum fenômeno de consciência sem conhecimento, sob uma ou outra forma. . . . um fenômeno de consciência é, portanto, em nós presença do passado.*

O problema é definirmos e demarcarmos os limites desse "passado", e, se a referência for o passado mais primitivo do *Ser*, aí, sim, podemos falar em "memória biológica", em que registros já vêm impressos desde o início da vida.

O artigo propõe, portanto, que as sensações que se manifestam no campo analítico, pertencentes ao não verbal, são as pertencentes à consciência expressiva de Isaias Melsohn,[14] da consciência central de Antonio Damásio e consciência restringida ou consciência rudimentar de Bion.

Para finalizar, cito Langer (1941/1989):

---

[14] Isaias Melsohn (2001) nos fala claramente sobre "registros sensoriais" (p. 98) e sobre memória biológica (p. 100).

> *O emprego de signos é a primeira manifestação da mente. Surge tão cedo na história biológica quanto o "reflexo condicionado", pelo qual o concomitante de um estímulo assume a função de estímulo e torna-se, portanto, um signo da condição para a qual a reação é de fato apropriada. O uso de signos é por certo uma função mental. É o começo da inteligência. Tão logo as sensações funcionam como signos de condições no mundo circundante, o animal que os recebe é levado a explorar ou evitar essas condições. O homem, ao contrário de todos os outros animais, emprega "signos" não apenas para indicar coisas, mas também para representá-las. . . . Servem, antes, para nos levar a desenvolver uma atitude característica para com objetos in absentia, que é chamada "pensar em" ou "referir-se a" aquilo que não está aqui. Os signos utilizados nesta qualidade não são sintomas de coisas, mas símbolos.*

O que parece que muitos concordam é que "o recém-nascido é um organismo psicologicamente indiferenciado, nascido com um equipamento congênito e certas tendências" (Spitz, 1965/1979). Essas tendências "se manifestam por reflexos incondicionados os quais são reações automáticas e determinadas do organismo, isto é, inatos e determinados pela própria organização do sistema nervoso considerado" (Pavlov, 1922/1972).

Referências

Atlan, H. (1974/1978). Consciência e desejos em sistemas autoorganizadores. *In A unidade do homem* (Vol. II – O cérebro humano e seus universais). São Paulo: Cultrix/Edusp.

Alvarez, A. (1994). Companhia viva: Psicoterapia psicanalítica com crianças autistas, borderline, carentes e maltratadas. Porto Alegre: Artes Médicas.

Bion, W. (1962/1991). Uma teoria do pensar. In *Melanie Klein hoje* (Vol. 1). Rio de Janeiro: Imago.

Damásio, A. (1999a). Commentary on Panksepp. *Neuro-Psychoanalysis, I*, 38-39.

Damásio, A. (1999b/2000). *O mistério da consciência*. São Paulo: Cia das Letras.

Damásio, A. (1999c). *The feeling of what happens*. Londres: Heinemann.

Edelmam, G. M. (1992/1995). *Biologia da consciência: as raízes do pensamento*. Lisboa: Instituto Piaget.

Freud, S. (1915). O Inconsciente. In: Edição Standard Brasileira das Obras Psicológicas Completas de Sigmund Freud. v. XIV. Rio de Janeiro: Imago, 1974.

Freud, S. (1920/1974). Além do princípio do prazer. In: Edição Standard Brasileira das Obras Psicológicas Completas de Sigmund Freud. v. XVIII. Rio de Janeiro: Imago.

Gaddini, E. (1987). Notes on the mind – body question. *Int. J. Psycho-Anal.*, *68*, 315-329.

Green, A. (1988). A mãe morta. *In Narcisismo de morte*. São Paulo: Escuta.

Grotstein, J. (1983). Autistic states in children (F. Tustin, reviewed by J. Grotstein). *The Int. Review of Psycho-Anal*, *10*, 491, part 4.

Hofer, M. (1996). On de nature and consequences of early loss. *Psychosomatic Medicine*, *58*, 570-581.

Junqueira Filho, L. C. U. (2016). *Domesticando pensamentos selvagens*. São Paulo: Blucher.

Langer, S. K. (1941/1989). *Filosofia em nova chave*. 2. ed. São Paulo: Perspectiva.

Mello, R. A. A., & Nunez, W. (Org.). (2018). *Des-amparo e a mente do analista*. São Paulo: Blucher.

McDougall, J. (2000). *Teatros do corpo. O psicossoma em psicanálise*. São Paulo: Martins Fontes.

Melsohn, I. (1981). Sonho e linguagem – reflexões sobre as formas de consciência no processo analítico. *Boletim de Psiquiatria*, *XIV*(2), 45-100.

Melsohn, I. (2001). *Psicanálise em nova chave*. São Paulo: Perspectiva.

Nunez, W. (2011). "Analisabilidade: limites do analisando, do analista e do método. *In* Congresso Brasileiro de Psicanálise: Limites, Prazer e Realidade. Ribeirão Preto, SP.

Nunez, W. (2013). "O prazer no pensar: análises duradouras". In *Reunião Científica da SBPSP*, 27 de abril de 2013; e *XXIV Congresso de Psicanálise: Ser Contemporâneo: Medo e Paixão*. Campo Grande, MS, 25 a 28 de setembro de 2013.

Nunez, W. (2014). "O velado, O sentido, o experienciado: o percurso de seu próprio Édipo". In *Reunião Científica da SBPSP*; e *30º Congresso FEPAL*. Buenos Aires, 3 a 6 de setembro de 2014.

Pally, R. (2000). O processamento das emoções: a conexão mente-corpo. *Livro Anual de Psicanálise*, *XIV*, 181-195.

Panksepp, J. (1998). Affective neurosciense: the foundations of human and animal emotions. Nova York: Oxford University Press.

Pavlov, I (1922/1972). Reflexos condicionados e inibições. Rio de Janeiro: Zahar.

Roussillon, R. (2012). As condições da exploração psicanalítica das problemáticas narcísicoidentitárias. Alter – Revista de Estudos Psicanalíticos, 30 (1), 7-32.

Schore, A. (1994). *Affect regulation and the origin of self.* Mahwah, NJ: Lawrence Erlbaum Associates.

Solms, M., & Turnbull, O. (2004). El cérebro y el mundo interior. Una introducción a la neurociencia de la experiencia subjetiva. Colombia: Fondo de Cultura Económica.

Spitz, R.A (1965/1979). O primeiro ano de vida. São Paulo: Martins Fontes.

Svensson, T. H. (1987). Peripheral, autonomic regulation of lócus ceruleus noradrenergic neurons in brain: putative implications for psychiatry and psychopharmacology. *Psychopharmacol., 92*, 1-7.

Winnicott, D. W. (1949). A mente e sua relação com o psicossoma. *In* D. W. Winnicott, *Textos selecionados: da pediatria à psicanálise* (pp. 332-346).

Winnicott, D. W. (1954/1978). Aspectos clínicos e metapsicológicos da regressão dentro do setting analítico. *In Textos selecionados: da pediatria à psicanálise* (p. 459-481). Rio de Janeiro: Francisco Alves.

Winnicott, D. W. (1962/1983). Os objetivos do tratamento analítico. *In* D. W. Winnicott, *O ambiente e os processos de maturação: estudos sobre a teoria do desenvolvimento emocional* (pp. 152-155).

Winnicott, D. W. (1966). The splitting of male and femare elements to be found in men and women. In *Psycho-analytic explorations*. London: Karnac.

Winnicott, D. W. (1968/1994). A interpretação na psicanálise. *In* C. Winnicott, R. Shepherd, & M. Davis, *Explorações psicanalíticas: D. W. Winnicott* (pp. 163-166). Porto Alegre: Artes Médicas Sul.

Winnicott, D. W. (1971/1975). O brincar: a atividade criativa e a busca do eu (*self*). *In O Brincar e a realidade*. Rio de Janeiro: Imago.

O paradoxo no desamparo – *enactment* da dupla analítica[1]

Se existe uma "não coisa", é necessário que exista a "coisa". Por analogia, se Falstaff[2] é uma não coisa, Falstaff também existe: se é possível dizer que Falstaff, um personagem de Shakespeare desprovido de existência real, possui mais "realidade" do que pessoas que existiram de fato, é porque existe um Falstaff

---

[1] Trabalho original apresentado em reunião científica na Sociedade Brasileira de Psicanálise de São Paulo (SBPSP, mar. 2017), com os comentários de Roosevelt M. S. Cassorla; apresentado no 32º Congresso Latino-Americano de Psicanálise, "Des-Construções e Transformações", Fepal, Lima, Peru (set. 2018).

[2] Falstaff, Eduard Von Grützmer ou "Sir John Falstaff", é um personagem criado por William Shakespeare e presente em várias de suas peças. É conhecido por ser um notório fanfarrão e boêmio. Em *Henrique V*, Falstaff é um dos amigos de adolescência do rei que, após a ascensão de Henrique ao trono, acaba sendo desrespeitado e abandonado pelo rei e, assim, triste e abatido, morre numa taverna junto a antigos amigos.

factual:[3] *a invariante em psicanálise é a razão da não coisa com a coisa.*[4]
(Bion, 1965/2004, p. 117)

Este artigo versa reflexões sobre o paradoxo no desamparo e o *enactment* da dupla analítica, como tentativas de descongelamento de vivências traumáticas – congelamentos que impedem o vir a *ser* do indivíduo e correlaciona o *pensar* teórico com a escolha de uma experiência clínica, a experiência com Marta.

Paradoxo

A citação refere-se à associação que faço ao que Bion chama de paradoxo, pessoas que vivem por meio de um personagem de ficção, não sendo pessoas "reais" e parecendo não possuir vida própria, mas que chegam até nossa clínica talvez na tentativa de *ser* quem realmente *é*. O paradoxo é que, junto com esses pacientes, podemos entrar em contato com esse "real possível" de cada um, mesmo que se apresentem de forma fictícia.

Sandler, em notas sobre a versão brasileira de *Uma memória do futuro* (Bion 1975, "O passado apresentado", livro II), coloca que paradoxos incluem o que não se sabe, o *desconhecido*, cuja existência também é usualmente "sentida como intolerável". Podemos então supor que, se é sentida, existe.

---

[3] *Actual* no original. A frase foi originalmente formulada por Percy Shelley. [N.T.]
[4] Razão, no sentido matemático (noção fracionária ou da operação de divisão: não coisa/coisa). [N.T.]

Serão os momentos de intuição e função alfa do analista que possibilitarão essas aproximações do real possível de cada um, compondo os recursos necessários para essa tarefa tão sofrida.

O paciente talvez tenha a esperança de tolerar o que não suporta em si mesmo, no intuito de conseguir entrar em contato com algo vital que está impedindo seu desenvolvimento. É função do analista disponibilizar a *rêverie* e continência para que o paciente reveja suas crenças (Nunez, 2014) quanto ao que é ou não intolerável, pois o tempo aconteceu e o que, na infância, foi intolerável, na atualidade, pode se tornar tolerável, desde que se tenha um objeto continente e pensante, *presente*. Ao paciente cabe a decisão de arriscar-se em uma empreitada desconhecida junto com o analista e conhecida/sentida de si mesmo – *desconhecida*.

O desamparo é considerado como um estado do psicossoma-*self* em que o indivíduo teme e se paralisa-congela, e fica impedido de entrar em contato com sua realidade interna e/ou externa. Este impedimento pode ser devido à sua disposição inata, e/ou *falha* do "seio psicossomático pensante" (Bion, 1963), pois, "uma emoção primitiva depende dela ser contida por um continente que vá desintoxicá-la" (Bion, 1965/2004, p. 155).

É nesse sentido que evidenciamos o paradoxo no desamparo e o *enactment* da dupla analítica: a dupla enfrentará a vivência traumática congelada, que está impedindo o vir a *ser*[5] do paciente, no aqui e agora da sessão. Por outro lado, o entrar em contato

[5] "Mudança Catastrófica guarda íntima relação com o que Bion denomina Transformações em O, processos que permitem à pessoa vir a ser quem realmente é, ou seja, poder voltar a casar-se consigo mesma (*at-one-ment*, palavra que é derivada do termo religioso *atonement* = redenção, reconciliação, concórdia)" (Sapienza, 2016, p. 303).

provocará atuações-*enactment* da dupla, com a possibilidade de o descongelamento se dar.

Enactment – vivências traumáticas, transformadas em experiências vivenciadas significativas

Consideramos *enactment* não só atos ou descargas do analista, mas fazendo parte de um processo complexo do trabalho analítico, em que a dupla se dispõe e se arrisca a enfrentar. É visto como um *conluio inconsciente* entre a dupla "como consequência da necessidade de se reviverem mecanismos vinculares arcaicos" (Cassorla, 2015, p. 49).

As condições internas do analista interferirão favoravelmente (ou não), primeiro no descongelamento das emoções do paciente e segundo no sentido de sua disponibilidade e capacidade para acolher/conter as vivências traumáticas (descongeladas) geradas no campo analítico, para que ocorram *transformações* por meio da experiência emocional entre a dupla. Será por meio de sua função alfa, que vivências traumáticas terão a chance de se tornarem experiências vivenciadas significativas, na relação da dupla e, assim, o *self* fictício do paciente poderá se alimentar-nutrir, arriscando-se a ser si mesmo, como também o analista poderá aprender com a experiência. Ou seja, a dupla terá que enfrentar e suportar/conter as turbulências emocionais que o campo promoverá.

Será também de vital importância como o analista lidará com o seu desamparo, no aqui e agora da sessão, quando o *enactment* ocorrer entre ele e seu paciente – como ele próprio lida com suas vivências indigestas para assim poder dar prosseguimento ao desenvolvimento de áreas traumáticas, transformando-as em experiências significativas, ou seja, o processo também contará, com a "pessoa real do analista" (Cassorla, 1998). Contará com a observação cuidadosa de si, paciência e confiança no trabalho que está sendo desenvolvido junto com o paciente. "Qualquer O que não seja comum para ambos é impróprio para investigação psicanalítica" (Bion, 1965/2004, p. 64).

O artigo, portanto, enfatiza também uma diferença importante entre vivências traumáticas e experiências vivenciadas significativas.

Vivências traumáticas são fatos não digeridos que acontecem quando há *falhas* precoces[6] e o bebê entra em desespero, se sente desamparado e tenta lidar na "solidão" com suas próprias necessidades. O traumatismo acontece quando a decepção é excessiva e, devido a essas *falhas*, o bebê esgota a espera, não havendo experiência emocional que possibilite o *pensar* – não há experiência vivenciada significativa. Essas vivências traumáticas vão fazendo parte da mente primitiva do bebê e, conforme Bion, a existência de elementos beta (elementos brutos não digeridos) não possibilita memórias, apenas registros ou traços mnêmicos, ou seja, não conseguem ser integrados no *Eu* do bebê – permanecem não integrados.

Essas vivências passam a constituir vivências traumáticas, como vivências que não se tornaram experiências vivenciadas significativas, por excesso de excitação sobrecarregando o aparelho psíquico, devida à *falha* de *rêverie* e continência primária – por fatores inatos ou fatores da realidade objetiva.

Freud (1920), em *Além do princípio do prazer*, já havia proposto uma teoria do traumatismo resultante da efração,[7] do Paraexcitações

---

[6] *Falha* na constituição da pele psíquica (Bick, 1967); *falha* de rêverie e continência materna (Bion, 1962a, 1962b).

[7] Raul Hartke: "uma espécie de esgarçamento no sistema de representações psíquicas devido a um acréscimo de estímulos internos ou externos, que excede a

(*Reizschutz*) evidenciando um excesso de excitação, afetando a organização dos processos e da simbolização primária. É a mãe o objeto que tem essa função primária de paraexcitações para o bebê.

Nessas vivências traumáticas, o bebê espera o "objeto" e não o encontra, lembrando-nos de Bion quando fala sobre pré-concepção, como algo interno que o indivíduo espera e que ele sabe reconhecer quando encontra o que precisa. É a *rêverie* e a continência maternas que fazem o trabalho necessário de algo que está se manifestando no seu interior. O bebê espera que o *outro* o compreenda (Bion, 1959) e, quando não há uma resposta adequada a essa necessidade, há uma vivência de decepção-desamparo. Mais tarde esse padrão de funcionamento *falho* se repetirá compulsivamente, e o indivíduo reagirá, em vez de *pensar*.

A partir desses fatos, uma imaturidade psíquica vai se instalando. De qualquer forma, o *Eu* do bebê, em seu aspecto subjetivo e de integração, começa seu desenvolvimento prejudicado e tenderá a evadir-se futuramente de sua realidade, impedido de viver quem ele é.

O traumatismo precoce e severo leva a um estado sem fim ou "terror sem nome" (Bion, 1962/1991), que aparecerá mais tarde no impasse, ou estado de estagnação sem solução ou desamparo constante e cruel.

Entrar em contato com o próprio desamparo, entrar em contato possível com as verdades de si mesmo, no caso de paciente severamente comprometido, é dar-se conta de um beco sem saída,

---

capacidade do aparelho mental, para ligá-los psiquicamente" (p. 169). Método analítico: desafios e desenvolvimentos. Sociedade Psicanalítica de Porto Alegre (Org.). (2007). *Psicanálise e cultura*. Homenagem aos 150 anos de Sigmund Freud. São Paulo: Casa do Psicólogo.

igualando-se a um pavor de não poder enfrentar aquilo que não tem solução. O indivíduo sente que não tem alternativa a não ser "viver fora de si" (França, 2013) ou não integrar aspectos de si mesmo, mas, ao mesmo tempo, sair de si mesmo, sair de seu interior, é o mesmo que Morte psíquica.

Em *Luto e melancolia*, Freud (1917[1915]/1969) diz que vivências traumáticas não desaparecem, e sim seus rastros persistem. Será necessário um trabalho de Luto alcançando o desenraizamento (Davis, 1999) de núcleo traumático para que o impedimento do contato íntimo se torne livre para o crescimento e desenvolvimento (integrando o luto na personalidade).

O paradoxo no desamparo

Na tentativa do indivíduo de viver "fora de si mesmo" (não ter a percepção do que sente/indiferença afetiva) acontece um espaço, ou um vazio, e o indivíduo vai tentar preenchê-lo, mesmo que com um sintoma, como no caso de Marta.

Tentativas de soluções internas (Roussillon, 2012), em que estão inseridos estados intensos de tensão e desprazer-dor, acontecem como defesas sofisticadas, devido à pressão interna para o acolhimento de aspectos não integrados/desamparo; ao mesmo tempo, o entrar em contato com essas vivências desencadearia um estado de desamparo profundo, pela revivência traumática do desamparo/solidão.

O paradoxo estaria, assim, inserido na necessidade de tornar o desamparo acolhido e integrado na subjetividade, porque o indivíduo o sente, mas, ao mesmo tempo, se sente sem aparato psíquico para dar conta, e, sem a continência devida, o indivíduo não o percebe, não suporta entrar em contato, pois corre o risco de uma despersonalização. Diante desse *impasse*, o indivíduo sobrevive apenas, impedido de viver quem ele é. Encontra-se paralisado, congelado.

Bion (1979), em "Como tornar proveitoso um mau negócio", fala que a suposição básica da psicanálise é de que *a* "função da mente pode ser usada para corrigir soluções enganosas", e somente assim, sem "se enganar", é que o indivíduo terá condições de entrar em contato com seu desamparo.

Uma das saídas possíveis e não enganosas será experienciar o desamparo abarcado no descongelamento de vivências traumáticas, em um vínculo fértil, vivo, empático de um processo analítico e por meio do *enactment* da dupla analítica. Será a *rêverie* com continência (do analista) e a disponibilidade interna do paciente que possibilitarão a eles o aproximar-se de áreas não simbolizadas, ao inconsciente não reprimido que é o inconsciente dos aspectos mais primitivos do ser.

O maior desafio do analista, portanto, é estar com sua mente disponível para experienciar junto com o paciente aquilo que ele viveu como traumático. Ao analista caberá sentir e perceber o que o paciente não entende de si, mas sente confusamente e manifesta mesmo que sem tomar consciência. O campo estará em constante *transformação*, e o analista, inclusive, sujeito às suas próprias transformações, precisa se dispor a entrar em contato íntimo com suas áreas traumáticas, pois só terá acesso a si mesmo e não terá acesso ao paciente, e sim ao que o paciente faz com ele (analista).

Enactment crônico, enactment agudo

Cassorla (2015) refere-se à função alfa implícita durante o *enactment* crônico e levanta uma questão: "Por que o trauma permanece congelado como enactment crônico?" E responde: "Penso que a emergência do trauma, através do enactment agudo, ocorre em determinado momento (não antes nem depois), quando a dupla analítica percebe, inconscientemente, que foram restauradas funções mentais suficientes para suportar e dar conta do trauma revivido" (p. 87).

É nesse sentido que o *enactment* se refere a um processo complexo e que necessita de um tempo de trabalho da dupla, para que se manifeste no campo e para que o analista, mesmo que fazendo parte de um *conluio inconsciente* (*enactment* crônico) com o paciente, perceba que algo está acontecendo, nas entrelinhas ou "detrás dos bastidores das mentes".

Caberá ao analista decidir instintivamente qual a natureza da comunicação que o paciente está sendo capaz de utilizar, fazendo parte de um processo que "ambos" irão construir ou que irão transformar.

Vinheta clínica

A vinheta refere-se à Marta, após dois anos de seu processo de análise.

A analista, depois de algum tempo, percebe como um fator inédito nesses dois anos uma dificuldade de "guardar na lembrança", a história da paciente. Essa constatação gera angústia constante, mas a analista se dispõe a experimentar sem se preocupar excessivamente com o seu *não saber* sobre o que Marta lhe está mobilizando. Fica clara a necessidade de experienciar o desconhecido junto com Marta, assim como nos fala Bion em *Cogitações* (1992): "em uma sessão estou interessado naquilo que não sei" (p. 222). Observa Marta os movimentos/pensamentos de si própria e como a dupla está funcionando.

Notavelmente, Marta não falta à suas sessões e chega sempre pontualmente. Algumas vezes avisa que irá se atrasar, mas acaba chegando na hora.

Suas queixas referem-se à frieza e distância de seu "casamento". Quando nasce seu filho, sente-se extremamente abandonada pelo marido afetivamente e exausta nos afazeres com a casa: *Sinto-me muito sozinha para dar conta de tudo, minha vida se resume às obrigações com meu filho, com a casa, com tudo.* A analista se percebe mobilizada pelas desconsiderações que Marta diz receber do marido e, por algum tempo, esse é o conteúdo repetitivo e mórbido das sessões, entorpecendo a mente da analista.

Marta é relativamente jovem, é bonita, mas sua aparência é de quem carrega o peso do mundo em suas costas e traz uma característica visível em seu corpo: mostra, denuncia "dureza", "rigidez", "paralisação", tanto é que foi indicada por um médico a fazer análise e faz acupuntura, na qual também se utilizam como tratamento ventosas para as dores de seu corpo enrijecido-congelado.

Duas sessões impactaram a analista: passagem do enactment crônico ao enactment agudo

Sessão I: segunda-feira, 20h50

A analista pensa que termina seu trabalho com a última paciente do dia, às 20h50. Ao abrir a porta da sala de atendimento para a paciente que foi atendida sair, mal a paciente sai, Marta entra na sala "com tudo". A analista *pula* de susto, pois tinha se esquecido de Marta – percebe ficar com vergonha de tê-la esquecido e percebe também uma confusão acontecendo no campo.

Marta deita-se meio que sentada no divã com os joelhos dobrados. De sua poltrona, a analista olha Marta nessa posição e se incomoda com a posição, pois ela está com o salto dos sapatos no divã, e pensa: "Ela vai furar o divã!".

Pensa a analista que a única saída é arriscar conversar com Marta, dizendo que percebeu uma postura diferente dela no divã naquele dia, e se ela podia falar alguma coisa sobre isso. Marta responde: *É que hoje estou com muitas dores, muitas mesmo, meu corpo todo dói, hoje fiz ventosas no acupunturista, mas elas não passam e está difícil, não estou encontrando posição aqui no divã, meu corpo está duro.*

Vem na mente da analista que ela precisa ser "amparada", e a imagem foi que ela precisava de uma *concha protetora*, e, em seguida, pensa nas almofadas da sala do consultório, seis delas. A analista levanta-se de sua poltrona e, junto com Marta, colocam as almofadas como "um entorno" para seu corpo.

Pensa a analista: "Almofadas-continente, substituindo analista-continente que se esquece de Marta"! A analista se sente culpada.

Comentamos sobre o meu esquecimento, sem procurarmos respostas, apenas compartilhamos o fato indigesto.

Sua fala seguinte foi a lembrança de uma viagem que fez com o marido, antes de engravidar, e reclama que, na visita do museu de Freud, o marido quis entrar e ela não, preferindo não ir com ele, e sim conhecer os arredores da cidade. O marido fica horas e horas dentro do museu e, segundo ela, nem se preocupa com ela. Marta, sim, se preocupa por sua demora e pede ao guarda para entrar "sem pagar" para resgatar o marido, caso tivesse acontecido algo com ele. Ela diz à analista: *Ele não se preocupou comigo, estava olhando tudo com minúcias, como se o tempo não existisse!*

A primeira ideia que vem à analista: o marido se esquece de Marta, mas ela também não sente vontade de estar com ele e o acompanhar. Pensa a seguir que há uma possibilidade: Marta também fica fora do nosso contato! Reclama que a analista está com as "teorias de Freud-museu de Freud", mas não está com ela – há um *conluio inconsciente* entre a dupla. Ao mesmo tempo, penso que compartilha generosamente comigo seu distanciamento de mim e de si mesma, provocando dores insuportáveis.

Vem à mente da analista: a "penetração" irá machucar muito, mais ainda, será de "rasgar"! – o salto dos sapatos rasgando o divã. De qual penetração nós duas fugíamos?

Turbulências

O não guardar na memória a história de Marta – não a história narrativa, que durante as sessões precisa mesmo ficar fora do campo, mas o não guardar na memória – poderia significar que a analista não reconhecia Marta a cada sessão que tinham; era uma sensação estranha, fria, de distanciamento, de "excesso", principalmente quando começava a falar dos maus-tratos do marido, a analista se sentia sem sua capacidade de pensar. O *enactment* crônico se fazia presente, pois a analista não percebia que não queria que Marta viesse para a sessão.

O "pular" da analista parece a emergência da vivência de um trauma se manifestando (*enactment* agudo) em forma de descarga física, na tentativa de que a dupla pudesse entrar em contato e dar conta do que estava submerso inconscientemente.

As almofadas disponibilizadas para Marta poderiam ser o "continente", "seio bom", interno e/ou externo, capaz de desintoxicar a emoção, ou serviriam apenas elas de continente, porque não daríamos conta da turbulência que estava presente no campo. Ainda não sabíamos...

Depois de alguns meses: as almofadas continuam fazendo parte do entorno de Marta...

Transformações feitas pela analista

Relembrando Freud (1926[1925]/1969) em *Inibição, sintoma e angústia*, ele coloca que:

> *O determinante fundamental da ansiedade automática é a ocorrência de uma situação traumática; e a essência disto é uma experiência de desamparo por parte do ego em face de um acúmulo de excitação, quer de origem externa quer interna, com que não se pode lidar.* (p. 99)

Essas afecções somáticas, portanto, estariam sempre relacionadas às ansiedades, a um excesso de S (estímulos), de excitação, em que o aparelho psíquico não dá conta e, ameaçado, evacua o afluxo de quantidade/qualidade como descargas no sentido de satisfação alucinatória de desejos.

O corpo de Marta me sugere um excesso de estímulos, de elementos beta, que não podem ser sonhados, pensados. Parece uma indigestão que a petrifica, ao mesmo tempo há também a tentativa de petrificar a mente da analista, entorpecida, inclusive, pelas queixas de maus-tratos do marido de Marta. A analista também inflige maus-tratos, não compreendendo Marta.

Provavelmente, Marta, quando bebê, sofreu pelo esgarçamento (efração do paraexcitações), carecendo de uma mente disponível para lidar com o excesso de suas excitações. Parece-me que uma das soluções, que tenta hoje, é sacrificar seu corpo para "proteger sua mente" de um transbordamento, ou seja, os sintomas corporais que se manifestam nas sessões talvez sejam para "unir, ligar" aspectos de si mesma que sua mente ainda não consegue, sugerindo um fracasso nos recursos internos psíquicos para lidar com a realidade.

Este foi outro aspecto relevante que notei no caso de Marta, sobre a questão de sua identidade, que penso estar prejudicada, ou seja, um *self* com dificuldades de adaptação de sua própria realidade (interna /externa), em que sua subjetividade está impedida de ser experienciada, pensada. Geralmente traz nas sessões que não sabe o que sente, onde está e como irá se encontrar.

Marta parece que esperou o "objeto" e não o encontrou, e trouxe para as sessões, na esperança de que a analista a compreendesse.

Sessão II: segunda-feira, 20h50

Terminado o horário das 20h50, "último paciente", a analista arruma suas coisas e as coloca na poltrona e se prepara para ir embora. Leva um susto e *estremece* por Marta estar esperando na sala de espera.

Novamente!, pensa a analista.

A analista percebe e não esconde seu "estado", desta vez fica brava consigo por seu esquecimento, Marta percebe.

Marta entra na sala e arruma-se no divã, meio deitada, meio sentada, com as almofadas, mas desta vez sem os sapatos.

Marta se aproxima dizendo: As coisas estão um pouco melhores em casa, já estou conseguindo aproveitar em relação aos cuidados com meu filho. Acho que a análise está conseguindo me ajudar com isso.

Desta vez a analista não fala sobre o ocorrido; vem a sua mente a palavra "rejeição" e decide perguntar a Marta se ela teria algo a nos contar sobre "esquecimentos". Provavelmente sentia que Marta não se vinculava.

Marta colabora interagindo: Acho que pode ter a ver com meus sentimentos de ser sozinha - vivo na solidão. Fiz análise antes por esse motivo; talvez porque vivi por anos sozinha, e não sei me relacionar com as pessoas. Outro dia você me perguntou se eu me sentia ligada a você, e eu disse que não; às vezes lembro, mas acho que não me apego! Fiz até regressão por isso, e sem falar em religião, o que apareceu nas imagens da minha cabeça, foi um marinheiro já idoso, solitário em um navio, um barco em meio a uma tempestade e que parece que o levou para a morte. Esse marinheiro seria eu hoje.

Marta, depois de um tempo, continua: Este sentimento de solidão me acompanha ainda. Talvez eu tenha sentido um abandono quando eu estava com um ano e minha mãe me deixou com minha avó. Minha irmã mais velha fez uma cirurgia de emergência e muito grave e minha mãe teve que se dedicar totalmente a ela. Acho que me senti rejeitada.

A analista intervém dizendo que essas confusões-esquecimentos que aconteceram entre elas talvez recuperassem uma vivência dolorosa nela.

Terminada a sessão, abraça-me espontaneamente e seus olhos ficaram vermelhos e diz: *Eu sou uma pedra, mas também sou sensível.*

Identificando a idealização

Pelas palavras de Marta parecia, em um momento, que começava a poder aproveitar sua análise, suportando entrar em contato consigo e com a vivência de "abandono de sua mãe", experienciando na relação com a analista esse abandono. Parecia que estava mais disposta a receber de mim o que eu podia lhe oferecer, e também de si mesma por suas colaborações, se emocionando no final. Mas, por meio de alguma forma de comunicação de Marta, a analista não se convence! A palavra rejeição e o sentimento de rejeição, confusão continuam presentes na analista.

Marta traz um sonho na sessão seguinte

Eu estava em uma situação muito confusa: eu fugia de algo que não tinha como escapar. Algumas pessoas, como uma organização, me perseguiam, e eu fugia, fugia, até que entrei em um hospital, mas eu tinha que disfarçar, porque, se as pessoas do hospital soubessem quem eu era, iriam me dar injeções que me paralisariam.

Marta, apesar de procurar ajuda em uma análise, tinha que disfarçar seu temor em desejar ser ajudada/contida, pois a "organização" iria descobrir sua intimidade e daí ficaria à mercê do outro.

Digo a Marta que nós duas estávamos paralisadas. Eu esquecendo-me dela, rejeitando tanto sua presença quanto a aproximação que poderia acontecer entre nós, e ela me rejeitando também: *Às vezes lembro-me de você, mas acho que não me apego.*

Após um tempo em silêncio, Marta nos diz que iria interromper o trabalho, que veio disposta a isso, dizendo que precisa ser honesta ali e que isso não estava lhe trazendo prazer algum.

Depois das tentativas da analista de devolver o que sentia no campo para Marta, a analista percebe uma sensação de que "esmola" para que Marta fique e que continuem o trabalho, estranhando sua postura de analista.

Digo a Marta que me sinto insistindo muito com ela para que fique e enfrente comigo seus pavores.

Marta responde prontamente: Agora você me fez lembrar de mais uma imagem que aparecia nas minhas regressões, em que eu era um menino que engraxava sapatos nas ruas e tinha que esmolar para eu conseguir algum trocado!

Marta, depois de um silêncio, diz: Você me convenceu, mas pelo que aconteceu hoje entre nós... Vou ficar mais um tempo.

Marta não consegue vir, interrompe por mensagem e fica afastada por quatro meses.

Fugia de algo que não tinha como escapar

No sonho, Marta traz sua perseguição e impasse, *"fugia de algo que não tinha como escapar"*: seu pavor de entrar em contato com algo que a paralisaria pelo impacto do contato – desamparo/rejeição. Ao mesmo tempo, nessa sessão Marta sentiu a analista afetiva e que pôde conter a dupla, percebendo, portanto, que iria acontecer um aprofundamento maior da análise e, assim, apavorada, Marta interrompe – paradoxo no desamparo.

A analista percebe o *"entrei em um hospital"* como o entrar de Marta na análise, apesar de ter que esconder suas necessidades e aspectos de si mesma, inclusive da analista, pois se encontrava temerosa de que a analista fosse repetir o que a mãe fez com ela – rejeição e abandono. Podemos lembrar-nos do que ela mesma traz: *Queria entrar no museu de Freud, mas não queria ter que pagar*, ou aceitar suas responsabilidades em seu processo de análise. Ao mesmo tempo, temia que as injeções "que iria receber na análise" poderiam significar o luto, que teria que fazer desse sentimento de desamparo/rejeição – solidão. Bion (1965/2004), em *Transformações*, diz que

> *O paciente fica perseguido pelo significado de certos fatos que sentem ser significativos. Além disto, fica perseguido pelos sentimentos de perseguição. Isto é explicável se aceitarmos que o paciente não tolera depressão, e que isto obstrui o intercâmbio PS ↔ D.* (p. 73)

E ele acrescenta que "o medo da depressão depende do predomínio de um superego cruel" (p. 74).

Marta sobrevive por muitos anos de forma fictícia, fugindo do acolhimento de sua dor, pois, na verdade, ela mesma rejeita a si própria, procurando relacionamentos em que repetia a vivência traumática/maus-tratos. Seus valores, sua honestidade, os devidos cuidados e carinho, pertencentes também à sua personalidade, estavam esquecidos. Quando interrompe por quatro meses, já se encontra paralisada em sua capacidade de pensar – fugia da "catástrofe".

A citação de Sapienza (2016) esclarece-nos bem a interrupção necessária para Marta, naquele momento de seu processo analítico:

> *A personalidade, invadida e predada por ameaças de catástrofe de origem interna e/ou externa, passa a ser tomada por violenta turbulência emocional que é acompanhada de premonições ligadas a eminente desastre, intenso medo de enlouquecer, instalando-se estado de mente progressivamente avassalado por terror-sem-nome.* (p. 391)

Após quatro meses, Marta me liga e pede para voltar. Seu processo abarca várias outras Transformações em Marta e na analista...

Parece-me que Marta precisou de um tempo para digerir e transformar sua "rejeição", antes colocada na analista como vivência traumática. Gradativamente aceita ser acompanhada pela analista e, por si mesma, enfrenta seu medo de arriscar novamente, confiar.

No processo atual, Marta sente que tem o direito a realizar, "correspondendo a um processo mental de "tornar real", dar-se conta internamente de algo" (Bion, 1965/2004, p. 60).

Referências

Bick, E. (1967). A experiência da pele em relações de objeto arcaicas. In 25º Congresso Psicanalítico Internacional. Copenhague, julho de 1967; publicado pela primeira vez no Int. Journal, 49, pp. 484-6.

Bion, W. R. (1959). *Attacks on linking.* In W. R. Bion, *Second Thoughts*. London: Willian Heinemann.

Bion, W. R. (1962/1991). Uma teoria do pensar. In *Melanie Klein Hoje* (Vol. I). Rio de Janeiro: Imago.

Bion, W. R. (1962/1975a). Learning from Experience. In Seven Servants. New York: Aronson.

Bion, W. R. (1962/1975b). A theory of thinking. *In Second Thoughts* (pp. 110-119). New York: Aronson, 1975.

Bion, W. R. (1963). Elements of Psychoanalysis. London: Heinemann.

Bion, W. R. (1965/2004). *Transformações. Do aprendizado ao crescimento* (Paulo Cesar Sandler, trad.). Rio de Janeiro: Imago.

Bion, W.R. (1975). A memoir of the future – The Dream. Rio: Imago.

Bion, W. R. (1979). Como tornar proveitoso um mau negócio. *Revista Brasileira de Brasileira de Psicanálise, 13*, 467-478.

Bion, W. R. (1992). *Cogitations*. London: Karnac.

Cassorla, R. M. S. (1998). Psicanálise e surto psicótico: considerações sobre aspectos técnicos. *Revista Brasileira de Psicanálise, 32*, 721-746.

Cassorla, R. M. S. (2015). O psicanalista, o teatro dos sonhos e a clínica do enactment. Londres: Karnac.

Davis, W. A. (1999). Deracination: historicity, Hiroshima and the tragic imperative. New York: State University Press.

França, M. O. (2013). As duas vias do desamparo: uma contribuição clínica. In *Reunião Científica da SBPSP*; publicado na *Revista da SPPA*, *19*(2), 415-430, 2012; apresentado no grupo de estudos "Clínica do desamparo: correlações teórico/clínicas" da SBPSP, 2016.

Freud, S. (1917[1915]/1969). Luto e melancolia. *In Edição Standard Brasileira das Obras Psicológicas Completas de Sigmund Freud* (Vol. XIV). Rio de Janeiro: Imago.

Freud, S. (1920/1969). Além do princípio do prazer. *In Edição Standard Brasileira das Obras Psicológicas Completas de Sigmund Freud* (Vol. XVIII). Rio de Janeiro: Imago.

Freud, S. (1926[1925]/1969). Inibição, sintoma e angústia. In Edição Standard Brasileira das Obras Psicológicas Completas de Sigmund Freud (Vol. XX). Rio de Janeiro: Imago.

Hartke, R. Método analítico: desafios e desenvolvimentos.

Nunez, W. (2014). O velado, o sentido, o experienciado: o percurso de seu próprio Édipo. In *Reunião Científica da SBPSP*; apresentado no *30º Congresso Fepal*. Buenos Aires, 2014.

Roussillon, R. (2012). O desamparo e as tentativas de solução para o traumatismo primário. *Revista de Psicanálise da SBPPA*, *19*(2).

Sandler, P. C. (1977). Notas sobre a versão brasileira de uma Memória do Futuro, de W. R. Bion. In Uma Memória do Futuro (Vol. II, pp. vii- xix). Imago; tradução de Paulo Cesar Sandler, 1996 p.).

Sapienza, A. (2016). Reflexões teórico-clínicas em psicanálise. São Paulo: Blucher.

Sobre sustos e estremecimentos[1]

Roosevelt M. S. Cassorla[2]

Um trabalho psicanalítico é bom quando fertiliza. Como um sonho que estimula novos sonhos por parte dos leitores, que, por sua vez, se tiverem a sorte de estarem juntos com a sonhadora-autora, podem sonhar sonhos conjuntos. Esses sonhos ampliam a capacidade de pensar e essa criatividade se confunde com beleza. Certamente isso ocorre quando nos defrontamos com o trabalho-sonho de Walkiria.

São 20h50. A analista está cansada de um dia duro de trabalho. Quando sua suposta última paciente sai, entra Marta, a paciente que ela esqueceu. A mesma cuja história estava fugindo de sua memória. Marta entra "com tudo". A analista pula de susto. Em seguida

[1] Comentários proferidos por Roosevelt Cassorla em reunião científica da Sociedade Brasileira de Psicanálise em 25 de março de 2017. Essas ideias foram estimuladas pelo trabalho "O paradoxo do desamparo – *enactment* da dupla analítica", de Walkiria Nunez Paulo dos Santos.

[2] Membro efetivo e analista didata da Sociedade Brasileira de Psicanálise de São Paulo (SBPSP) e do Grupo de Estudos Psicanalíticos de Campinas (GEPCampinas).

observa Marta buscando penetrar o divã, quase o furando, com os saltos de seus sapatos.

A situação lembra os pés furados de Édipo, metáfora de seu desamparo. Esses pés falhos não lhe permitem sustentação suficiente. Ele não anda a vida, cambaleia, mal amparando-se em seu cajado, em oráculos e esfinges, e depois em sua filha Antígona. Os pés furados de Marta buscam entrar dentro do divã-analista que, se conseguir envolver os buracos, poderia suprir seu vazio, permitindo sustentação. No entanto, a violência com que se busca o continente pode furar o próprio continente, que, dessa forma, se torna desamparado. Metáfora visual: uma bexiga supostamente continente inchada com tal violência que fura. A bexiga gira desesperada, sem rumo, enquanto o ar vaza, também desesperadamente.

Entre tantos aspectos estimulantes deste trabalho, vou deter-me no *susto*. No primeiro *enactment* agudo, a analista "*pula* de susto, pois tinha se esquecido de Marta; percebe ficar com vergonha de tê-la esquecido e percebe também uma confusão acontecendo no campo". No segundo *enactment* agudo, a analista "leva um susto e *estremece* por Marta estar esperando na sala de espera. Novamente! Pensa a analista". A analista fica brava com seu esquecimento e Marta percebe.

Usando o referencial da autora, um bebê nasce com a preconcepção de seio. Quando o encontra leva um susto de admiração, o momento em que a realização torna o seio (agora concepção) belo. Existe outro susto, este diferente, quando o seio não está lá. O susto pode ampliar-se para o medo do aniquilamento. O não encontro, a não coisa, são mortíferos. Sabemos que o ser humano vai se constituindo enquanto a não coisa mortífera vai sendo transformada em símbolos, que darão significado às experiências emocionais. Para isso precisamos de uma relação continente/contido fértil, um seio pensante que, por sua vez, sobrevive aos ataques.

Imaginemos outras defesas contra o susto do contato com a realidade. Um bebê que, como defesa onipotente, acredita que não necessita de seio, que ele é o seio, que ele deu à luz a si mesmo. O seio invejado é negativado. Não existe. Não será visto. Uma alucinação negativa. Políbio e Mérope não quiseram ver o desamparo de Édipo e mentiram sobre sua origem. A ficção por eles criada impediu que Édipo preenchesse seus buracos. Jocasta faz vista grossa às evidências de que Édipo é seu filho imaginando que poderá preencher os buracos com mentiras.

Quando Édipo é confrontado com a verdade de seu desamparo, por Tirésias, este é acusado de liderar uma conspiração (com Creonte) para tirar-lhe o trono. Os sustos que Édipo leva quando se defronta com a realidade fazem com que ele crie uma nova realidade delirante. Recusa-se a percepção do casal parental. O casal ou o seio que se nega ao outro e, em fantasia, se alimenta a si mesmo. O analista se defronta com confusão: uma parte do paciente sente a realidade triangular – a verdade – traumática e recusa sua percepção, outra parte intui que precisa viver na realidade e busca recursos para tal. No objeto. Mas este outro pode traumatizá-lo. Este é o paradoxo do desamparo que claramente Walkiria nos traz.

O que a analista vê? Ou o que não vê? Em determinada área a analista ataca seu aparelho de pensar e Marta deixa de existir. Os sonhos, que resultariam da fertilização entre aspectos de Marta e da analista, não podem mais ser sonhados. De repente, Marta, a realidade, surge das sombras. Uma assombração. A analista leva um susto e pula. O susto é de entrar em contato não apenas com Marta, mas também com as sombras de seu aparelho de percepção e memória, que estavam negativados. A realidade se impõe: Marta existe, o ataque à percepção existiu. Segue-se a culpa e a vergonha ante a outra realidade: o ideal de analista fracassou.

No segundo *enactment*, a analista estremece. Ela nos esclarece – seu estremecimento é também de raiva, raiva de si mesma, manifestada na musculatura. Talvez também como resultado da reintrojeção inesperada dos aspectos perceptivos afastados.

A analista percebe o que está acontecendo e suporta a frustração de entrar em contato com suas limitações. Retoma sua capacidade de pensar e pode pensar sobre o que ocorreu. Transformar a experiência em um trabalho científico. Que, generosamente, divide conosco.

A analista repete com Marta o desamparo da qual ela se queixa. A própria analista fica desamparada. Walkiria estuda os fatores que contribuíram para isso. Tento complementar suas ideias. Como vimos, Marta "vem com tudo", entrando violenta e intrusivamente dentro da analista. Esta nos conta seus sentimentos frente às queixas incessantes de Marta. Marta é intrusiva justamente porque está desamparada. Quem já entrou num orfanato e foi assaltado por crianças que buscam desesperadamente um colo, uma palavra, uma pele, conhece os fatos. O suposto continente se sente sufocado e, se não for cuidadoso, poderá tentar livrar-se das crianças com violência.

Estamos em área traumática/psicótica, onde as identificações projetivas massivas (elementos beta) se tornam cada vez mais intensas e mais desesperadas justamente porque – no início da vida – faltou o continente adequado. Quanto mais hostil e rejeitante ele for vivenciado, mais desesperadamente violentas serão as projeções.

Esses pacientes, ao entrarem dentro dos analistas, realizam a fantasia de fusão com o objeto. O analista é sentido como fazendo parte do *self*, um prolongamento. O profissional, recrutado pelas identificações projetivas, pode sujeitar-se, sem ter consciência do fato. O recrutamento é mais exitoso quando o paciente capta áreas vulneráveis do analista, por onde pode subjugá-lo.

Estamos frente a uma relação continente/contido parasitária. Eventualmente o próprio analista poderá parasitar a paciente. Trata-se de uma relação dual para quem vê de fora. Para a dupla é como se eles fossem um, útero/bebê indiscriminados.

Penso, com outros autores, que o recrutamento é inevitável. Sua intensidade é proporcional às dificuldades de simbolizar do paciente, isto é, quanto mais intensa a área traumática, maior será o recrutamento. Ao mesmo tempo, outra parte da analista observa o que está acontecendo consigo mesma. Ainda que o conluio (*enactment* crônico) impeça o pensamento, em área paralela existe alguma percepção do que ocorre. Walkiria nos mostra a função alfa implícita. Não vou deter-me nesse aspecto.[3]

O perigo sentido por Marta é que a analista, ao mostrar-se separada, discriminada, a fará reviver os traumas iniciais, quando não suportou o seio ausente, o casal parental sem continência. A percepção da discriminação *self*/objeto, da relação triangular, ocorre quando a dupla pode simbolizar as experiências emocionais. E as experiências emocionais são simbolizadas quando se suporta a triangularidade. Trata-se de uma concomitância virtuosa, em que continente/contido e EP $\leftrightarrow$ D ocorrem ao mesmo tempo. Isto é, a triangularidade permite a simbolização e a simbolização permite a triangularidade.

---

[3] O leitor curioso encontrará detalhes sobre esses fatos em: Cassorla, R. M. S. (2017). *O psicanalista, o teatro dos sonhos e a clínica do enactment*. São Paulo: Blucher.

Percebemos, portanto, que o desamparo, em última instância, remete a situações edípicas. A triangularidade é sentida como responsável pelo desamparo. O *enactment* crônico ataca essa triangularidade traumática. A relação dual fantasiada retoma o mundo paradisíaco, o amparo total.

O trabalho analítico permite que Marta assuma que ela precisa do outro, mas o outro não está sempre disponível e terá que ser dividido com o resto do mundo. Uma parte de Marta intui isso. Outra está assustada com a revivência do trauma.

Um modelo pode ajudar-nos. Uma pessoa está se afogando porque não tem mente suficiente para nadar. O salvador tenta tirá-la da água. O afogado, desamparado e aterrorizado, se agarra a seu salvador. O afogado não quer que o salvador se movimente, porque imagina que poderá soltá-lo. O agarramento desesperado pode fazer com que o salvador se afogue junto com o paciente. Enquanto estão enganchados temos uma paralisia, o *enactment* crônico.

Pela função alfa implícita e explícita, o afogado vai, aos poucos, adquirindo confiança no salvador. Se este resistir aos ataques desesperados. Num determinado momento ambos se separam, pelo menos em forma suficiente para que se possa ir adiante. O afogado vai engolir mais ou menos água, mas não se afogará. Este é o *enactment* agudo. É a revivência do trauma, do desespero e do desamparo, mas em forma atenuada. Graças ao trabalho do salvador, calmo e potente.

O susto de Walkiria é também o susto de perceber que traumatizou seu paciente ao esquecê-lo. Mas, ao acolhê-lo, o trauma é atenuado e ambas podem nadar, isto é, sonhar. Agora podemos compreender por que Walkiria se deixou dominar por Marta, e também por que, em determinado momento, soltou-se de Marta.

O agarramento, que agora podemos chamar conluio crônico ou *enactment* crônico, pode ser sadomasoquista, quando os dois membros da dupla se atacam mutuamente, mas não se desgrudam. Ou de idealização mútua, quando os dois membros da dupla se admiram, mas também não desgrudam. Oscilações ocorrem o tempo todo: pele fina – idealização; pele grossa – sadomasoquista.

O conluio Walkiria Marta, como descrito, é principalmente sadomasoquista. Ambas se atacam mutuamente. Marta tenta entrar dentro de Walkiria, Walkiria se esquece de Marta, se esquece até de sua história. Quanto mais Marta vem com tudo, mais Walkiria se afasta. Mas o contrário também acontece. Quando Walkiria, usando sua função analítica, penetra criativamente Marta, esta desvitaliza sua analista e a deixa a ver navios. Walkiria não detalha esses momentos, mas eles certamente ocorreram. Lembremos, porém, que em área não psicótica tudo ocorre em forma diferente.

Não vou deter-me nas variadas cenas que se seguem à descrição do *enactment* agudo. Corre-se o risco de as almofadas serem não apenas continentes, mas uma forma de que o conluio sadomasoquista de ataque e esquecimento seja substituído por um conluio idealizado. Em determinado momento, depois dos sonhos da segunda sessão, a analista nos diz que tem dúvidas sobre a melhora de Marta, identificando a idealização.

Quero terminar reforçando um aspecto que Walkiria assinalou. A pessoa real do analista, ou, como Freud chamava, a equação pessoal. Quando consideramos que tudo o que o paciente sente em relação a seu analista é fruto da projeção de aspectos de seu mundo interno, estamos perante um analista idealizado, infalível. Tudo é responsabilidade das i.p. do paciente. Não é assim: o analista tem aspectos que independem das i.p. do paciente, ainda que elas possam enganchar-se em certas características do analista. Analistas têm sexo, costumes, estilos, preconceitos, modos de pensar etc. que se manifestam, de alguma forma, no campo analítico. Lembrando que aspectos traumáticos sempre podem ser retomados, por melhor elaborados que pareçam. Walkiria tem uma característica, da pessoa real, que todos conhecemos. Tem um sorriso que seduz até os irados. Walkiria é capaz de rever-se, de repensar o que aconteceu, de não acreditar nas melhoras idealizadas de sua paciente. Walkiria tem, como pessoa real, honestidade clínica, sem a qual não teria sucesso como analista. Walkiria tem capacidade de comunicar fatos clínicos que tornam sua escrita interessante e desafiadora. Esta é a pessoa real, onde podem enganchar-se tanto aspectos amorosos do paciente como aspectos perversos e invejosos, que fazem parte de todos os seres humanos.

Agradeço a oportunidade que Walkiria, carinhosamente, me proporcionou.

Lutos contidos e integrados na personalidade[1]

A análise visa à unidade, não necessariamente à bondade. (trecho da carta de Freud a Putnam 7/7/1915).

Lutos neste artigo são considerados como necessários em cada situação de vida importante, remetendo o indivíduo ao desenvolvimento. Assim sendo, há um desenvolvimento contínuo original que prima por uma continência e atualização. Fazer o luto é também poder suportar um estado de perda, de desorganização e não sucumbir, integrando-o na personalidade. Enquanto a melancolia é um luto patológico, em que o indivíduo se perde de si mesmo e fica aprisionado dentro de si, por uma lealdade catexial ao herdado dos pais ou identificado com eles, culpando-se e denegrindo-se melancolicamente. O trabalho de análise acontece quando lutos são contidos e integrados na personalidade,

[1] Artigo original apresentado no XXVI Congresso Brasileiro de Psicanálise da Febrapsi em Fortaleza (nov. 2017).

necessitando que a dupla ganhe confiança entre si, proporcionando construções singulares e atuais.

Em muitos pacientes podemos observar a existência do desejo de "matar os pais", simbolicamente, mas unido à culpa e compaixão, desejo e conflito que pode ser revertido em um aprisionamento de si mesmo. Aprisionado dentro de si, por essa lealdade parental herdada, o indivíduo vive a dificuldade de fazer o luto desses pais e não o experiencia. Essa lealdade, que inclui identificação com eles, possivelmente o levará a um luto patológico ou à melancolia.

A identificação com os pais está associada e dependente da fase canibalística do desenvolvimento libidinal: "no ato de devorá-lo realizavam sua identificação" (Freud, 1913). Essa identificação, que com os pais é direta e imediata, precede a catexia objetal, e, portanto, na melancolia a catexia objetal é substituída por uma identificação – identificações regressivas que formam o núcleo do superego. Normalmente aparece como reações a essas identificações o punir-se, com os mesmos estados de doenças dos pais ou apego às crenças dos pais.

A existência de um superego rígido e cruel, o que Freud (1915/1974) chamou de "agente crítico", vai então minando todas as possibilidades de desenvolvimento do Eu, de realizações, assim como minando o aproveitar da vida, o que ela tem de bom a oferecer. O "prazer de realização", o prazer no *pensar*, está impedido, proibido.

Se a identificação com o objeto não pode ser renunciada, então o ódio entra em ação, o indivíduo sente dor, tirando satisfação sádica de seu sofrimento. A autotortura acontece provavelmente por achar que vingam o objeto original e "torturam o ente amado" por meio de sua doença ou de seu padecer, aos quais recorrem a fim de evitar a necessidade de expressar abertamente sua hostilidade para com o objeto. Somente fazer o luto desse objeto identificado poderá trazê-lo à vida.

"Tudo que é empregado falsamente como substituto para o que é real fica transformado, por consequência, em um veneno para a mente" (Bion, 1968, p. 308).

Experiência clínica com Raquel

Raquel, já há alguns anos em análise, chega melancólica com a queixa de se sentir muito deprimida, desvaloriza-se e recrimina-se em todas as situações que pode e sente ameaças de que sofrerá alguma violência, seja por ser assaltada ou mesmo abusada sexualmente. Pensa no início em andar armada para se defender, provavelmente pela interferência da violência da "instância crítica"-superego cruel, mas vai desistindo dessa ideia a partir de nossas conversas.

Seu maior sofrimento é expresso por não se sentir no direito de crescer e ter vida e pensamentos próprios, pois seria uma desobediência aos pais e ingratidão por tudo o que fizeram por ela. Dessa forma, culpa-se por desejar *ser* quem ela é e alçar voos diferentes e singulares, submetendo-se silenciosamente ao que acredita serem os desígnios dos pais. Identifica-se muito sobretudo com seu pai, congelado afetivamente e paralisado; se sente sem confiança nas pessoas e aos poucos vai percebendo que "não se entrega em uma relação". Apresenta alguns sintomas físicos ameaçadores no início, em relação aos seios e aparelho reprodutor. Com o passar dos anos em análise, todos esses sintomas defensivos vão ganhando outras configurações: construções antigas vão sendo desconstruídas e reconstruções vão sendo possíveis.

Raquel mora em outra cidade e, devido também a esse fator, enfrenta desde o início de nosso trabalho as investidas dos pais para que interrompa o tratamento. Em contrapartida, é uma pessoa que considero grata a sua análise e que se ancora com força de vida psíquica, como a uma tábua de salvação, a seu processo analítico. Raquel queixava-se de ausência "de presença", e que a encontrou pela primeira vez em sua análise. Sua gratidão me faz lembrar Drummond:

> *Por muito tempo achei que a ausência é falta.*
>
> ...
>
> *Hoje não a lastimo.*
>
> ...
>
> *A ausência é um estar em mim.*
> *E sinto-a, branca, tão pegada, aconchegada nos meus braços,*
>
> ...
>
> *ninguém a rouba mais de mim.*
> *(Carlos Drummond de Andrade, "Ausência")*

Vou percebendo, ao longo do processo, que Raquel tem uma capacidade de ir suportando a dor do contato com o desconhecido e disponível à mudança catastrófica. Nesse sentido, o *self* sofre transformações por substituir estados de mente obsoletos por ideias singulares. Em "Memória do futuro", Bion (1991) coloca que é indispensável ao crescimento "a habilidade para mudar" (p. 163), sendo o trabalho do luto necessário para o desenvolvimento. Aspectos não integrados de sua personalidade começam a ser integrados gradativamente, e sua gratidão foi extremamente valiosa como uma das ferramentas de seu trabalho interno.

Vinheta clínica de Raquel

Raquel suspira forte por duas vezes, ao adentrar na sala de atendimento e ao deitar no divã. A analista escuta os suspiros de Raquel e sente que ela possa estar satisfeita.

Raquel diz: Quero começar com um sonho que tive hoje. Acho que estou tendo controle sobre meus sonhos, estão diferentes; mas não é exatamente controle a palavra. Sonhei que estava em um estacionamento de um shopping e que, quando fui procurar meu carro, eu não o achava. Só que desta vez eu pensava no sonho e me perguntava: bom, onde deixei o carro, perto de onde, procurava alguma referência para lembrar! Tentei pedir ajuda para meus pais, que estavam no shopping, mas meu pai estava com o celular desligado e minha mãe não tinha levado o celular, portanto sabia que quem teria que encontrá-lo seria eu. Eu estava preocupada, pois tinha sessão às dez horas e estava com medo de não conseguir chegar. Vi uma pessoa amiga muito próxima e pedi ajuda. Andei muito dentro do estacionamento e fui até fora dele; não achei meu carro, mas pensei no sonho que pelo menos eu estava tentando uma saída e por mim mesma.

Continua Raquel: Isso é que estou chamando de diferente: antes era como se eu estivesse presa, paralisada e amordaçada em frente a uma parede – eu batendo a cabeça para que abrisse uma passagem na parede e não acontecia; agora tento observar a mim mesma, os outros, lembrar e decidir o que farei; consigo não me desesperar, vou tentando, como fiz no sonho.

Um lugar para se abrigar

Raquel, com o passar dos anos em análise, muda-se de sua cidade original, enfrentando o morar sozinha. Ela passou por muitas situações difíceis, demonstrando uma carência de "um lugar para se abrigar" internamente, e mesmo sem um teto adequado para morar concretamente.

Nas sessões acompanho sua busca por esse "lar", e ela me inspirava nesse tempo muitas preocupações e, ao mesmo tempo, me passava que iria conseguir chegar onde desejava.

Passa de lugar em lugar, até que consegue esse "lar" para si. Simbolicamente, um *lutar* vai acontecendo, exigindo-lhe força de vida psíquica e gradativamente vai suportando lutos, com respeito a si própria e aos pais também, já conseguindo se discriminar deles. Muitas vezes traz as proibições dos pais, mas acaba observando e acolhendo que são proibições internas suas.

A analista sempre sentiu recursos internos em Raquel para a travessia à maturidade. Afetiva, grata e lutadora, cada vez mais se aproxima da pessoa real que ela é. Vai se tornando cada vez mais feminina e mulher.

Raquel se ancora em sua análise para enfrentar o luto de seus pais da infância rumo à sua essência, encontrando-se cada vez mais consigo. Em seu processo de análise, começa sentir e perceber que a não discriminação desses "pais proibitivos" a estava levando rumo à violência, seja psíquica, por falta de espaço mental, seja na realidade externa e de forma concreta. Raquel enfrenta seu sentimento de estar só e, a partir daí, começa a compartilhar da própria companhia.

Outro sonho de Raquel

Temos sessão em um dia diferente dos combinados entre nós, eu por ter estado em uma Jornada de Bion na Sociedade e ela por ter modificado seu horário na empresa.

Raquel, tranquila e sorridente, diz: Minha mãe não se conformou de eu vir para a sessão em um sábado, mas até sorri para ela e expliquei que foi um combinado entre nós e de maneira muito espontânea.

Conforme fomos conversando, Raquel lembra-se de um sonho que diz ser recorrente ultimamente, mas que o dessa semana teve algo novo. Sonha com uma casa velha por fora, mas que, quando foi entrar na casa, estava linda, organizada e aconchegante por dentro.

A analista escuta e percebe não ser mais a antiga e velha casa idealizada, à qual Raquel, por sentimentos de desamparo profundo, se "agarrava".

Raquel associa: Parece minha casa física, meu apartamento, estou arrumando cada coisa a seu tempo. Até a porta, que levou um pontapé e que tinha uma placa com massa plástica encobrindo na altura da maçaneta, arrumei. Eu tirei a massa para ver o que tinha: buracos imensos.

Agora sinto e percebo que tenho paciência, consigo esperar e depois vou fazendo; estou muito feliz no trabalho, lembra que sempre quis um trabalho com mais pessoas, criativo? Até meu chefe chamou uma decoradora para arrumar por dentro o escritório! Antes estava tudo jogado, os móveis estavam desconectados, amontoados.

A sessão vai transcorrendo até chegarmos a um ponto de estarmos conversando sobre "barulhos e ela acordar abruptamente, assustada", o que a fez lembrar-se de uma situação que quase remeteu a uma tragédia na casa da mãe do namorado e com a mãe dele. Vai associando barulhos e sensações quando se sentia ameaçada por algum perigo, ou por algum ladrão que iria chegar; algumas vezes dormia no quarto dos pais. Conforme foi associando, eu também fazia as minhas associações, inclusive hipotetizei sobre ela presenciar ou escutar os barulhos da cópula dos pais, identificando-os como violência.

Sinto e percebo Raquel responder triste: Parece que foi do mesmo jeito que acordei assustada na casa do F (namorado). Vamos até aqui, por hoje já está bom, ou é demais para mim hoje, vamos deixar para mais para frente.

Paciência e habilidade

Podemos acompanhar Raquel experienciando chegar cada vez mais ao seu próprio *Eu*, não conhecido e conhecido, que se desvela a cada momento. Reconhece sua habilidade paciente, verdadeira, removendo o escondido para enxergar o que tem submersamente. Sua individualidade vai sendo re-conhecida, tornada autoconsciente.

Lembrando-nos de Freud, ele vai apresentando gradativamente ao mundo o trabalho sobre os sonhos. "Os sonhos são fragmentos do desconhecido quando podem ser iluminados pela intuição" (Philips, 2003, p. 17). Assim, o desconhecido permanecerá e não será conhecido enquanto clivado.

Voltando ao caso da paciente, o reconhecimento do desconhecido e o luto subsequente do conhecido ajudam Raquel a ir lidando com a vida, sua realidade interna e externa, como ela é.

Luto sendo experienciado na sessão

Nesta sessão Raquel parece-me ansiosa. Deita-se e me diz que se sente parada novamente, quer viver mais. Conta-nos que foi ver um apartamento para comprar, novo, com uma arquitetura moderna, sofisticado, mas caríssimo. Ela levanta uma questão de forma irônica: *Quando vou conseguir comprar algo assim? E depois ver que no fundo não me atende, pois só tem um quarto; minha irmã, que mora em outro país, está sendo requisitada por três trabalhos muito importantes e de diferentes países, ela é muito dedicada e capaz em realizar seu trabalho. E eu em minha empresinha, só penso que tenho que mudar de emprego.*

Fomos conversando e lembro que ela foi promovida e que, quando seu chefe sai de férias, ele a escolhe para ser a responsável pela empresa, mas fico aguardando.

Ela continua com elogios referentes à irmã, e me passa que a irmã é reconhecida, porque lhe faz bem o trabalho. Arrisco dizer a Raquel que ela parece estar se atacando dizendo que a irmã "foca em si mesma", em sua própria capacidade, e que ela (Raquel) foca em um trabalho hipotético, idealizado e externo/concreto. Digo que percebo ataques invejosos acontecendo, portanto Raquel se encontra nesse momento, cindida.

Raquel, pensativa, diz: Como faço para juntar tudo isso?

Até que lhe digo que existe mais de uma Raquel, a que tem capacidade interna e que se desenvolve produzindo e a que quer um emprego só de bater ponto e fazendo tudo igual todos os dias, como ela já nos contou antes.

Ela ri e nos diz: É que dá medo juntar tudo!

Primeiro a analista lembra-se do filme *Divertidamente* (mas não fala a Raquel) e depois vê a imagem de um maestro diante de uma orquestra, orquestrando uma sinfônica, e compartilha essa imagem do maestro, com Raquel.

Raquel vinculando-se, continua: Nossa, mas o que eu faço agora com o que eu pesava antes de mim mesma, com a existência de várias Raquel! Aquilo que pensava antes, já não faz mais sentido agora.... Gostei de sua imagem da orquestra, melhor que meu painel de controle (nesse momento, a analista associa com a lembrança do filme Divertidamente que parece um painel de controle). Vejo o violinista desafinado com raiva, mas também sentindo e escutando os vários sons... Eu posso afinar meus instrumentos. Complexo tudo isso, mas muito bom!

Penso que os comentários mais apropriados sobre esta sessão com Raquel sejam mais fidedignos ao revisitarmos *Transformações*, como se segue...

Revisitando Transformações

Fica-me claro o que Bion (1965) coloca sobre a questão do não reconhecimento de novas experiências, impossibilidades de fazer os lutos durante a vida, que:

> *A relação do paciente consigo mesmo fica prejudicada se ele não pode prosseguir para o reconhecimento de uma nova experiência e assim recai em um significado já existente; e o mesmo ocorre se ele progride e tem que enfrentar frustração, algo que não pode tolerar. O paciente pode decidir, caso o contexto comporte tal termo, se vai desfechar ataques*

> *destrutivos ao vínculo que tem com seu objeto, e assim destruir seus processos de pensamentos embrionários, ou se vai tolerar o vínculo e permitir o desenvolvimento de seu aparelho para pensar. Qualquer que seja sua decisão, um paciente com tais características provavelmente sofrerá perturbações de pensamento, pois a aceitação do "não seio" confronta-o com um problema: o que fazer com os concomitantes "pensamentos"? O problema não existe somente em uma dimensão; tolerar frustração envolve se conscientizar da presença ou ausência de objetos, e daquilo que, posteriormente, uma personalidade desenvolvida vem a conhecer como "tempo" e "espaço" (conforme descrevi a "posição" onde o seio costumava estar).* (pp. 70-71)

Comentários finais

Quando o trabalho do luto se conclui, quando há espaço para uma nova experiência, o Ego fica outra vez livre e desinibido. Do contrário, o traumático se mantém, ou quando o indivíduo "mantém violentamente um estado primitivo onipotente-desamparado" (Bion, 1965/2004, p. 69).

Junqueira, citando Paul Federn em seu artigo de 1950, denominado "A resposta do Ego à dor", clareia exatamente o meu modo de enxergar a experiência clínica quanto aos benefícios que traz o trabalho do luto:

> *Há uma pequena distinção, porém, muito importante, entre "sofrer uma dor" e meramente "sentir uma dor". O sofrimento vem a ser a experiência direta, incluída nas fronteiras do ego, da dor mental causada pelo evento ou objeto doloroso, ou*

então, respectivamente, pela memória e pela representação objetal. Através de tal sofrimento o ego concebe a intensidade plena do evento. Na próxima vez que a ideia retorna, a dor já não é sentida na mesma intensidade. Este é o passo mais elementar na mágoa e no luto normais. A aceitação da dor é o tributo que pagamos à normalidade.

Referências

Bion, W. R. (1965/2004). *Transformações* (P. C. Sandler, trad.). Rio de Janeiro: Imago.

Bion, W. R. (1968). *Lectures and seminars in APA*. Buenos Aires.

Bion, W.R. (1991). *A Memoir of the Future*. London: Karnac Books.

Freud, S. (1913). Totem e Tabu e Outros Trabalhos. *In Edição Standard Brasileira das Obras Psicológicas Completas de Sigmund Freud* (Vol. XIII). Rio de Janeiro: Imago.

Freud, S. (1915/1974). Luto e melancolia. *In Edição Standard Brasileira das Obras Psicológicas Completas de Sigmund Freud* (Vol. XIV). Rio de Janeiro: Imago.

Freud, S. (1960). *Letters of Sigmund Freud 1873-1939* (T. and J. Stern, trad.; E. L. Freud, ed.). New York: Basic Books.

Grinberg, L. *Teoria de la identificación*. Buenos Aires: Paidós, 1978.

Grinberg, L., & Grinberg, R. *Identidad y cambio*. Buenos Aires: Kargieman, 1971.

Lussier, M. (2002). Luto e melancolia: gênese de um texto e de um conceito. *Livro Anual de Psicanálise, XVI*, 69-87.

Mattos, J. A dor psíquica na visão de Bion. In X Jornada de Psicanálise: Bion 2017, 19 de maio de 2017.

Philips, Frank J. (2003). *Play*. São Paulo: Casa do Psicólogo.

Parte III
Prazer criativo

O conceito de prazer no pensar como prazer secundário sofre uma transformação: prazer no pensar como prazer criativo

Nos próximos dois artigos, especificamente, o *prazer no pensar* como prazer secundário sofre transformação: o prazer no pensar como *prazer criativo*. Abrangendo e aproximando-se de forma real as experiências da dupla analítica, o prazer criativo acontece no contato íntimo e privado, mas tornando-se público no contato com o analista. É experimentado depois de alguns anos de processo analítico, em que o paciente evoca uma experimentação de si mesmo na relação com o analista. Ou seja, a análise passa a ser o próprio processo criativo, no qual ocorrem transformações na dupla, "processo que transforma complexos criativos inconscientes – sintomático, patológico, transferencial – em conscientes, mas também intensifica a capacidade inconsciente do *self*" (Bollas, 1999, p. 206). Um analista que se permite *Ser* tocado pelo paciente é experimentado também pelo processo analítico, o ir *sendo* psicanalista, treinando e aprimorando sua intuição. Bion diz que o processo analítico permite uma alteração do *Ser* do analista, enquanto sonha o material do paciente, transformando as comunicações do paciente em seus objetos oníricos.

Em relação ao paciente, por se encontrar mais fortalecido depois de alguns anos de análise, realiza o desenvolvimento de expressões múltiplas de sua realidade psíquica em um modo de existir por meio do processo do pensar – há o impelir de pensamentos para o vir a *Ser*, e é este estado que gera prazer. O processo do pensar gera prazer: o indivíduo se liberta do que o aprisionava antes e vai *sendo* a realidade.

Não só nos casos de Paulo e Melissa (próximas duas experiências clínicas), mas por meio de outras análises de pacientes fui percebendo, depois de alguns anos, essa nova configuração nas análises: o experienciar-se na relação, no aqui e agora da sessão – paciente e analista como participantes do processo do *pensar*.

Em uma das pesquisas teóricas que fiz sobre o "prazer no pensar", encontrei em "Face a face, corpo a corpo", de Marília Aisenstein (2003), o que ela diz em relação aos objetivos essenciais do processo psicanalítico, como sendo o:

> *de tentar permitir ao sujeito funcionar da melhor maneira possível com relação às suas possibilidades e com os seus próprios meios.*
>
> *Funcionar melhor é aliviar o peso das restrições da repetição e das ligações alienantes, é reencontrar um prazer de pensar, ou seja, restaurar as capacidades autoeróticas, abrindo-se à diferenciação e à mudança.* (p. 147)

Referências

Aisenstein, M. (2003). Face a face, corpo a corpo. *Rev. Trieb Nova série*, *II*(1), 145-155.

Bollas (1999/2010). Criatividade e Psicanálise. *Jornal de Psicanálise*, *43* (78), 193-209.

Desamparo-amparo no pensar[1]

Hilflosigkeit, termo que Freud (1926[1925]/1976) utilizou para descrever a condição do recém-nascido por sua dependência total do outro para a satisfação de suas necessidades. Encontra-se ele frágil, impotente, incapaz de promover uma atividade motora coordenada e psíquica suficiente para sua sobrevivência. Freud considera o desamparo original do ser humano advindo da própria condição humana, e este "estado de desamparo" gera a primitiva situação traumática de angústia.

---

[1] Trabalho apresentado no XXVI Congresso Brasileiro de Psicanálise da Febrapsi, "Morte e Vida: Novas Configurações", Fortaleza (nov. 2017); apresentado no 32º Congresso Latino-Americano de Psicanálise da Fepal, "Des-Construções e Transformações", Lima, Peru (set. 2018); artigo publicado no livro *Des-amparo e a mente do analista* (Blucher, 2018).

Perante este início de vida de dependência absoluta, o ser humano persistirá na necessidade, que nunca mais o abandonará, de se sentir amado.

Além desse desamparo original, outros desamparos pertencentes à natureza humana acontecem durante todo o percurso de vida, como o desamparo caracterizado por *falha* de *rêverie* e continência materna.

Destacarei neste artigo momentos de desamparo atuais que podem favorecer a aproximação do indivíduo com seu desamparo primário. Nesses momentos, o indivíduo se encontrará diante de duas alternativas: uma delas o levará a se evadir de sua realidade, usando de defesas até mesmo cruéis a ponto de levá-lo à morte psíquica e talvez até a morte precoce; a outra possibilitará a ele enfrentar suas mudanças/catástrofes e se desenvolver com a experiência.

A saída de vida, benéfica, de enfrentamento desses momentos de desamparo e que leva ao desenvolvimento se dá por meio do *processo do pensar* (Bion, 1962), que, ancorado no "vínculo", possibilita ao indivíduo entrar em contato íntimo, "aproximando-se" de seu desamparo. De qualquer maneira, o ser humano estará fadado à "presença do outro" por toda sua existência e, assim, seu *processo do pensar* estará sujeito a relações humanas e generosas para que se desenvolva satisfatoriamente.

Postulo também que no *processo do pensar* esteja inserido um componente de "vida" essencial: gerar *prazer*. Prazer esse no sentido de livrar a mente não só do acúmulo de excitação e dor, mas de livrá-la de "objetos internos maus" (Bion, 1962) que impedem o conhecimento – *consciência representativa* (Melsohn, 2001) –, a realização e a autenticidade. Conter a consciência de si mesmo, transformada pelas novas descobertas/experiências, que depende da função alfa promove *prazer*, pois há realização experienciada; nesse sentido podemos lembrar-nos de Bion se referindo à busca de conhecimento de K para O.

Sabemos que o desamparo surge devido ao traumatismo primário (Roussillon, 2012), por vivências que não foram metabolizadas, experienciadas. Em contrapartida, se a aproximação do desamparo primário for possível, haverá transformação em experiências significativas (constituídas como experiências do Eu) – amparo ao desamparo.

O sentimento de desamparo pode ser amparado no processo do pensar

"Uma teoria sobre o processo do pensar" (Bion, 1962) ancora esta formulação. O processo do pensar refere-se ao *pensar* como "aparelho", que "passa a existir para lidar com os pensamentos" como diz Bion (1962), pela pressão dos pensamentos imposta à psique. A teoria do pensar está vinculada, portanto, a quatro aspectos fundamentais: função alfa, relação continente-contido, experiência emocional e consciência. É um processo que se inicia com a percepção do nível sensorial e evolui da elaboração à ação/modificação. Em outras palavras refere-se ao sentir, entrar em contato percebendo o sentir, conter (compreensão), transformar e tomar atitudes atualizadas; refere-se à área da mente capaz de se observar, vincular e integrar. O aparelho para *pensar* os pensamentos tem a função de comunicar, de tornar público o que está "escondido", íntimo no indivíduo e, portanto, o tornar público alivia a pressão dos pensamentos que antes provocara "dor". Dessa forma, momentos de desamparo podem ser "amparados" e integrados na personalidade, levando cada vez mais o indivíduo à sua maturidade (capacidade de usar a percepção de seus momentos de desamparo em benefício próprio e de vida).

Em "Uma teoria sobre o processo do pensar", Bion (1962) diz:

> *É conveniente encarar o processo do pensar como um processo que depende do resultado satisfatório de dois desenvolvimentos básicos. O primeiro deles é o desenvolvimento dos pensamentos. Estes requerem um aparelho que deles se encarregue. O segundo desenvolvimento, consequentemente, é o desenvolvimento do aparelho que provisoriamente chamarei de pensar. Repetindo: o processo de pensar passa a existir para lidar com os pensamentos. Deve-se notar que isso difere de qualquer teoria do pensamento como produto do processo do pensar, na medida em que se considere o processo de pensar um desenvolvimento imposto à psique pela pressão dos pensamentos, e não ao contrário.*
>
> *. . . Restringirei o termo "pensamento" à união de uma preconcepção com uma frustração. O modelo que proponho é o de um bebê cuja expectativa de um seio se una a uma realização de um não seio disponível para satisfação. Esta união é vivida como um "não seio", ou seio "ausente", dentro dele. O passo seguinte depende da capacidade de o bebê tolerar frustração. Depende de que a decisão seja fugir da frustração ou modificá-la.*
>
> *. . . a ideia é que o instrumental adequado seria, não um aparelho para pensar os pensamentos, mas um aparelho para livrar a psique do acúmulo de objetos internos maus. O ponto crucial está na decisão entre fugir da frustração ou modificá-la.* (pp. 102, 103)

O que proponho é que a fuga às frustrações representa a fuga da realidade e acarreta desamparo; no entanto, é o *processo do pensar* que, por gerar "prazer", leva o indivíduo a enfrentar suas frustrações, a sofrer suas dores mais profundas e, assim, ao se tornar autocontinente, tem a possibilidade de modificar a realidade, na medida do possível, e se desenvolver com as experiências que envolvem esse processo.

O "processo do pensar" na clínica

Há muitos anos, dois aspectos principais me chamam a atenção na clínica: o que mantém viva a dupla analítica no decorrer de longos anos de análise; e o que motiva os pacientes a voltarem para suas análises depois de anos de interrupção. Atualmente reflito sobre o que motiva um antigo paciente a encaminhar seu filho para uma análise comigo. Algumas indagações emergem: o que mantém viva a "função de analista"? O que mantém no analista o amor e dedicação a psicanálise? O prazer no processo do pensar fundamentaria essas questões?

O conceito de "prazer no pensar" (o prazer gerado no processo do pensar) surge dessas indagações, observações e experiências clínicas, em que a aproximação do si mesmo no paciente (o "tornar-se", o conhecimento que é transformado na autocontinência) promove sentimentos de satisfação e responsabilidade, aceitação, uma aquietação pelo encontro de sentidos próprios.

O senso comum descreve a palavra "prazer" como alegria, contentamento; também por muito tempo foi atribuído a esse termo um comportamento de euforia. A referência ao "prazer no processo do pensar" é completamente outra: este "prazer" é sentido e posteriormente percebido no contato íntimo com a dor que passa a ser sofrida, havendo metabolização/digestão e, consequentemente, contenção.

O "prazer no processo do pensar", similarmente, refere-se ao que Bion coloca sobre a pré-concepção, que, em contato com a realização, leva à concepção. Com o trabalho da função alfa há o alívio da "pressão dos pensamentos", a mente passa a "lidar" com o excesso e o indivíduo, assim, se "liberta" do estado que antes o aprisionava – é esse processo que gera "prazer". Prazer também significa resposta do organismo ou da mente, indicando que nossas ações estão sendo benéficas a nossa saúde, e, portanto, nessas ações o teste de realidade deverá estar inserido, ou melhor, o prazer é verdadeiro, real.

Baseando-me nos dois aspectos de minha clínica que me chamaram a atenção, nas observações citadas e nas investigações por meio da evolução de cada caso clínico em relação ao conceito "prazer no pensar", um trabalho original foi produzido no qual o termo prazer no pensar (Nunez, 2013) passa a ser nomeado de "prazer secundário", por representar esse *prazer*, ser distinto do prazer que Freud (1911/1969) descreveu como o "prazer do princípio do prazer".

Para ele o prazer primário é de descarga, de evacuação do excesso de energia direcionada ao aparelho psíquico pelas excitações, sejam elas de origens internas ou externas – excitações com as quais o aparelho não consegue lidar. No entanto, o prazer secundário implica a existência de "uma qualidade integrativa": há a descarga de excitação, o alívio de tensão, mas, ao mesmo tempo, há consciência da realização ligada ao princípio de realidade. Mas a metapsicologia do conceito prazer secundário ainda não abrangia totalmente a finalidade. Portanto, é por meio de mais observações do campo analítico e de pesquisas realizadas dentro da psicanálise

(Aiseinstein, 2006; Marty, 1998) e da neurociência (Solms & Kaplan, 2000/2005; Solms & Turnbull, 2002/2004; Damásio, 1999/2000) que um sentido de conceito mais complexo surge: prazer criativo.

O prazer criativo estará disponível no indivíduo se houver a capacidade da mente de expandir; uma área da mente capaz de recriar (criar em moldes atuais) formas de lidar e conter seu desamparo.

Podemos refletir que prazer criativo vem de criatividade, área da mente mais expandida, "sofisticada", e que caracteriza riqueza imaginativa, "realizada". A criatividade é o que nos permite expressar, sonhar, significar, representar, fazer transferências, chistes e sintomas, colocando em movimento o *Eu*, ou seja, a criatividade promove mudanças em "nossa história". Concluímos então que todo o processo criativo gera prazer e aproxima o indivíduo de si mesmo.

Fica-nos claro, portanto, a existência de dois tipos de prazer: prazer "apenas" de descarga e alívio de tensão (princípio do prazer/desprazer; ver Freud, 1911/1969) e prazer no pensar que envolve descarga e alívio, mas integrado à percepção, envolvendo realização e desenvolvimento – prazer criativo.

A capacidade do indivíduo de sentir prazer (prazer criativo) possibilita a ele sair de um "estado de paralisação" e dor, mesmo que, para isso, ele tenha que enfrentar frustrações, decepções e sofrer suas dores mais profundas, seus traumatismos registrados em vivências que ainda não se tornaram experiências significativas.

O desamparo pode ser amparado no processo do pensar, e o amparo reverbera também a tolerância a sentir *prazer* (prazer criativo). A capacidade de recriar e tolerar prazer inclui não somente o paciente, mas também o analista, características singulares que interferem no campo analítico. A não tolerância ao prazer pode ser devida a um apego ao "estado de mente doloroso".

A própria vida nos impõe que os requisitos básicos da possibilidade de criação e sua existência só serão possíveis se existir a capacidade no indivíduo de formar vínculo. A formação de vínculo origina-se primariamente pela *rêverie* do objeto materno e sua continência (compreensão) e, posteriormente, consigo próprio, por meio da introjeção desse "objeto compreensivo" (Bion 1959/1967).

A falha de *rêverie* materna associada à falha de continência desencadeia os primeiros momentos de desamparo, e prejudica o futuro do indivíduo em *pensar* as próprias experiências emocionais e, consequentemente, o desenvolvimento da tolerância ao *prazer*-criativo.

Criatividade, portanto, pressupõe *rêverie* com continência e tem a ver com fertilidade psíquica e possibilidades no enfrentamento de mudanças/catástrofes, em que as verdades do si mesmo são desveladas e suas transformações são contidas na personalidade.

Em condições de fluidez libidinal intrapsíquica (Freud, 1905/1972), o processo secundário não satura o processo primário, e vice-versa, mas há interação entre os dois processos. Dessa forma, a quantidade de energia livre buscará "recriar" o objeto de satisfação, em um movimento metafórico e complexo permitindo tolerar a ausência objetal e expressar a criatividade do aparato psíquico. A criação aparece com a "presença do outro" e permite a construção do novo.

Em *Transformações*, podemos constatar como Bion (1965/2004) lê Freud quanto à capacidade de pensar:

> *Freud (1911) fala sobre a capacidade para pensar como algo que proporciona alívio da frustração, no que se refere ao fato*

> *do pensar poder preencher o intervalo de tempo entre o nascimento do impulso e sua satisfação. Ele está se referindo à ação do organismo, sob influência de dor, para mudar seu ambiente. Proponho classificar a transformação que ocorre quando pensamento é expresso, no discurso, sob forma de ação. Antes dessa transformação, o pensamento fica restrito ao âmbito dos elementos β, elementos α e sonhos antes de serem verbalizados.* (p. 113)

Assim sendo, momentos de desamparo poderão ser "amparados no processo do pensar" por meio da análise e, posteriormente, na autoanálise, permitindo que o indivíduo modifique sua realidade, seu "ambiente". O prazer de descobertas do si mesmo poderá emergir, em que a frustração e a dor (sofrer a dor) passam a ser utilizadas como molas propulsoras no processo do pensar, para o melhor enfrentamento da vida.

Compulsão à dor – sofrer a dor

Na clínica podemos constatar que muitos pacientes compulsivamente repetem o "caminho" da dor e da evasão, não havendo tolerância ao *prazer*. São indivíduos apegados a um estado de mente doloroso e ilusório, afastados da própria realidade, desamparados por imaturidade psíquica e por *falha* de contenção primária. Atuam eles como se houvesse um cultuar o estado de dor que, pela expiação, apenas permitida, os impede de sonhar, de realizar e experienciar a vida de forma satisfatória.

O afastamento da realidade citada pode ser devido às perturbações no desenvolvimento do *aparelho do pensar*, às quais Bion (1965/2004) chama a atenção:

> *O sentido de bem-estar engendrado por uma crença na existência de uma mãe (ou analista) perfeitamente compreensivo (a) fortalece o medo e ódio de pensamentos que são intimamente associados ao "não seio", e podem, portanto, ser sentidos como indistinguíveis do "não seio". A pessoa se aferra a um estado de mente doloroso, que inclui depressão, pois sente que a alternativa é sentida como ainda pior: ou seja, que pensamento e pensar significam que o seio quase perfeito foi destruído.* (p. 78)

Sobre compulsão à repetição da "dor", sobre o estado de mente doloroso, podemos encontrar também sentido na referência que Freud (1914/1969) faz em seu trabalho "Recordar, repetir, elaborar", quando ele diz que o ser humano repete para "lembrar- elaborar"; entrar em contato com vivências traumáticas (desamparos), que não se tornaram experiências significativas. Enquanto não se tornam lembranças, por meio de experiências significativas, essas vivências permanecem e aprisionam o indivíduo, podendo estar ele sob a égide de um superego tanático (rígido e cruel) que impede a realização e a tolerância à experiência de prazer.

O indivíduo aprisionado fica submetido ao que Bion (1961) chamou de "grupos internos", deixando-o sem possibilidades de exercer sua singularidade ou autenticidade.

De qualquer forma, acreditamos que repetem compulsivamente a dor, na tentativa de que alguma experiência nova aconteça, proporcionando uma aprendizagem antes inacessível: "O lidar com a dor é que permite ao cliente alcançar satisfação e encanto com a vida" (Rezze, 2017, p. 2). Bion (1965/2004) refere em *Transformações* que: "Realidade tem que ser 'sendo'... O ponto em questão é: como passar do 'conhecimento de fenômenos' para 'ir sendo' aquilo que é real . . . realidade é tornar-se" (p.162).

Sempre que o indivíduo se torna ele mesmo, há experiência de satisfação, prazer de realização e desenvolvimento, e isso é o que permite "o encanto pela vida".

As argumentações expostas não se excluem, e sim se complementam. Referem-se à ideia de que são as "verdades" (como pressão interna e, ao mesmo tempo, como alimento para a mente) surgidas no encontro com o si mesmo, que, por um lado, podem até fazer sofrer o indivíduo, mas que, paradoxalmente, são as que lutam contra o "apego ao estado de mente doloroso", ou seja, as "verdades" promovem esperança de mudança e satisfação, encontrando o indivíduo o "prazer" de ser criativo com a própria vida.

Paulo

Paulo me surpreende sempre quando diz: *Faço as coisas porque sei fazer, sou habilidoso, mas não faço porque sinto ao fazê-las; não me reconheço como uma pessoa que tem o direito a sentir*. Ele lida com sua vida de forma totalmente prática e explicativa. Muitas vezes o temor do que encontrará dentro de si e a responsabilidade pela descoberta (momentos de desamparo) o fazem "dar um tempo", palavras ditas por ele, durante as suas próprias associações, quando algumas vezes se percebe somatizando, ou mesmo quando se percebe "racionalizando demais" por uma dificuldade de suportar-se.

Paulo, ao mesmo tempo, expressa o desejo de aproximar-se de si com intimidade e construir um vínculo comigo, "esperando" que consigamos encontrar de alguma maneira uma via de acesso. Como ele tem a imagem de si "que não sente", não se permite perceber que esse vínculo já existe. Tem claro para si que o sentido de suas buscas está em viver melhor sua própria vida; é a expectativa depositada em seu processo analítico.

Sua infância é marcada por situações excessivamente traumáticas advindas de um casal parental deficitário. Apresenta uma mãe com severa falha de *rêverie* com continência; intrusiva no sentido de "sugar a vida" e o direito a existir de Paulo, não enxergando sua individualidade. A mãe impunha apenas o seu querer, ficando a singularidade de Paulo impedida de "nascer". Comportava-se ela sempre de forma rígida por preconceitos morais inflexíveis que impõe a ele.

Paulo conta sobre uma mãe negligente por não proporcionar cuidados necessários à sua integridade psíquica e física, esquecendo-o várias vezes na escola e deixando-o com pessoas severamente comprometidas, expondo-o a situações de risco e sedução; violenta por aplicar-lhe castigos e surras irracionais (não vou deter-me narrando no texto seu pesar nesses aspectos).

Paulo apenas valoriza o fato de a mãe forçá-lo a estudar com rigor, sempre exigindo que ele estudasse muito e tirasse sempre as melhores notas, pois hoje consegue usufruir dessa exigência, sendo bem-sucedido profissionalmente; ao mesmo tempo, sabe que valoriza demais o racional e o intelectual.

Os aspectos racional e intelectual usados como sobrevivência por Paulo lembram-me as defesas usadas como "segunda pele" para cobrir os buracos deixados pela falha da "pele psíquica" (Bick, 1968/1991).

A separação entre os pais aconteceu quando ele era bem pequeno, devido ao alcoolismo do pai, à traição e a comportamentos pervertidos com mulheres e abandono de lar, ficando vários meses sem aparecer. O pai também não tinha disponível um "espaço mental" para Paulo.

Paulo guarda lembranças boas e amorosas do avô materno. É esse avô materno que disponibiliza toda a *rêverie* que Paulo recebeu, pois desde sua mais tenra infância foi sempre o avô a quem recorreu e de quem recebeu todos os cuidados. Por morarem todos em uma mesma casa, também era esse avô que o "socorria" e intervinha quanto aos castigos que a mãe lhe impunha. Era esse avô que conversava com Paulo e que procurava entendê-lo, mesmo viajando muito a trabalho; sempre que podia, ficava com Paulo. A avó materna era falecida e, quanto a seus avós paternos, não teve contato algum.

É difícil de acreditar que um processo de análise possa "dar conta" de tanta tragédia, ou mesmo que Paulo possa conseguir um contato mais íntimo consigo, mas, ao mesmo tempo, demonstra coragem, "disposição e força psíquica" para ir gradativamente experienciando registros traumáticos, seus desamparos, junto comigo.

É inteligente e culto – apresenta uma cultura adquirida por meio de muito estudo e esforço. É bem-sucedido também financeiramente. Procura-me com a queixa de dificuldades nos relacionamentos: três vezes casado e divorciado; na época que iniciamos sua análise, mantinha um relacionamento estável, mas se interessou por outra pessoa, mantendo as duas relações ao mesmo tempo, queixando-se de que não queria ficar dessa forma, e sim entender o que isso significava e "mudar sua vida".

Transferencialmente, eu era mais um "carrasco" que encontrara, e que o torturaria por necessitar de cuidados e depender.

Anos de análise foram necessários para que pudéssemos ir compreendendo que ele era o "bode expiatório", o que deveria sucumbir e morrer pela tragédia que compunha sua estrutura.

Chegou um tempo em que tinha uma ideia fixa: precisava "trocar de pele", pois aquela estava insuportável. Não se tranquilizou até se submeter a vários tratamentos de *peeling* químico facial. Em muitos momentos, contratransferencialmente, eu me percebia extremamente cuidadosa com ele, quando eu o sentia muito frágil – como uma pele rota que necessitava tessitura. Era quase que transparente nesses momentos de sua fragilidade, estávamos diante de um nível bem primitivo de funcionamento. Em outros momentos, conversávamos com a parte de sua mente mais amadurecida, ele colaborando com o trabalho analítico, reconhecendo suas partes fragmentadas e, assim, demonstrando estar naquele momento mais integrado – posição depressiva.

Após muito trabalho, vai trazendo para as sessões a percepção do que sente: que, por muito tempo, via-se como uma "presa – um animal apanhado em uma armadilha" fazendo coisas sem se dar conta; em várias situações se colocava em risco de vida, evidenciando tentativas de suicídio.

Queixava-se de que as pessoas o amarravam e o procuravam só por interesse, pelo que tinha a oferecer, se sentia "usado"; outras vezes dizia que as pessoas, em algumas situações, o consideravam "bruto e doido". Aos poucos vai expressando que não quer mais "surras", e começa a aceitar que necessita ser bem tratado e cuidado.

Algumas narrativas de Paulo não confirmaram nossa experiência analítica. Por exemplo, ele dizia que não tinha sentimentos e que era totalmente frio e distante, "que era bruto e doido". Nunca foi bruto comigo ou desrespeitoso como dizia ser o "pai" e também não reagia de forma "louca" e intrusiva como sua "mãe". Eu sempre o considerei afetivo, responsável, e não se portava como um sedutor ou promíscuo à procura de uma presa em nossa relação de trabalho. Mais perceptivo, gradativamente vai conseguindo suportar as dificuldades que as pessoas possam ter, principalmente em relação a seu pai e mãe.

O pavor maior era em relação ao que a "analista" iria fazer com ele, permitindo-se demonstrar estar muito assustado pela disponibilidade que sentia receber de mim e dele próprio em seu processo de análise.

Percebemos que, em alguns momentos, consegue "separar-se" das figuras parentais, separação/discriminação essa que demonstra sentir e perceber quando começa a tomar atitudes diferentes em sua vida; diz sentir prazer quando está na análise e, embora "estranhe" muito esse fato, reconhece que o tranquiliza à medida que vai tendo conhecimento de si, consciência de si.

Paulo diz: Quero mudanças, mas tenho medo de como me sentirei, estou acostumado a surras, como é não ser surrado, aqui dentro de mim?

Paulo passa da imagem de vítima para a consciência de agressor, no sentido de que ele violenta e se violenta, evadindo-se do contato profundo. Ele se "assusta" com as identificações parentais, ao se perceber repetindo-as. O que repete na experiência comigo, "no início", foi a desconfiança de que eu também o violentaria como sua mãe, que eu o abandonaria, inclusive, e muitas tentativas de evasão se manifestaram pelo pavor de se dar conta do que sentia e de saber quem realmente era ele.

Seu temor maior era de enlouquecer ou se tornar irresponsável e promíscuo como seu pai. Criticava-se por ter tido três casamentos, mas alegava que rompia ao perceber que a mulher se aproveitava do que ele oferecia a ela, em vez de amá-lo – foi assim nas três vezes. Aprendeu a não confiar e a não se ligar afetivamente. Carecia de um bom casal parental internalizado.

Por meio de seu *processo do pensar*, deu-se conta de que ele próprio não confiava em si, e que ele é quem se aproximava das "mulheres" apenas para usá-las, não se vinculando afetivamente, e assim ele mesmo se violentava, identificado com as figuras parentais, proibindo-se de ter esperanças e amar.

Todas as vezes que podemos conversar sobre essas diferenças, entre o que acreditava de si (que iria ser surrado a vida toda) e o que experienciava comigo (olhar e escuta amorosa sobre quem ele é) ou mesmo como tratava as pessoas, demonstra responsabilidade nas decisões do que fará com as novas descobertas. Dizia ele poder estar introspectivo e reflexivo ao encontrar novos sentidos, imagens de si. Sentir *prazer* "em estar na própria companhia" começa a ser possível, quando o conhecimento de si e a autocontinência são gradativamente suportados.

Paulo, aos poucos, vai enfrentando suas necessidades de mudanças com perseverança e, por meio de sua análise, demonstra coragem e é nítida sua satisfação em *pensar* novas possibilidades. Dispõe-se a sofrer suas dores, permitindo-se perceber seus sentimentos e responsabilidades por suas ações; a partir da *consciência de si*, decide seus próximos passos, agora de forma "criativa", ancorado no tempo atual.

Mais liberto, consegue "brincar" com sua realidade e valoriza quando consegue ter bons momentos na vida.

Vinheta clínica: quando Paulo já consegue transformar desamparo em amparo

Paulo traz para sessão recortes de um texto de um cientista que sentiu ter ligação com o "drama" que muitas vezes o invade: *Amar é o grande medo do ser humano. Só é comparável ao medo de ser amado. É bom, mas sabemos que pode provocar uma sensação de fragilidade e dependência. A presença do outro se torna vital, e a possibilidade de ser abandonado a qualquer momento nos ameaça tanto que, em geral, optamos pela saída mais fácil: sabotar as possibilidades.*

Isso cria um enorme dilema entre querer experimentar amor e procurar o tempo todo, destruí-lo. Certamente, as tentativas de destruição não são feitas de modo deliberado.

Paulo, em suas associações, compara esse texto com as experiências de um cientista e continua conversando com a analista: um ratinho é colocado em uma gaiola, onde anda de um lado para o outro, movido pela curiosidade. Quando sente fome, vai em direção ao alimento. Ao tocar no prato, no qual o pesquisador instalou um dispositivo elétrico, o ratinho leva um choque muito forte, tão forte que, se a experiência se repetisse, ele poderia até morrer.

Depois do choque, o ratinho corre na direção oposta à do prato. Se, nessa hora, pudéssemos perguntar ao roedor se ele estava com fome, certamente responderia que não, porque ainda estava experimentando a dor do choque. Passado algum tempo, porém, o ratinho entra em contato com a sensação de morte vinda de duas possibilidades: uma causada pelo choque e outra pela fome.

Paulo continua: quando a fome se torna insuportável, o ratinho, vagarosamente, vai em direção ao prato, que não estava mais eletrificado. Ao chegar quase a tocá-lo, apresenta reações como se houvesse levado um segundo choque: teve taquicardia, seus pelos se eriçam e ele corre na direção oposta à do prato. Se perguntássemos a ele o que havia acontecido, a resposta provavelmente seria: "Levei outro choque".

Se fosse possível continuar o diálogo e quiséssemos saber quantos choques ele levou, ouviríamos que havia levado dois choques. Ele só não sabia que a energia elétrica estava desligada.

A partir daquele momento, o ratinho entra em uma tensão muito grande e decidiu buscar uma posição intermediária entre a dor da fome e a dor do choque e, aparentemente, fica tranquilo.

Paulo se coloca com responsabilidade e se vincula: Eu sou o ratinho, já reconheço sobre minha fome de vida e também sobre os choques que levei. Atualmente sinto-me percorrendo um caminho que vai fazendo eu me libertar dos "choques" que tomei.

Muitas vezes senti muito medo de me aproximar de você, me afeiçoar a você. Você e nossas conversas me fazem sentir "aqueles mesmos choques", lembro-me das sensações, mas posso pensar na hora neles e converso com você aqui e depois comigo e percebo que não levo choque. Aliás, o grande choque que levo agora é diferente, é receber atenção e cuidados verdadeiros. Reconhecer isso tudo em mim me faz sofrer, mas ao mesmo tempo posso ver que não preciso reagir igual a meu pai ou a minha mãe, minha vida agora está se tornando diferente do que a deles, estou conseguindo ser eu.

Comentários

Experiências dolorosas no passado de Paulo deixaram registros e marcas de um profundo desamparo e medo terrorífico de novos contatos humanos, pois os antigos só lhe causaram dor e decepções.

Nas palavras de Paulo, "os choques", os primitivos se repetem, e só há reações. Não conseguia "se casar" internamente, e atuava concretamente casando-se e divorciando-se várias vezes; seus desamparos o submetiam a "não confiar". Mas Paulo não aguenta mais "ficar sem amar", sua fome de amar e ser amado, respeitado por si, fica insuportável, e ele se dispõe a arriscar novamente. Nesta sessão parece-nos claramente que ele enfrenta seu desamparo, se entrega na relação e confia se aproximando do contato com a analista, e do contato íntimo. Sua reação aparece, taquicardia, à espera de um recorrente choque. Paulo percebe que sua "energia estava desligada", paralisado no passado traumático, e metaforicamente se dispõe a se colocar novamente "na tomada" da vida. Paulo ampara seu desamparo por meio do vínculo analítico, por meio de seu "aparelho de pensar os pensamentos" atualmente alimentado e transformado. Agora pode perceber o que não podia antes: que a analista não é igual a sua "mãe" e demonstra afeto por ele; ele, por sua vez, consegue suportar o medo de ser abandonado, pois se percebe amparado.

Com autocontinência por meio de novas experiências, as atitudes de Paulo são diferentes de quando outrora não tinha um *self* fortalecido para suportar. Um espaço continente, diz Meltzer (1975/1979), só acontece quando há uma função de esfíncter: "a capacidade de um objeto de proteger e de controlar seus próprios orifícios é uma condição prévia para que o *self* realize um movimento nessa direção de continência, tanto quanto de proteção à penetração intrusiva" (p. 200).

Paulo consegue a aquisição de um "esfíncter mental", espaço continente, propiciando um contato com seu mundo interno, e dessa forma já se sente capaz de distinguir "penetração intrusiva", que, por meio da percepção, deixa de ser tão ameaçadora. Digamos que ele agora pode experimentar uma "penetração amorosa", criativa, ou seja, o entrar e sair do objeto sem correr o risco de cair em um "buraco sem fim", ou repetir vivências de "terror sem nome".

Indivíduos que não percebem que o prato não está mais eletrificado, que o tempo é outro, atual, continuam com o terror de entrar em contato íntimo e novamente reviver o desamparo que outrora aconteceu, repetindo cegamente suas dores.

Experienciar amor é um risco, amparar os próprios momentos de desamparo é amor. Essa possibilidade é acompanhada a cada encontro com o outro e consigo, sendo que o único antídoto perante o risco de sucumbir será a capacidade de *pensar* e se vincular. Além disso, há uma grande vantagem: ou o indivíduo se arrisca a amar, e *pensar* é amar, amparar a si próprio, ou ficará na solidão e verdadeiramente abandonado por si mesmo, como Narciso, sem ninguém para o acompanhar.

A existência de um estímulo (interno e/ou externo) muito forte agindo com pressão benéfica e um superego apoiado em Eros possibilitarão a permissão para o distanciamento do velho modelo: o indivíduo poderá arriscar-se em um modelo novo, baseado na experiência atual. Mesmo que a estrutura psíquica antiga permaneça sedimentada (pilar psíquico primitivo), uma estrutura nova concomitantemente vai sendo construída e somente assim, metaforicamente, consegue-se o "aproximar-se do prato" na esperança de que ele não vai mais dar choque, mas alimentar a fome. Essa é a forma em que se pode saborear o alimento: arriscando-se a pensar os próprios pensamentos. O arriscar-se provoca modificações na realidade, e é esse processo que promove prazer – prazer criativo amparando momentos de desamparo.

Vale a pena lembrar a diferença entre ato/*acting*/ação. O ato alude uma descarga que implica atividade motriz "sem" atividade imaginativa; *acting* se refere a uma atividade motriz "em lugar" de uma atividade imaginativa; ação se refere à atividade motriz "mais" atividade imaginativa ou criativa. O prazer no pensar leva o indivíduo à ação, a atitude para consigo próprio, como no caso de Paulo: ele "acolhe e contém" seus momentos de desamparo, modificando sua realidade.

Paulo, por meio de sua análise, tornou público que atuava muitas vezes como sua mãe, e como seu pai, não respeitando e "surrando" a si próprio, impedido de se vincular internamente. Esse contato íntimo o tornou mais liberto, passando a se reconhecer em suas atitudes. Não enxerga mais sua realidade apenas como uma reedição de seus traumas antigos.

Para finalizar, trago o poema "Desamparo", de Cecília Meireles (2006):

> *Digo-te que podes ficar de olhos fechados sobre o meu peito*
> *porque uma ondulação maternal de onda eterna*
> *te levará na exata direção do mundo humano,*
> ...
> *quem é que me leva a mim,*
> *que peito nutre a duração desta presença,*
> *que música embala a minha música que te embala,*
> *a que oceano se prende e desprende*
> *a onda da minha vida, em que estás como rosa ou barco...* (p. 38)

Referências

Aisenstein, M. (2006, novembro). O antipensamento e a psicossomática. *IDE, 29*(43), 142-145.

Bick, E. (1968/1991). A experiência da pele em relações de objeto arcaicas. In E. Spillius (Org.), *Melanie Klein hoje* (Vol. 1; pp. 194-198). Rio de Janeiro: Imago.

Bion, W. R. (1959/1967). Ataques ao elo de ligação. *International Jounal of Psycho-Analysis, 40*(5-6), 87-100.

Bion, W. R. (1961). *Experience in groups and other papers.* London: Tavistock Publications.

Bion, W. R. (1962). Uma teoria sobre o processo do pensar. In *Estudos Psicanalíticos Revisados. (Second Thoughts)* (pp. 101-109). Rio de Janeiro: Imago.

Bion, W. R. (1965/2004). *Transformações: do aprendizado ao crescimento* (Paulo César Sandler, trad.; 2a ed.). Rio de Janeiro: Imago.

Damásio, A. (1999/2000). *O mistério da consciência.* São Paulo: Companhia das Letras.

Freud, S. (1905/1972). Os três ensaios sobre a teoria da sexualidade. In: *Edição Standard Brasileira das Obras Psicológicas Completas de Sigmund Freud* (Vol. 7; pp. 123-238). Rio de Janeiro: Imago.

Freud, S. (1911/1969). Formulações sobre os dois princípios do funcionamento mental. In *Edição Standard Brasileira das Obras Psicológicas Completas de Sigmund Freud* (Vol. 12; pp. 273-286.). Rio de Janeiro: Imago.

Freud, S. (1914/1969). Recordar, repetir, elaborar (novas recomendações sobre a técnica da psicanálise). In *Edição Standard das Obras Psicológicas Completas de Sigmund Freud.* (Vol. 12; pp. 191-222). Rio de Janeiro: Imago.

Freud, S. (1926[1925]/1976). Inibições, sintomas e angústia. In *Edição Standard das Obras Psicológicas Completas de Sigmund Freud* (Vol. 20; pp. 95-201). Rio de Janeiro: Imago.

Marty, P. (1998). *Mentalização e psicossomática* (A. E. V. A. Güntert, trad.). São Paulo: Casa do Psicólogo.

Meireles, C. (2006). *Viagem e vaga música.* Rio de Janeiro: Nova Fronteira.

Melsohn, I. (2001). *Psicanálise em nova chave.* São Paulo: Perspectiva.

Meltzer, D. (1975/1979). La dimensionalidad como un parámetro del funcionamiento mental: su relación con la organización narcisista. In D Meltzer et al. (Orgs.), *Exploración del autismo: un estudio psicoanalítico* (pp. 197-209). Buenos Aires: Paidós.

Nunez, W. P. S. (2013). *O prazer no pensar: análises duradouras.* In *reunião científica da SBPSP*; apresentado no XXIV Congresso Brasileiro de Psicanálise da Febrapsi "Ser Contemporâneo: medo e paixão". Campo Grande; aceito no IPA 49th Congress. Boston, Massachusetts.

Rezze, C. J. (2017). Comentário à Supervisão de Bion A 39 no grupo de estudos de Supervisões de Bion da SBPSP em 16 de setembro de 2017.

Roussillon, R. (2012). O desamparo e as tentativas de solução para o traumatismo primário. *Rev. SBPPA*, *19*(2).

Solms, M., & Kaplan, K. (2000/2005). Estudios clínicos en neuropsicoanálisis. Introducción a la neuropsicología profunda. Bogotá: Fondo de Cultura Económica.

Solms, M., & Turnbull, O. (2002/2004). El cerebro y el mundo interior. Una introducción a la neurociencia de la experiencia subjetiva. Bogotá: Fondo de Cultura Económica.

Desamparo – O estranho – Prazer no pensar:[1] a repetição experienciada no *setting* possibilitando o nascimento da essência do *eu*

Este artigo fez parte de uma mesa no congresso da Federação Brasileira de Psicanálise (Febrapsi), em Belo Horizonte, sobre Desamparo – O Estranho – Prazer no Pensar, e quando foi proposto, de minha parte, pretensiosamente, imaginei que poderíamos juntos, mesa e participantes, abrirmos um espaço para experienciarmos algo novo. E sairmos, a partir de nossas conversas, com maior disponibilidade para pensarmos todos os tipos de nossos pensamentos, incluindo pensarmos sobre as hipóteses, experiências clínicas que foram mencionadas.

Concatenar as próprias experiências para escrever de forma imersa sobre esses temas é tarefa extremamente complexa, pois nos remete ao âmago de nossas origens primevas. No trabalho analítico, ao analista cabe a função de se aproximar do subterrâneo dessas

---

[1] Trabalho apresentado no XXVII Congresso Brasileiro de Psicanálise "O Estranho – Inconfidências", junho de 2019.

origens e decidir junto com o paciente se ele terá a condição dessa imersão – ambos necessitam ter essa disponibilidade.

Em nossas origens se encontram os traumatismos, terrores subtalâmicos, mas também as raízes de nossos recursos, essência do *eu*, que utilizamos para atingir nossa capacidade para sentir prazer, resultado de um processo que culminará em realização – área da mente de criatividade.

Não temos grandes escolhas, ou nos dispomos a pensar nossos próprios pensamentos enfrentando processos dolorosos de contato com o desamparo, e/ou com aspectos não integrados de nossa personalidade sejam eles bons ou maus e que podem nos infringir estranheza, ou nos perderemos de quem somos.

No caso de impossibilidade desse contato íntimo, do indivíduo consigo mesmo, o sentir *prazer* estará não só prejudicado, mas muitas vezes impedido. Poder sentir prazer não é fácil, faz parte de todo um processo de amadurecimento do indivíduo, pois esse prazer não é o referente somente às descargas de tensão (princípio do prazer/desprazer de Freud, 1911) e excesso de estímulos, como mencionei em artigos anteriores (Nunez 2013, 2017), mas prazer que faz parte de todo um *processo do pensar*, que possibilita livrar a mente de "objetos maus" (Bion, 1962) que impedem o conhecimento e desenvolvimento mental (Bion, 1962/1966, 1963/2004a, 1965/2004b) e, consequentemente, o desenvolvimento da essência do *eu*. O conhecimento a que me refiro, não significa conhecimento intelectual, mas autoconhecimento surgido por meio de uma experiência vincular, seja pelo contato com outra mente continente, dupla analítica, seja intrapsiquicamente, mas sempre mediante uma experiência significativa. Seria então livrar a mente de "objetos maus", objetos estes que impedem o ir *tornando-se* ou o ir *sendo* do indivíduo.

Sem o contato íntimo, a continência do estranho/assombro não será possível, e há desamparo e não haverá prazer por meio da realização – *prazer criativo*. Novamente cabe como função do analista colaborar com o paciente na expansão de seu órgão elaborador para pensar os próprios pensamentos e, assim, poder sentir *prazer*.

Enfatizamos que só poderemos sentir prazer criativo se formos capazes de nos sentir, de nos enxergarmos/observarmos e de nos escutarmos integrando todo esse "conhecimento experienciado intrapsiquicamente", e é somente a esse processo que poderemos nomear de tomada de consciência, que inclui transformações reais.

Só que, paradoxalmente, o integrar aspectos não integrados da personalidade, sejam eles bons ou maus, a princípio causará desprazer e dor, havendo até momentos de grande desespero/desamparo e despersonalização, culminando na frenética evasão da realidade. Nesse sentido é que o indivíduo terá que possuir recursos internos para enfrentar a si próprio, e a falha primária de função alfa não deverá ter ocorrido de forma severa e intransponível. Se acontecerem falhas severas e os recursos próprios forem escassos, o indivíduo padecerá e não poderá experienciar o *prazer* – anedonia.[2] Para experienciar prazer, é necessário sentir e perceber o que se sente e se responsabilizar pelo afeto. Em sentido contrário, é o que encontramos na esquizofrenia, na psicose – a incapacidade do indivíduo de sentir-se, e vários casos clínicos nos apontam essa não continência.

Há alguns anos, recebo um jovem adolescente com a queixa de que está extremamente assustado consigo. Diz sentir-se apático e que, em tempos prolongados, se afasta de tudo e de todos e não consegue sentir nada. Com a evolução do trabalho analítico, a área

---

[2] Anedonia = incapacidade de sentir prazer.

de criatividade da sua mente começa despontar em sua capacidade de observação, e ele diz: *Não consigo sentir prazer, nada faz sentido, nada tem graça*, e, enfrentando a si próprio, diz: *Tenho medo de não saber expressar o que estou sentindo, parece que estou escondendo algo muito sério de mim mesmo, me observo sendo um autômato, e não sei o que fazer com isso, estou com medo, mas dessa vez não vou desistir*. Ele vai associando seu estado a uma grande pressão interna e ordenamento para fazer tudo exatamente "como as pessoas querem", ao mesmo tempo, muitos pensamentos ruins quanto ao futuro povoam sua mente. Gradativamente, depois de alguns anos, mais confiante em si, e no processo analítico, vai diminuindo o uso de drogas que usava para poder relaxar e "aguentar com a vida", dizia-me ele que a dificuldade era aproveitar a vida!

Sobre o órgão elaborador para pensar pensamentos

Refiro-me a uma falha primária, a um traumatismo primário (Roussillon, 2012), o não poder experienciar *prazer*, quando nos tempos primevos o bebê se depara com excesso de estímulos sem um órgão receptor suficiente. Inicialmente esse órgão provém da função alfa materno-paterna, que tem a função de receber, digerir e devolver ao bebê o material, que possivelmente está vindo dele, "sentido e percebido" pelos pais, ou seja, os pais também necessitam de suas próprias áreas da mente de criatividade para poderem se aproximar de seu bebê. Do contrário o bebê, não será respeitado em sua singularidade, e muitas vezes será ele "usado" como palco de projeções e desamparos parentais. Essa problemática inicial contribuirá para que a mente do bebê tenha dificuldades para nascer e, no futuro, terá dificuldades de se aceitar como um indivíduo discriminado do outro, ou seja, *O Estranho*, todas as vezes que surgir, será rejeitado por ele, por carência de função alfa Sem a capacidade inicial da mãe/pai de função alfa o bebê carecerá no futuro de capacidade para pensar seus próprios pensamentos.

Nos anos de clínica, fui experienciando e observando que muitos pacientes demonstravam no início da relação analítica, uma carência desse órgão receptor para pensar os próprios pensamentos, possivelmente por essa falha ambiental. No entanto, com as experiências de vínculo analítico, essa percepção foi se modificando, pois eles foram se mostrando capazes de expandir esse órgão elaborador, no sentido de que foram gradativamente desenvolvendo essa capacidade de contenção e responsabilidades por seus afetos, sentindo prazer em encontrar uma saída diferente para sua realidade. Penso que provavelmente já existia essa capacidade em sua essência.

Sem essa condição na essência do *Ser*, sem um órgão capaz de elaborar os excessos, até o amor ficará prejudicado: o indivíduo carecerá de um órgão que suporte prazer, criatividade, amor.

A história da humanidade, seus aspectos destrutivos, apontados desde o início nos artigos de Freud e de Bion sobre as guerras, apontam a ideia de que carecemos de um órgão elaborativo para o prazer criativo, e talvez por isso as tragédias tomem muito espaço no palco da vida.

Desse ponto de vista, encontramos mais e mais pessoas se sentindo estrangeiras em seu próprio país, não reconhecidas por si mesmas, sem um "lugar para morar". Muito poucas conseguem se perguntar: quem sou eu? De onde eu vim, onde estou, para onde conseguirei ir... Dentro e fora de mim! Como aparentemente parece-nos mais fácil seguir o fluxo que nos foi designado! Em suma, o quanto nos é possível transformarmos o *Unheimlich* em *Heimlich*?

Sobre "O Estranho"

Na verdade, tudo o que nos parece *Estranho* pode contribuir para uma aproximação de nós mesmos, do contrário, quando nos evadimos de nossa realidade, nossas incertezas se tornam monstros e fantasmas escondidos, nos assombrando, repetindo inclusive uma situação de desamparo traumático. Muitas vezes o que é *Estranho* nos remete a algo "fatídico e inescapável", como se refere Freud (1919, p. 296), mas, mesmo assim, a única saída será o contato íntimo. É esse contato vinculado sempre ao teste de realidade que provavelmente nos levará a pensar os próprios pensamentos, facilitando a condução pelo mundo real. Neste sentido, lembrando-nos de Sartre (1938), em *A náusea*:[3]

> *Sinto medo do que vai nascer, se apoderar de mim... Gostaria de me entender com exatidão antes que seja tarde demais.* (p. 18)

O acolhimento do *Estranho* se torna imprescindível para a experiência analítica. É um fenômeno complexo que envolve assombro, horror, admiração, o incompreensível ligado a um esforço de compreensão, mas sempre no intuito de nos impelir a conviver melhor com o desconhecido, portanto tanto assombra quanto ilumina. Podemos nos interessar até pelo trágico, mas não ser o trágico!

O assombro do *Estranho* se dá a cada momento de intimidade e, portanto, paradoxalmente, o que poderá promover prazer – criativo. Há desprazer contínuo e evasão da realidade quando não

---

3 Citação de Juarez Guedes Cruz em seus comentários no grupo de estudos das "Supervisões de Bion" da SBPSP, em 16 de março de 2019.

há uma mente continente, inclusive para aquele aspecto da personalidade que se descobriu/desvelou.

O Estranho sendo experienciado na análise

Na sessão de análise, o analista, em uníssono com o paciente, deverá passar por cesuras. Será na experiência da dupla que a repetição de alguma crença antiga, reprimida ou não, nascida conscientemente, será encenada, dando a oportunidade de ser atualizada. Essa atualização poderá ser assombrosa – o estranho é percebido e será a capacidade da função alfa que proporcionará a continência. São essas experiências que permitem que transformações surjam e ao indivíduo *Ser* ele mesmo. Mas, muitas vezes, sequer *o estranho* tem "tecido mental", aparelho mental para recebê-lo e posteriormente contê-lo, transformando-o. Nesse aspecto, Cassorla (2015) elucida muito bem que:

> *Quando a mente do analista não ressoa ele deve buscar ressonância em si mesmo, e para tal terá que utilizar aspectos próprios, de sua mente, que serão emprestados ao paciente, como se empresta um tecido – tecido conectivo emocional – para preencher buracos vazios enquanto não é possível tessitura própria.*
>
> *Dessa forma, o analista faz muito mais que desvelar aspectos existentes no inconsciente ou dar significado a elementos brutos – ele também fabrica tecido mental simbólico a partir de sua própria mente. Essa constatação nos obriga a conhecer, cada vez mais, a pessoa real do analista e sua participação na construção da mente onde ela nunca existiu.* (p. 182)

Experiência clínica

Por inúmeros motivos, esta sessão acontece em um domingo e, quando entro no edifício de meu consultório, percebo que está muito vazio, e estranho o silêncio. Apenas um guarda está na portaria do Office. Aperto meu andar 6º e quando o elevador chega não aparece o número 6, e sim quatro tracinhos. Não entro e sinto receio. Deixo-o ir. Pergunto ao guarda se está tudo bem com o elevador e ele responde "tudo indica que sim". Pensei: que resposta sofisticada!

Minha paciente chega e, antes de entrar para a sala, diz: *Nossa, o elevador vai direto para o 6, como faz para ir nos outros andares?* Percebo um tom mais profundo em sua fala e espero ela deitar no divã para conversarmos. Ela repete: *E se eu quiser ir no 1º, 2º ou no 5º andar, como faço?*

Respondo que o que imaginei foi um espaço "entre andares" – um buraco? Não um buraco, mas vi um espaço entre e como fazer para alcançar?

Melissa ri, não é buraco mesmo, mas espaço, eu acho que sim. Parece que estou aqui em cima, ela gesticula com o braço, mas e lá embaixo?

Imediatamente lembro que senti receio ao entrar no prédio, vazio, estranho, e também receio do elevador. Pergunto como ela estava para chegar aqui. Responde que bem, mas que anda esquisita, com medo do escuro, uma sensação de ela ser pega por detrás, desde aquele último pesadelo. *Ontem mesmo fiquei reticente quanto ao banco de trás do carro, por achar que tem algo que vai me pegar, mas não tinha coragem de olhar. Quando entro no prédio que moro, quando o elevador chega ao meu andar, ainda bem que meu apartamento é logo em frente, mas tem um corredor imenso, escuro, e só quando a gente vai andando é que as luzes vão acendendo. Será que tenho medo de olhar o que tem no escuro?*

A analista pergunta a Melissa se tem algo no escuro que ela quer conseguir enxergar. E ainda indaga se ela está nos sentindo sem condições para enfrentarmos esse escuro.

Melissa responde que não, que aqui e comigo é diferente...

Nesse momento vem na mente da analista um episódio de Heartland, em que Amy, a "encantadora" de cavalos, ajuda um cavalo selvagem que se aproxima de uma das cercas de sua fazenda. Amy intui que o cavalo quer lhe mostrar algo sério e quer que ela o siga. Ela se embrenha na floresta com Spartan, seu cavalo de confiança, acompanhando o cavalo selvagem por bons quilômetros até que enxerga outro cavalo, mas este totalmente machucado e caído. Conto para ela sobre minha imagem.

Melissa diz: É um corredor-floresta!

A analista imagina o corredor do apartamento em que Melissa diz morar e o "traz" para a sala de análise se reportando à paciente: "Será que já não estamos nesse corredor?" Percebo minha disposição para sentir "no escuro" seja lá o que for, pensei: vamos, estamos aqui!

Melissa continua: Lá no final do corredor tem um apartamento, parece com a casa antiga dos meus pais, rodeada por uma mata. A casa era muito grande e meu quarto ficava lá no fundo do corredor e me vejo colocando meus bichinhos em volta da cama, como uma trincheira, ligava a televisão e ficava com o controle do lado, porque algo podia me pegar. Eu era muito sozinha! Não podia demonstrar medo, mas mesmo assim eu tinha o apelido de "medinha". Eu tive que me virar sozinha, meus pais sempre diziam isso, se vire sozinha! Minha mãe via minha trincheira e "não falava nada" e ia embora.

Ela começa a chorar, de forma muito sentida: Por que me deixavam ficar lá no final do corredor? Eu era pequena... mas também e eu não fiz nada, pois não falava para eles que eu não queria ficar naquele quarto. Sinto-me como aquele cachorrinho que meu pai deixava no porão da casa, de noite e ele chorava e chorava e eu não podia ir lá com ele, acalmá-lo, ele era filhote! Meu pai era muito frio. Não era uma garagem, era um porão, sem chão, era de barro e com uma escada que era colocada e depois tirada, sem janela que iluminasse. Não via a hora de voltar da escola para abraçar e dar comida para o cachorrinho.

Sua emoção me sensibiliza e vou estando com ela e comigo. Mas você tinha recursos e ia até o cachorrinho.

É eu cachorrinho, parece eu nesta análise, acho que fazem seis anos, e nem parece tanto tempo. Lembro-me como cheguei aqui tão fragmentada e agora estou mais inteira.

Analista: Acho que você quer sempre só ficar inteira!

Melissa: Ah, mas é diferente, o me sentir fragmentada de quando cheguei aqui nesta análise e o fragmentada de hoje, ou em alguns momentos quando me perco ou quando me sinto ansiosa.

Melissa, reflexiva e mais tranquila, diz: Nossa, agora me vejo indo abraçar aquela eu pequenininha, encolhida no escuro e eu a abraçando, porque nós duas estamos aqui. É muito prazeroso chegarmos perto de um fio tão tênue e delicado e conseguir. Acho que desamarrei aquele cachorro que estava preso naquela casa assombrada do meu pesadelo, que te contei outro dia na sessão, me desamarrei.

Estou me sentindo bem agora, vou aproveitar as férias e vou com meu namorado conhecer uma cidade nova, que eu queria há muito tempo.

Escrevendo a sessão, chama minha atenção o fato de a paciente estar seis anos em análise com o 6º andar, parecendo que, depois de enfrentarmos o terror, pudemos comemorar a intimidade fértil do par analítico nesta sessão. Foi preciso tecer emocionalmente um espaço mental (espaço entre os andares) para que *O Estranho*, aspecto cachorrinho desamparado e amarrado de Melissa, pudesse ser abraçado/contido amorosamente.

Verdadeiros momentos de prazer no pensar – prazer criativo

Tivemos a oportunidade de podermos experienciarmos juntas o desconhecido, o medo do escuro assombroso. Esses são verdadeiros momentos de amparo ao desamparo e de *prazer criativo*, que, ao se tocar em registros traumáticos, pela continência atual, têm a chance de serem transformados e, assim, podem se tornar integrados na personalidade, pois houve experiência vincular significativa. A antiga repetição cega, de abandono, pode agora se transformar em continência psíquica por Melissa.

Vale citar Bion (1965/1983), referindo-se às transformações em O, e o que referencio sobre o prazer que se experiencia quando pode haver o *sendo* a realidade:

> *Alcançamos a realidade apenas "sendo" aquilo que é real. É possível através da interpretação psicanalítica efetuar uma transição de conhecendo os fenômenos do self para sendo o self real? Estou certo em sugerir que os fenômenos são conhecidos, mas a realidade está por vir a ser. A interpretação deve fazer mais do que aumentar o conhecimento... O hiato entre conhecendo os fenômenos e sendo a realidade se assemelha ao*

hiato entre conhecendo sobre psicanálise e sendo psicanálise. (pp. 174-175)

Vinheta clínica: depois de uma semana e próxima sessão

Melissa, assim que se deita no divã, nos diz: *Lembrei agora do que eu queria ter dito no final da sessão passada, mas esqueci. Você se lembra daquele terraço do prédio de minha colega de trabalho, a A., quando eu fui pegar as coisas dela (a colega faleceu e Melissa se dispôs a ajudar a mãe de A. a recolher as coisas da filha), que eu descobri que tinha um terraço e que pensei que ela não deveria ter ido nele? Então, descobri que no meu prédio também tem, só que eu consegui ir até o terraço.*

Analista: Você quer dizer que agora pode ter uma visão panorâmica do que está acontecendo aqui, que já está mais preparada?

Melissa: Sim, é uma linda visão, dá para ver muita coisa! Na quinta-feira passada meu namorado estava dirigindo meu carro e bateu, ou bateram no meu carro, eu estava no celular e não vi exatamente o que aconteceu; no momento me apavorei achando que o seguro não iria pagar porque não era eu a condutora. Menti para meu pai, dizendo que era eu quem dirigia, mas não fiquei bem com isso. Depois liguei para ele e contei. Para minha surpresa ele riu! Disse que para eu ficar tranquila, que isso acontece. Pensei como meu pai me acolheu e até riu! Agora estou pensando por que me deixei sozinha tanto tempo. É tão bom ser acolhida!

Analista: Você está sentindo gratidão por estar se acolhendo.

Melissa prossegue: Você tem me acolhido desde que entrei aqui, e eu estou podendo também me acolher, mas ainda estou muito mexida pela última sessão, e nós duas não fomos até o final do corredor, mas, se você não tivesse comigo, eu não teria aberto aquela porta; foi muito importante, pois parece que algo se quebrou, e estou livre. Sinto vontade de olhar as outras portas, de ver o que tem nelas. E se tiver coisa ruim?

Analista: Bem, você tem a idade que tem, e até agora você viveu coisas muito ruins? Essa é a referência que temos!

Melissa, se investigando, diz: É, não me fiz muito mal até agora!

Terminada a sessão, Melissa está sorrindo e a percebo feliz. Levanta-se, e me dá um abraço e diz: *Semana que vem é meu aniversário!*

Transformações da analista

A experiência com Melissa nos revela que ela gradativamente pôde confiar em si mesma e na analista, ao ponto de se aproximar de uma vivência dolorosa, e aceitar o aspecto Estranho que foi se acolher e se permitir ser acolhida. Melissa, mais liberta, pôde se aproximar de seu aspecto cachorrinho/desamparado, e abraçar a menininha que se defendia entrincheirada do contato, primeiro de sua dor, de seu traumatismo, e depois da desconfiança que ainda sentia na vida. Sua área da mente de criatividade foi intensamente "ativada" para dar conta de sua realidade atual, aceitou o novo de si mesma, e nesse aspecto é que o prazer se realizou. Ela mesma nos guiou: "É muito prazeroso chegarmos perto de um fio tão tênue e delicado e conseguir".

Ao escrever este artigo, penso que por meio do que foi surgindo e sendo construído emocionalmente, a série *Heartland*[4] (nome da fazenda em que se desenvolve toda a série) nos foi útil para nos aproximarmos da experiência da dupla.

É uma série que envolve relações entre uma família que se vincula de forma profunda, cuidadosa, no sentido de respeito às características singulares de seus membros. Os problemas são enfrentados por eles, com base na realidade e nas atitudes tomadas, sempre sob um ângulo amoroso e de coragem no enfrentamento.

Amy (jovem adolescente) é uma das protagonistas principais. Sua mãe é considerada uma "encantadora de cavalos", famosa entre os criadores e competidores de cavalos de raça. Amy, por sua vez, é considerada herdeira desse mesmo dom, mas reitera que a mãe "não encantava os cavalos", mas sim os "ouvia", os "sentia". Cavalos com "problemas de adaptação, traumas, doenças que se intui de fundo emocional, são trazidos para tratamento". Outro aspecto que se destaca em *Heartland* é que seu foco não é o lucro ou o poder, os animais não são vistos como "coisas lucrativas" (embora cuidem da boa administração financeira), mas, principalmente, enfatiza a boa relação dos "humanos com os animais"; e, incrivelmente, é respeitado a "individualidade e características de personalidade – dos cavalos".

A série inicia com uma tragédia: Amy fica sabendo que um dono de animais maltrata os cavalos só lhes dando comida para que "parem em pé" e pede à sua mãe que interceda. Elas seguem até essa fazenda, e enfrentam uma enorme tempestade. Mãe e filha conseguem resgatar um cavalo – Spartan. Na volta para *Heartland*, à tempestade se intensifica e acontece um grave acidente. A mãe não suporta os ferimentos e morre, Amy e Spartan sobrevivem. Amy se

[4] Série da Netflix.

sente extremamente culpada por ter solicitado que a mãe intercedesse. Encontra apoio na família, mas seu sofrimento é amenizado na aproximação e dedicação à Spartan, pois, como diz Amy, fez parte do último contato profundo entre ela e sua mãe.

Em mais um desdobramento de meu pensar, nossa experiência no *setting* me levou a sonhar o mito sobre a "Cavalgada das Valquírias" - que me inspirou a escolher a obra de Cesare Viazzi para a capa deste livro.[5]

O mito faz todo sentido não só como referência à experiência analítica entre Melissa e sua analista, mas a todo conteúdo do livro, pois a batalha em que há na "Cavalgada das Valquírias", nos remete às batalhas do "palco das análises", batalhas internas e externas para a contenção de dores, para que dores possam ser sofridas e levar o indivíduo, já mais liberto, a seu desenvolvimento - essência do *eu*.

Na verdade, é uma batalha que merece ser travada, internamente em cada um de nós, para que possamos carregar "nossos mortos", não só, mas para que também possamos suportar nossos aspectos vivos, além dos vivos ainda não nascidos...

A grande batalha da vida, "deveria" ser prazerosamente bem experienciada, por meio da responsabilidade que cabe ao ser, *Ser* si mesmo.

Concluindo

O desamparo cravado na mais tenra infância é encenado repetidamente no teatro da vida, palco da análise. Esse abandono primário vivido dificultará o reconhecimento de recursos de vida

[5] Cesare Viazzi (1857-1943), *La cavalcata delle Valchirie. Grande tela del Castello Raggio di Genova Cornigliano.*

internos, pois são recebidos pelo organismo como sendo *Estranho*, aquilo que não faz parte da repetição cega do destino, mas, ao mesmo tempo, esses mesmos recursos se encontram adormecidos e próprios, como nos mostram os casos clínicos abordados neste livro. Será o processo do pensar que ancorará o embate entre o permanecer escravo do urge para existir e o permitir que a essência tenha o seu lugar. Quando a essência do *eu* é reconhecida e contida, há prazer, em que a dimensão da área da mente de criatividade é ativada intensamente para dar conta desse embate. Assim sendo, transformações reais acontecem quando há o espaço para o *Estranho*/Assombro experienciado pela dupla, ou seja, as duas mentes, paciente e analista, precisam estar disponíveis para o desconhecido/conhecido.

Bion, na supervisão de número 35,[6] refere-se ao urge para existir como uma força que escraviza e que impede o desenvolvimento da essência do eu. Diz ele:

> *A força, para a qual estou tentando chamar a atenção, não se importa com o que acontece com o indivíduo. Podemos colocar isso dessa forma: se a raça humana se extinguir com uma bomba de nêutrons, a força de existir não se importaria nem um pouco com isso. Eu seria mais um experimento descartado. Portanto, é uma questão de indiferença em relação ao que acontece à raça humana – ou qualquer outra raça, desde que o urge para existir continue... de uma maneira ou de outra.*

[6] Supervisão de n. 35 de Bion (transcrição da fita gravada em inglês por José Américo Junqueira de Mattos e pela prof.ª Paola Thompson), discutida no grupo das Supervisões de Bion da SBPSP em 16 de março de 2019.

> *. . . Mas essa força não tem respeito ao indivíduo. Essa força não se importa se você é um ser humano, um cão, ou bacilo, ou uma alga, contanto que a existência continue... o que acontece com a existência individual é questão de indiferença.*

O prazer no pensar/prazer criativo penso *ser* o único processo que fará frente ao inevitável "urge para existir" - medo de ser massacrado por uma força, por algo que o indivíduo ainda não escolheu, e, portanto, cabe somente a nós ir em busca da essência de nosso *eu* e construí-la.

Nutro a esperança de ter colaborado com os leitores no tocante ao aproveitar a vida da melhor forma possível, e por meio do *prazer no pensar.*

Referências

Bion, W. R. (1962/1967). A theory of thinking. *In Second Thoughts* (pp. 110–119). New York: Aronson.

Bion, W. R. (1962/1966). O aprender com a experiência. (J. Salomão e P. D. Corrêa, trads.). Rio de Janeiro: Zahar.

Bion, W. R. (1963/2004). Elementos de psicanálise (J. Salomão, trad.; E. H. Sandler e P. C. Sandler, revs.). Rio de Janeiro: Imago.

Bion, W. R. (1965/1983). Transformações: mudança do aprendizado ao crescimento. Rio de Janeiro: Imago.

Bion, W. R. (1965/2004). Transformações: do aprendizado ao crescimento (P. C. Sandler, trad.). Rio de Janeiro: Imago.

Cassorla, R. M. S. (2015). O psicanalista, o teatro dos sonhos e a clínica do enactment. São Paulo: Blucher.

Freud, S. (1911/1969). Formulações sobre os dois princípios do funcionamento mental. *In Edição Standard Brasileira das obras completas de Sigmund Freud* (pp. 273-286, Vol. XII). Rio de Janeiro: Imago.

Freud, S. (1919/1976). O Estranho. *In Edição Standard Brasileira das obras completas de Sigmund Freud* (pp. 273-315, Vol. XVII). Rio de Janeiro: Imago.

Nunez, W. P. S. (2013). *O Prazer no pensar: análises Duradouras. In* Reunião Científica da Sociedade Brasileira de Psicanálise de São Paulo (SBPSP), São Paulo, SP.

Nunez, W. P. S. (2017). *Desamparo – amparo no pensar. In* Reunião Científica da Sociedade Brasileira de Psicanálise de São Paulo (SBPSP), São Paulo, SP.

Roussillon, R. (2012). O des-amparo e as tentativas de solução para o traumatismo primário. *Revista de Psicanálise da SPPA*, *19*(2).

Sartre, J.-P. (1938). A Náusea. Rio de Janeiro: Nova Fronteira.

Posfácio

Plinio Montagna

Anos atrás, tive a satisfação de comentar um trabalho de Walkiria Nunez Paulo dos Santos, "O prazer no pensar: análises duradouras", apresentado à Sociedade Brasileira de Psicanálise de São Paulo (SBPSP), posteriormente apresentado em congressos psicanalíticos no Brasil e mais adiante em congresso da Associação Psicanalítica Internacional (IPA).

Naquele artigo, também publicado neste livro, Walkiria já demonstrava a rigor uma indiscutível vitalidade em não só no contato relatado de sua prática clínica, sustentado também nas análises de longa duração, mas também na vigorosa busca de interações teórico-clínicas que então externava.

Este livro vem a ser um desenvolvimento de suas inquietações iniciais, guardando como pano de fundo as ideias que ali desenvolveu. Preserva uma coerência consigo mesma e procura se nutrir sempre de suas vivências de momentos clínicos, tomados por ela como blocos de construção de elaborações sobre suas experiências significativas.

Possivelmente com o mesmo prazer que consegue extrair de suas experiências, sua trajetória de vida e a própria prática psicanalítica, a julgar por seus relatos, ela se dedica ao universo das correlações clínico-teóricas, tentando apresentar-se portando um viés carregado de originalidade, estampado por uma marca pessoal.

Desde o caminho da mentalização em condições psicossomáticas, a que ela se dedica, por exemplo, em "Dores intestinais substituindo dores psíquicas", passando pela discussão de limites da analisabilidade, quando estão em jogo a possibilidade de criação de símbolos, até os capítulos relacionados a expansão da mente e apropriação do corpo, a autora entrega ao leitor a possibilidade de percorrer consigo seu trajeto contagiando-se por seu entusiasmo e dinamismo.

Ela irradia ousadia em sua busca constante de sínteses próprias, peculiares que singularmente carregam seu timbre distintivo. Ao cabo da instigante leitura, sentimo-nos brindados pelo conjunto que traduz uma procura permanente de compreensão do humano.

Dentre as perspectivas do prazer, em sua diversidade, destaca-se o prazer em se construir símbolos, que acompanha o percurso do livro.

Mas a autora mostra ter a apreensão, na experiência clínica relatada, de que são muitos os fatores que favorecem a manutenção da vida, incluindo a vida mental e das relações. Como um exemplo disso, tomemos o filme *A vida de Pi*, em que o personagem principal, apelidado de Pi, após épica travessia oceânica dentro de um barco, em múltiplas companhias assustadoras no percurso, é entrevistado no destino final, o Canadá, para a montagem da história. Uma das companhias poderia ter sido assassino de sua mãe. Indagado sobre como conseguiu vencer as dificuldades extremas e chegar a seu destino, afirma: “O terror me manteve vivo”.

GRÁFICA PAYM
Tel. [11] 4392-3344
paym@graficapaym.com.br